Architekturtheorie zur Einführung

Jörg H. Gleiter

Architekturtheorie zur Einführung

JUNIUS

Junius Verlag GmbH
Stresemannstraße 375
22761 Hamburg
info@junius-verlag.de
www.junius-verlag.de

Umschlaggestaltung: Florian Zietz
Titelbild: © Jörg H. Gleiter
Satz: Junius Verlag GmbH
Printed in the EU 2025
ISBN 978-3-96060-324-5
2., korrigierte Auflage 2025

Bibliografische Information der Deutschen Nationalbibliothek
Die Deutsche Nationalbibliothek verzeichnet diese Publikation in der Deutschen Nationalbibliografie; detaillierte bibliografische Daten sind im Internet über http://dnb.dnb.de abrufbar.

Zur Einführung …

… hat diese Taschenbuchreihe seit ihrer Gründung 1977 gedient. Zunächst als sozialistische Initiative gestartet, die philosophisches Wissen allgemein zugänglich machen und so den Marsch durch die Institutionen theoretisch ausrüsten sollte, wurden die Bände in den achtziger Jahren zu einem verlässlichen Leitfaden durch das Labyrinth der neuen Unübersichtlichkeit. Mit der Kombination von Wissensvermittlung und kritischer Analyse haben die Junius-Bände stilbildend gewirkt.

Seit den neunziger Jahren reformierten sich Teile der Geisteswissenschaften als Kulturwissenschaften und brachten neue Fächer und Schwerpunkte wie Medienwissenschaften, Wissenschaftsgeschichte oder Bildwissenschaften hervor. Auch im Verhältnis zu den Naturwissenschaften sahen sich die traditionellen Kernfächer der Geisteswissenschaften neuen Herausforderungen ausgesetzt. Diesen Veränderungen trug eine Neuausrichtung der Junius-Reihe Rechnung, die seit 2003 von der verstorbenen Cornelia Vismann und zwei der Unterzeichnenden (M.H. und D.T.) verantwortet wurde.

Ein Jahrzehnt später erweisen sich die Kulturwissenschaften eher als notwendige Erweiterung denn als Neubegründung der Geisteswissenschaften. In den Fokus sind neue, nicht zuletzt politik- und sozialwissenschaftliche Fragen gerückt, die sich produktiv mit den geistes- und kulturwissenschaftlichen Problemstellungen vermengt haben. So scheint eine erneute Inventur der Reihe sinnvoll, deren Aufgabe unverändert darin besteht, kompetent und anschaulich zu vermitteln, was kritisches Denken und Forschen jenseits naturwissenschaftlicher Zugänge heute zu leisten vermag.

Zur Einführung ist für Leute geschrieben, denen daran gelegen ist, sich über bekannte und manchmal weniger bekannte Autor(inn)en und Themen zu orientieren. Sie wollen klassische Fragen in neuem Licht und neue Forschungsfelder in gültiger Form dargestellt sehen.

Zur Einführung ist von Leuten geschrieben, die nicht nur einen souveränen Überblick geben, sondern ihren eigenen Standpunkt markieren. Vermittlung heißt nicht Verwässerung, Repräsentativität nicht Vollständigkeit. Die Autorinnen und Autoren der Reihe haben eine eigene Perspektive auf ihren Gegenstand, und ihre Handschrift ist in den einzelnen Bänden deutlich erkennbar.

Zur Einführung ist in der Hinsicht traditionell, dass es den Stärken des gedruckten Buchs – die Darstellung baut auf Übersichtlichkeit, Sorgfalt und reflexive Distanz, das Medium auf Handhabbarkeit und Haltbarkeit – auch in Zeiten liquider Netzpublikationen vertraut.

Zur Einführung bleibt seinem ursprünglichen Konzept treu, indem es die Zirkulation von Ideen, Erkenntnissen und Wissen befördert.

Michael Hagner
Ina Kerner
Dieter Thomä

Inhalt

0. Vorwort

Architekturtheorie zur Einführung ist keine Geschichte der Architekturtheorie. Das Buch ist grundbegrifflich organisiert und insofern selbst Theorie. Gleichwohl kann die Darstellung auf die Geschichte nicht verzichten. Denn Grundbegriffe sind jene theoretischen Dinge, die sich über die Zeit hinweg mittels Veränderung ihrer Gestalt in ihrem Kern und ihrer kulturellen Funktion gleich bleiben. Sie bestehen aus *konstituierenden Elementen* und *transitorischen Elementen.* Daher lassen sie sich nur mit Blick auf die Geschichte bestimmen, ohne dass man sie deswegen darauf reduzieren könnte.

Eine grundbegriffliche Ordnung hat nichts mit einem starren Ordnungssystem gemein. Das liegt in der Sache selbst. Im Gegenteil, es sind die kulturellen Transformationsprozesse, durch die aus der jeweils aktuellen Situation heraus die vermeintlich gesicherten historischen Bestände des Wissens in neuem Licht erscheinen und der *Genosse einer fortschreitenden Zeit auf Standpunkte geführt wird, von welchen sich das Vergangene auf eine neue Weise überschauen und beurteilen lässt.*

So ist die Architekturtheorie jene Instanz, der die Aufgabe zukommt, neue Traditionen zu bilden, ältere zu verwerfen oder zu bestätigen. *Das vollendete Glück des Menschen besteht im Vollzug der Theorie.* Es muss zum aufgeklärten Selbstverständnis jeder Generation gehören, immer wieder die Grundlagen auf ihre

Inhalte und Logik hin zu befragen und sich diese zukunftsorientiert neu anzueignen.

So stehen hinter der Architekturtheorie immer der Zweifel und die alles beherrschende Frage: *Was heißt: sich im Denken orientieren?* Und Orientierung im Denken, das wird dringender denn je gebraucht. Dem muss sich die Architekturtheorie stellen. Andernfalls verwirkte sie ihren gesellschaftlichen Anspruch und mit ihr den der Architektur.

Berlin, im Oktober 2021 Jörg H. Gleiter

1. System der Theorie

A Theorie und Geschichte

Die Frage steht im Raum, weshalb und für was wir Architekturtheorie benötigen. Und überhaupt – was ist eigentlich Architekturtheorie? Eine oft gestellte und berechtigte Frage, umso mehr, als der Philosoph Fred Rush vor einiger Zeit polemisch anmerkte: »Untertheoretisierung ist natürlich nicht immer ein Mangel. Man muss nicht für alle Dinge und auf allen Gebieten eine Theorie haben.« (Rush 2009, ix) Rush könnte sogar recht haben, insofern mehr denn je gebaut wird, gleichzeitig aber ein Defizit in Bezug auf die Theorie nicht zu übersehen ist. Das zeigt sich in der Inflation schnell aufeinanderfolgender Neuprägungen von Begriffen wie *connectedness*, *entanglement*, *circularity* und vielen anderen, mit denen neue Fragestellungen theoretisch gefasst werden sollen, die sich aber oftmals mehr durch ihren poetischen Klang als durch ihren theoretischen Gehalt auszeichnen. *Architekturtheorie zur Einführung* liegt dagegen die Überzeugung zugrunde, dass es keine Architektur ohne Theorie gibt. Hier muss dem Philosophen widersprochen werden. Das liegt am Artefaktcharakter der Architektur – dass sie immer ein von Menschen Gemachtes und Hergestelltes ist. Sie hat also epistemischen Charakter. Der Mensch braucht die Architektur, ohne sie wäre er nicht überlebensfähig, wobei die Aufgabe der Architektur weit über ihren Schutzzweck für das reine Überleben hinausgeht. Es verbindet sich mit ihr nichts weniger als die Idee des guten Lebens, nach der im Sinne von Aristoteles jedes hervorbringende und herstellende Handeln strebt. Das Gute ist dabei kein Absolutes, es steht in einem Verhältnis zu den Mitteln, Zwecken und den Zielen der jeweiligen Zeit, was immer wieder neu in einem öffentlichen Prozess ausgehandelt werden muss. Leon Battista Alberti (1404–72) führte dafür den Begriff *Angemessenheit* oder *adeguatezza* als zentralen Grundbegriff der Architekturtheorie ein.

Definition der Architekturtheorie

Mit Hannah Arendt lässt sich feststellen, dass eine nicht hintergehbare Voraussetzung menschlichen Lebens die »Angewiesenheit menschlicher Existenz auf Gegenständlichkeit und Objektivität« (Arendt 1981, 16) und damit auch auf Architektur ist. Der Mensch muss die Bedingungen seiner Lebensfristung selbst erzeugen. Dazu muss er sich Werkzeuge, Geräte, Maschinen und Institutionen wie Parlamente, Vereine und Familie schaffen. Und die Architektur ist eine solche Maschine und Institution, mit der der Mensch eine für seine sich ändernden wie auch für seine gleichbleibenden Bedürfnisse angemessene Umwelt schafft. Das führt unmittelbar zur Definition der Architekturtheorie:

Architekturtheorie ist die Form der kritischen Reflexion des Konzipiert-, Gemacht- und Wirksamwerdens der Architektur wie auch der Funktion der Architektur im größeren, sich dynamisch ändernden kulturellen Kräftefeld. Ziel der kritischen Reflexion ist es, Vorstellungen und Modelle zu hinterfragen, zu bestätigen oder zu formulieren, auf deren Grundlage der Mensch eine ihm einzig angemessene, vom Zustand der reinen Naturhaftigkeit sich unterscheidende Umwelt schafft.

Architektur kann nicht anders, als auf theoretischen Grundsätzen zu gründen, so unbewusst diese Fundierung auch sein mag. Es ist unmöglich, »selbst den einfachsten und natürlichsten Werkstoff der Architektur *an sich* zu betrachten« (Moravánsky 2003, 2), also losgelöst von der Frage der Angemessenheit für den Menschen und wie er gebraucht werden kann. Das lässt sich an einem so einfachen Bauelement wie dem Ziegelstein zeigen. Architektonisch kann der Ziegelstein nicht von dem in ihm enthaltenen Möglichkeitspotenzial für die Herstellung von Wänden, Räumen und Gebäuden abgelöst werden. Irgendjemand, zumindest Handwerker und Architekt, muss sich doch bei der Herstellung des Ziegelsteins etwas darüber gedacht und vorgestellt haben, wie man Ziegelsteine systematisch herstellen kann, damit sie so miteinander kombiniert werden können, dass ein Gebäude entstehen kann, welches dem Menschen und seinen Bedürfnissen angemessen ist. Das Vermögen zu bauen ist, nach Aristoteles, »ein Habitus, etwas mit wahrer Vernunft hervorzubringen« (Aristoteles 1995, 1140a).

Damit lassen sich, einführend, die drei Grundzüge der Architekturtheorie benennen. Erstens, Theorie zielt auf Praxis, d.h. auf Konzeption, Konstruktion und Gebrauch. Dabei leisten allerdings die Dinge in ihrer Materialität auch Widerstand gegen willkürliche Bearbeitung, sie lassen nur bestimmte Bearbeitungsweisen zu, andere sind nicht möglich. Das heißt, dass in der Widerständigkeit die Praxis wiederum auf die Theorie zurückwirkt, Einfluss auf sie nimmt und sie verändert. Es ist der Eigensinn der Dinge, mit dem die Welt dem Menschen »widersteht und als objektiv-gegenständlich gegenübertritt« (Arendt 1981, 16). So wird die Theorie wieder auf sich zurückgeworfen, d.h. reflektiert. In diesem Sinne findet die Theorie ihre Reflexion durch die Dinge.

Zweitens, Architektur ist so sehr theoriegeleitet, wie sie in der Wechselwirksamkeit mit der Praxis theoriebildend ist. Das heißt, dass Entwurfsprozess, Bauprozess und Gebrauchsprozess nicht nur in Theorie gründen, sondern selbst Theoriebildungsprozesse sind. Die großen Architekten wie Andrea Palladio (1508–80), Karl Friedrich Schinkel (1781–1841), Gottfried Semper (1803–79), Le Corbusier (1887–1965), Arata Isozaki (*1931) oder Peter Zumthor (*1943) sind so sehr große Theoretiker, wie sie große Entwerfer waren.

Drittens muss man zwischen Theorie als Praxis und Theorie als Wissenschaft unterscheiden. Während die Theorie als Praxis oft als implizites Wissen oder Erfahrungswissen (Abel 2014; Shrijver 2021) im Werk eingeschlossen vorliegt, zielt die Theorie als Wissenschaft darauf, das implizite Wissen zur Sichtbarkeit zu bringen, es explizit und benennbar, analysierbar und bewertbar zu machen. In kritischer Erkenntnisabsicht fragt sie nach der der Architektur zugrunde liegenden Vernunft oder auch Unvernunft – die ja immer auch mit am Werk ist.

Es fragt die Theorie nach den der Architektur zugrunde liegenden und in ihr zusammenspielenden »Typen von Wissen« (Abel 2014, 44). Man muss hier tatsächlich vom Wissen im Plural sprechen, da sich in der Architektur die unterschiedlichsten Wissensformen verdichten und Gestalt annehmen. Sie lassen sich benennen als Formwissen, Sinneswissen, Materialwissen, Handlungswissen, Erfahrungswissen oder ästhetisches Wissen, wobei die Liste keineswegs vollständig ist. Die Werke der Architektur können dann als »Manifestationen solcher Zusammenspiele, gleichsam als gebautes Wissen« (Abel 2014, 44) beschrieben werden.

In diesem Sinne möchte Architekturtheorie als Wissenschaft das implizite Wissen explizit machen, ins Bewusstsein und zur Sprache bringen und dem Denken zugänglich machen. Sie ist Arbeit am Begriff. In der klassischen Rhetorik spricht man von

Ekphrasis oder von der Übertragung von sinnlichen Erfahrungen in Sprache. Ekphrasis, das ist die analytische Seite der Theorie. Umgekehrt aber, wo Theorie auf Praxis zielt, ist sie auch das Gegenteil, nämlich umgekehrte Ekphrasis, »Überwindung des Wortcharakters« (Gleiter 2020, 235) und Übertragung in Praxis. Das macht ihre synthetische und kreative Seite aus.

Architekturtheoretische Grundbegriffe

Architekturtheorie zur Einführung ist grundbegrifflich organisiert. Die Darstellung folgt nicht den großen Erzählungen der Architektur. Sie ist weder Ideen- oder Stilgeschichte noch Geschichte der Theorie. Sie will grundsätzlicher in das Denken der Architektur einführen, indem sie das Feld der Architekturtheorie nach Grundbegriffen strukturiert, diese klassifiziert, ihre historischen wie zeitgenössischen Semantiken herausarbeitet und das Feld ihrer Verwendungsweisen aufzeigt.

Dagegen können Einwände formuliert werden. Eine grundbegriffliche Systematik könne nicht anders, so Hanno-Walter Kruft (1938–93), als zu starren Begriffen führen. Das führe zwangsläufig in eine normative Architekturtheorie. »Da sie von einer Konstanz des Begriffes ausgeht« (Kruft 1995, 11), sei eine begrifflich systematische Architekturtheorie per se ahistorisch. Für eine historisch gewachsene Disziplin wie die Architektur müsse daher eine grundbegriffliche Ordnung deren Wesen verfehlen.

Dagegen lässt sich einwenden, dass Grundbegriffe immer einen »historischen Index« (Benjamin 1983, 577) mit sich führen. Als Grundbegriffe zeichnen sie sich vor anderen Begriffen gerade dadurch aus, dass in ihnen die Geschichte ihrer Entstehung mitschwingt. Ihnen ist ihre Transformation in der Geschichte eingeschrieben. Und dies gilt umso mehr für die Architektur, die eine im Rückbezug auf ihre Entwicklungsgeschichte sich selbst stabilisierende kulturelle Praxis ist. Gerade in der Architektur baut das Neue auf dem Alten auf, es wird das Alte nie durch das Neue gänzlich überschrieben. Selbst in einer noch so avancierten Praxis bleibt das Vergangene »in andauernden Akten kritischer Überprüfung« (Erben 2017, 10) erhalten.

Das heißt, dass Grundbegriffe nicht einfach nur Eigenschaften definieren, sie sind gleichsam ontologischer wie auch erkenntnistheoretischer Natur. Sie unterscheiden sich von anderen Begriffen dadurch, dass sie im Wandel ihrer Erscheinungsformen im Kern ihrer Konzeption gleich bleiben. Sie zeichnen sich durch eine gewisse Permanenz aus. Wie Sigfried Giedion (1888–1968) feststellte, müssen unter den Grundbegriffen oder den »konstituierenden Elemente[n]«, wie er sie nannte, jene Tendenzen verstanden werden, »die, wenn sie unterdrückt werden, unvermeidlich wieder auftauchen« (Giedion 2015, 43).

Die erkenntnistheoretische Ausrichtung der Grundbegriffe zeigt sich darin, dass sie weniger affirmativ als auf die konfliktreichen, architektonischen Praktiken ausgerichtet sind. Man kann sagen, dass sie neben ihrem historischen auch einen kritischen Index mit sich führen. Deswegen bezeichnete Theodor W. Adorno (1903–69) sie als »Denkmäler von Problemen« (Adorno 1974, 13). Ihre Leistungsfähigkeit besteht darin, dass es mit ihrer Hilfe gelingt, die ideologischen Verkürzungen der Architekturtheorie aufzudecken und zu beschreiben. Dazu gehört zum Beispiel die Annahme, dass die Moderne den Stil abgeschafft hätte und das Ornament noch dazu; oder dass die Verknüpfung von Architektur und Maschine ein typisches Phänomen der Moderne sei. Eine grundbegriffliche Analyse, oder besser, tatsächlich *nur* eine grundbegriffliche Analyse kann zeigen, dass beide Positionen klischeehafte Verkürzungen sind und zu den Mythen der Moderne gehören.

Eine Eigenart der Architekturtheorie bisher ist es jedoch, dass es nur wenige Ansätze für eine grundbegriffliche Klärung der theoretischen Konzeption der Architektur gibt. Es scheint die von Heinrich Wölfflin (1864–1945) in den *Kunstgeschichtlichen Grundbegriffen* (1915) formulierte Kritik an der Kunstgeschichte heute noch auf die Architekturtheorie zuzutreffen, dass nämlich die »begriffliche Forschung [...] mit der Tatsachenforschung nicht Schritt gehalten« (Wölfflin 1917, VIII) hat.

Die überwiegende Anzahl der Einführungen und übersichtsartigen Darstellungen sind *Geschichten der Architekturtheorie* (German 1980; Kruft 1995; Jormakka 2003; Mallgrave 2005/2008; Erben 2017) oder kommentierte Anthologien (Ockman 1993; Nesbitt 1996; Hays 2000; Neumeyer 2002; De Bruyn/Trüby 2003; Moravánsky 2003; Crysler u.a. 2012), die einer chronologischen Ordnung folgen. Aber selbst dort, wo die Darstellungen Themen zugeordnet sind, verbindet sich damit keine theoretische Position. Wenige Publikationen (Forty 2000; Hahn 2008; Janson/Tigges 2013; Gleiter 2018) machen den Versuch einer begrifflichen Klassifizierung, wobei *Grundbegriffe der Architektur* (Janson/Tigges 2013) sich als reines Wörterbuch versteht und *Words and Buildings* (Forty 2000) im Untertitel als ein »Vokabular« ausgewiesen ist.

Eine grundbegriffliche Systematik, wie sie hier verfolgt wird, will mehr, besonders wo Grundbegriffe die Fähigkeit besitzen, in beide Richtungen Grenzen zu überschreiten, sowohl zur Seite der Theorie als Praxis wie auch zur Seite der Theorie als Wissenschaft hin. Die Spannung zwischen Konzeption und Praxis, Aktuellem und Grundlegendem, Flüchtigem und Unveränderlichem macht ihre innere Spannung aus. Über ihren begrifflichen Gehalt hinaus sind die Grundbegriffe immer auch auf das Tun, auf das Gedacht-, Gemacht- und Gebrauchtwerden der Architektur orientiert.

Dass Theorie und Geschichte ineinander verschränkt sind, kann niemand ernsthaft bezweifeln. Für *Architekturtheorie zur Einführung* ist das Verständnis grundlegend, dass Architekturtheorie nicht außerhalb der Geschichte steht. Vielmehr haben moderne Geschichte und moderne Theorie ihre gemeinsame Wurzel im Problematischwerden der Tradition am Übergang zur Moderne. Mit Reinhart Koselleck (1923–2006) kann man für die Architektur auch von der langen Sattel- und Übergangszeit um 1800 sprechen, die von der Ablösung aus dem Vitruvianismus als kanonisierte Vergangenheit und der Hinwendung auf ein offenes Modell von Geschichte und Theorie gekennzeichnet ist. Wo mit der beschleunigten Entwicklungsdynamik der Moderne die Zukunft immer schon so viel wie zukünftige Vergangenheit ist, wird die Geschichte zum »Reflexions- und Aktionsbegriff« (Koselleck 1989, 269) und amalgamiert mit Theorie.

In der Architektur zeigt sich die Zeit zwischen 1750 und 1850 als die lange Übergangszeit zur Moderne. An deren Anfang standen Aufklärung und Klassizismus. Im Rückbezug auf die älteste Schrift zur Architekturtheorie *Zehn Bücher über Architektur* oder *De architectura libri decem* von Marcus Vitruvius Pollio (ca. 84–27 v. Chr.) versicherte sich die verunsicherte Architektur um 1750 noch einmal der tradierten Werte. Am Ende der Übergangszeit um 1850 stand dann, vor dem Hintergrund der Industrialisierung, die erste moderne Architekturtheorie, nämlich Gottfried Sempers (1803–79) *Der Stil in den technischen und tektonischen Künsten, oder praktische Ästhetik* (1860).

Die Theorie bedarf aber eines Geschichtsmodells, das nicht nur die Theorie in der Geschichte verortet, sondern Theorie selbst als treibende, geschichtliche Kraft zeigt. Denn die kritische theoretische Tätigkeit ist es, die die Geschichte »selbst erst hervorbringt« (Koselleck 1989, 265). In diesem Sinne war die Abkehr vom Vitruvianismus nicht Bruch mit der Geschichte, sondern der Versuch, durch kritische Aneignung das Neue mit dem Ältesten in eine Traditionslinie zu setzen. Das lineare heroische Fortschrittsmodell, in dem eines das andere ersetzt, war ja eine der großen Vereinfachungen des 19. Jahrhunderts. Richtig ist, dass die Moderne sich von der unmittelbar vergangenen Vergangenheit absetzte, aber sie richtete dabei, geradezu mit dem Ziel, Traditionen zu bilden, ihr ganzes Tun auf die Möglichkeit aus, mit dem radikal Neuen an das Vorvergangene anzuschließen.

Darin liegt der Grund, weshalb mit der Absage an die *historia magister vitae* – Geschichte als Lehrmeisterin des Lebens – interessanaterweise in der Moderne die Idealität der Klassik wieder neu in den Fokus kam, jetzt aber in der »Gegenüberstellung von Antike und Moderne« (Voßkamp 2009, 10). Die Moderne sah sich nichts weniger als zwischen den Polen einerseits des Idealtypischen und Klassischen und andererseits des Epochenspezifischen ihrer eigenen avancierten Praktiken eingespannt. Das zeigte sich in der Ambivalenz von extrovertierter Innovation und latentem Klassizismus am Bauhaus, bei Le Corbusier (1887–1965), Adolf Loos (1870–1933) oder Ludwig Mies van der Rohe (1886–1969). Mit der Gründung des Bauhauses verfolgte Walter Gropius (1883–1969) 1919 geradezu ein an der Aufklärung orientiertes Programm, das auf Bildung zur Humanität durch Kunst und Architektur ausgerichtet war, nun aber im Rahmen von Maschinen- und Massenkultur.

So kann man feststellen, dass die Moderne der Zwischenkriegszeit, die auch als klassische Moderne bezeichnet wird, gerade durch ihre radikale Zukunftsorientierung eine noch »radikalere Vergangenheitsorientierung« (Habermas 1993, 21) entwickelte. Die Moderne war, wie Walter Benjamin (1892–1940) schon für das 19. Jahrhundert beschrieben hat, auf der Suche nach der

Urgeschichte oder dem »historischen Index« (Benjamin 1983, 577) zu ihrer eigenen, avanciert technischen, aber auch gesellschaftlichen und ästhetischen Praxis. Sie war auf der Suche nach den verborgenen Korrespondenzen »zwischen der Welt der modernen Technik und der archaischen Symbolwelt der Mythologie« (Benjamin 1983, 576).

Ein schönes Bild hat hierfür Giedion gefunden. Die Aufgabe der Theorie sei es, jene »Keime« in der weiteren wie auch der unmittelbaren Vergangenheit zu erkennen, die für die jeweilige zeitgenössische Praxis »zum Ausgangspunkt der Zukunft« (Giedion 2000, 1) werden können. Mit Blick in die Zukunft ist die Architekturtheorie so viel wie Infizierung der Geschichte mit Aktualität.

Das lässt sich an Le Corbusiers Auffassung der modernen Architektur zeigen. Beispielhaft kann dafür die Villa Savoye (1931) stehen, die als *boîte en l'air* oder als eine auf Stützen aus Stahlbeton schwebende weiße Kiste konzipiert war. Le Corbusier habe, so Adolf Max Vogt (1920–2013), in der *boîte en l'air* eine Korrespondenz, weit zurück vor die Antike, zu den prähistorischen Pfahlbauten des 5. bis 1. Jahrtausends v. Chr. erkannt. Allerdings zeigt sich das moderne Zeitverständnis Le Corbusiers keineswegs darin, wie Vogt meinte, dass sich mit der *boîte en l'air* die moderne Architektur »in den Ursprüngen wie der Narziß im Teich« (Vogt 1996, 240) spiegelte. Umgekehrt dagegen erklärte die Moderne diejenige vergangene Praxis zu ihrem Ursprung, in der sie ihre eigene, aktuelle Praxis widergespiegelt erkannte.

Für die Moderne leitete sich nichts von den Pfahlbauten ab, dagegen entdeckte sie in den Pfahlbauten eine mit ihrer eigenen modernen Praxis korrespondierende Form. Urgeschichte zeigt sich erst im Nachhinein, a posteriori. Erst als Architekt oder Erfinder der *boîte en l'air* entdeckte Le Corbusier die Modernität der Pfahlbauten und diese als urgeschichtliche Indexe zur eigenen fortgeschrittenen Gegenwartspraxis. Vom Nachleben der

Antike im Sinne von Aby Warburg (1866–1929) kann man auch beim Haus am Horn von Georg Muche (1895–1987) in Weimar sprechen, das 1923 als Versuchshaus im Umfeld des Bauhauses entstanden war. In dessen quadratischem Grundriss – mit seinem zentralen Aufenthaltsraum und den drum herum angelagerten Wohnräumen – kehrte im Sinne einer exemplarischen Vergangenheit das griechische Megaron-Haus in die Moderne zurück.

Kulturelle Dominanten

Dem Geschichtsmodell von *Architekturtheorie zur Einführung* liegt das Modell der kulturellen Dominanten zugrunde. Gegen die Idee linearer, »undefinierbarer, ›chronologischer‹ Metamorphosen« (Jameson 1986, 48) erlaubt das Modell der kulturellen Dominanten, »die Präsenz und die Koexistenz eines Spektrums ganz verschiedener, jedoch einer bestimmten Dominanz untergeordneter Elemente« (Jameson 1986, 48) zu erfassen. Geschichte zeigt sich so als permanenter Prozess der Umstellung, Neuordnung und Rehierarchisierung von Themen und Inhalten, ohne dabei ganz auf das Instrument historischer Periodisierung, jetzt aber nach Dominanzen, zu verzichten.

Mit den kulturellen Dominanzen muss auch dem Vorurteil entgegengetreten werden, dem zufolge Architekturtheorie sich aufgrund der Komplexität der Themen und der Vielfalt an Wissensgebieten der Systematisierung weitgehend entzieht. Ästhetik, Anthropologie, Erkenntnistheorie, Semiotik, Phänomenologie, Geschichte, Ökonomie und Ökologie, Technik, Psychologie, Sozialwissenschaften, Material- und Klimawissenschaften oder Urbanistik, so die Auffassung, ließen nicht mehr als ein »Gespräch über Architektur« in ihrer Vielfalt zu. Jeder Versuch einer systematischen Analyse sei reduktiv, verkürze die Architektur formelhaft und lasse das Leben darin erstarren.

Verwirrend vielfältig mag die Architektur in ihrem enzyklopädischen Anspruch (De Bruyn 2008) sein. Dass sie sich keinem System unterordnen lasse, ja mehr noch, nicht selbst System sei, kann aber schwerlich behauptet werden. In der Philosophie und selbst in der Umgangssprache steht die Architektur seit alters her gerade für Systematik, für Konstruktion, planmäßiges Tun und »architektonisches, leitendes Vermögen« (Aristoteles 1995, 1141b). Angesichts der praktischen Logik und des Gebrauchs des Verstandes bei der Konzeption und Errichtung von Gebäuden sah Immanuel Kant (1724–1804) die Architektur sogar als »Inbegriff aller Erkenntnis« (Kant 1996.1, B 735).

Wenn Kant dann in der *Transzendentalen Methodenlehre* schreibt, dass »Architektonik die Kunst der Systeme« (Kant 1996.1, B 860) ist, so ist man verleitet, für Architektonik einfach den Begriff Theorie einzusetzen. Mit einiger Berechtigung. Wie die Architektonik ist die Theorie ja nicht die Architektur selbst, sie benennt aber die Prinzipien und die Modelle des Denkens dahinter. Theorie ist Kunst der Systeme – unverkürzt in ihrem Möglichkeitspotenzial und im Zusammenwirken von Denken, Machen und Erfahren.

In diesem Sinne lässt sich Theorie auch als die Kunst der Beredsamkeit, der »inneren Schlüssigkeit« der Argumentation, der »überraschenden rhetorischen Figuren« (Erben 2017, 8) und der geistreichen Volten konzipieren. Das macht ihre Authentizität aus. Es liegt auf der Hand, dass die Theorie eine Systematik im Sinne von Werkzeugen des Denkens und Urteilens ist, mit denen die Phänomene der erfahrbaren Welt sichtbar, benennbar und in ihren Beziehungen zueinander bestimmbar gemacht werden können.

Vier Kategorien der Theorie

In Hinblick darauf, wie der Mensch sich bauend eine seinen Bedürfnissen angemessene Umwelt schafft, lässt sich die Architekturtheorie (im weiteren Sinne) in vier Kategorien gliedern. Dafür bietet es sich an, sich an Kants Urteils- und Kategorientafel zu orientieren und diese in der Perspektive der Architektur zu erweitern. Die Architektonik der Theorie lässt sich demnach gliedern in die Reflexion a. in Hinblick auf das Allgemeine, Besondere und Einzelne (Quantität), b. in Hinblick auf die soziohistorische Dimension (Qualität), c. in Hinblick auf die wissenschaftliche Konzeption (Relation) und d. in Hinblick auf die Möglichkeit des Gemachtwerdens (Modalität).

Der *Quantität* nach – in Hinblick auf das Allgemeine, Besondere und Einzelne – lassen sich drei Reflexionsformen der Architekturtheorie unterscheiden:

a. Architekturphilosophie
b. Architekturtheorie (im engeren Sinne) und
c. Architekturkritik

Jenseits der Frage der Realisierung fokussiert *Architekturphilosophie* auf die *allgemeine* Funktion der Architektur im »kulturellen Kräftefeld« (Bourdieu 1997, 79). Dagegen hat die *Architekturtheorie* (im engeren Sinne) die *besondere* Praxis im Sinne der Konzeption, Herstellung und Wirkungsweise von Architektur im Fokus ihrer Reflexion. Richtet sich die Reflexion in der Öffentlichkeit auf *einzelne* Fälle, so handelt es sich um *Architekturkritik*. In der Architekturkritik findet die Vermittlung des Wissens der Architektur zwischen Experten und interessierter Öffentlichkeit statt. Die Medien dafür sind Architekturzeitschriften, Feuilletons, öffentliche Diskussionsrunden, Stadtführungen oder Foren der Bürgerbeteiligung.

Der *Qualität* nach – in Hinblick auf die soziohistorische Dimension – lassen sich für die Architekturtheorie drei Phasen unterscheiden nach

a. Nachdenken über Architektur
b. Traditionelle Theorie und
c. Kritische Theorie

In den drei Phasen spiegelt sich wider, dass sich mit der Veränderung der gesellschaftlichen Grundlagen auch das Erkenntnisinteresse der Architekturtheorie verändert. Von der Renaissance bis ins 18. Jahrhundert wird das Wissen bruchlos von einer Generation zur anderen weitergegeben, auch verändert sich die gesellschaftliche Stellung der Architektur nur graduell. Für diese Periode, die mit der Übergangszeit zur Moderne um die Mitte des 19. Jahrhunderts endet, kann man vom *Nachdenken über Architektur* sprechen.

Mit der Krise der Architektur im 19. Jahrhundert, ausgelöst durch die Maschine, neue Materialien, neue Bauaufgaben und die bürgerliche Emanzipationsbewegung, wird dann das Nachdenken über Architektur von der *Traditionellen Theorie* abgelöst. Traditionelle Theorie heißt sie, weil die theoretische Reflexion das Verhältnis von Innovation und Tradition betrifft. Es geht um die Formung einer »neuen, im Entstehen begriffenen Tradition« (Giedion 2015, 22), die nicht außerhalb der Entwicklungsgeschichte der Architektur steht, sondern diese, bei aller Innovation, fortführt.

Mit der Kritik an der modernen Architektur seit den 1950er Jahren gut hundert Jahre später und nicht zuletzt im Spannungsfeld der sich entwickelnden Populärkultur wird die Traditionelle Theorie wiederum von der *Kritischen Theorie* der Architektur abgelöst. Kritisiert wird 1. der Verlust der Sprachlichkeit der Architektur, 2. der Verlust ihrer Historizität, 3. der Verlust der

Souveränität über ihre Mittel durch den Bauwirtschaftsfunktionalismus und 4. ganz allgemein der Verlust ihrer sozialen und gesellschaftlichen Stellung. Mit der Digitalisierung, der Umweltproblematik und der künstlichen Intelligenz findet die Kritische Theorie der Architektur aktuell ihre Erweiterung zur kritischen Erkenntnistheorie der Architektur.

Der *Relation* nach lässt sich die Architekturtheorie – in Hinblick auf die wissenschaftliche Konzeption – entsprechend einer

a. anthropologischen
b. erkenntnistheoretischen und
c. ästhetischen Konzeption

gliedern. Die *Anthropologie* fragt nach der Architektur in Hinblick auf die menschlichen Bedürfnisse und Wünsche, die *Erkenntnistheorie* fragt nach den der Architektur zugrunde liegenden Wissensprozessen, und die *Äshetik* befragt die Architektur auf ihre sinnlichen Erscheinungs-, Wahrnehmungs- und Wirkungsweisen hin. Mit Anthropologie, Erkenntnistheorie und Ästhetik sind die drei grundlegenden Wissensgebiete benannt, auf deren Grundlage die erfahrbare Welt in ihren komplexen Relationen beschrieben werden kann.

Der *Modalität* nach – in Hinblick auf die Möglichkeiten der Handlung und Herstellung – lässt sich die Reflexion über Architektur nach

a. dem Gedachtwerden (Konzeption)
b. dem Gemachtwerden (Konstruktion) sowie
c. dem Gebrauchtwerden (Performation)

klassifizieren. Dahinter steht, dass die Architektur nur einerseits als Objekt besteht, andererseits aber immer aus einem Handlungszusammenhang heraus entsteht und erfahren wird. Das *Gedachtwerden* betrifft die ideenmäßige Konstitution der Architektur im Entwurf mit den Medien Sprache, Zeichnung, Modell und numerische Kalkulation. Das *Gemachtwerden* bezieht sich auf die Formen der Materialisation und Verräumlichung der Architektur, während es beim *Gebrauchtwerden* um die Architektur in ihrer Aneignung im Alltag durch performativen Gebrauch geht.

B Vitruv und Vitruvianismus

Mit *De architectura libri decem* oder den *Zehn Büchern über Architektur* von Marcus Vitruvius Pollio (ca. 84–27 v. Chr.) liegt die älteste umfassende Schrift zur Architektur vor. Das allein verbürgt schon ihren Status als Bibel der Architekturtheorie. Für die Antike selbst lässt sich jedoch keine besondere Wirkungsgeschichte nachweisen. Die Rezeption setzte erst im 15. Jahrhundert ein. Grundlage dafür waren zahlreiche voneinander abweichende Abschriften, was wiederum als Zeichen dafür gewertet werden muss, dass Vitruvs *Zehn Bücher über Architektur* auch im Mittelalter nicht nur bekannt, sondern auch eine wichtige Quelle für die Kenntnis der Antike waren. Allein in Italien existierten nicht weniger als 78 Vitruv-Handschriften. Die Bedeutung Vitruvs in der Renaissance lässt sich dann bei Sebastiano Serlio (1475–1554) ablesen, der die *Zehn Bücher über Architektur* als ein »hochheilige[s] und unantastbare[s] Buch« (Serlio nach Burckhardt 1997, 625) bezeichnet hat, das mit allen Mitteln gegen Ketzerei verteidigt werden müsse. Der überragende Status von Vitruvs Buch erklärt sich aber auch daraus, dass es weit über die Architektur hinaus Impulsgeber für den Renaissancehumanismus war, der immer auch ein Vitruvianismus war. Dennoch hat sich die Renaissance Vitruv und die Antike keineswegs unkritisch und »nie anders denn als Ausdrucksmittel für ihre eigenen Bauideen« (Burckhardt 1997, 624) angeeignet. Eine überragende Stellung nahm dabei Leon Battista Alberti (1404–72) ein. Als Hommage an Vitruv teilte er sein Buch *De re aedificatoria* (1485) ebenfalls in zehn Bücher ein. Aber Alberti hat, wie Bernadino Baldi (1553–1617) schrieb, Vitruv »nicht nur nachgeahmt, sondern Vitruv gar übertroffen« (Baldi 1707, 98). In Anlehnung an wie auch in kritischer Distanz zu Vitruv legte Alberti in *De re aedificatoria* nichts weniger als die Grundlagen für die moderne Architektur.

Bauten, Uhren, Maschinen

Die Wirkungs- und Rezeptionsgeschichte von Vitruv begann 1414, als Poggio Bracciolini (1380–1459) in der Bibliothek von Sankt Gallen nicht nur auf eine Abschrift der *Zehn Bücher über Architektur* gestoßen war, sondern auch das Potenzial von Vitruvs Schrift für die eigene Zeit erkannte. Zahlreiche Kommentare wie von Sangallo (1531) oder Philander (1544), die Editionen von Sulpicio (1486) oder Fra Giocondo (1511) und Übersetzungen ins Italienische von Cesariano (1521), ins Spanische von Sagredo (1542), ins Französische von Matin (1547) oder ins Deutsche von Walther Hermann Ryff (1548) belegen das auch später nicht abreißende Interesse.

Trotz ihres Stellenwerts als Urschrift der Architekturtheorie war die Beziehung der Renaissancearchitekten zu Vitruvs Schrift ambivalent. Einerseits hielt man an Vitruv als der höchsten, weil ältesten Autorität fest, andererseits ist die Architekturtheorie bis ins 18. Jahrhundert auch von stetigen Versuchen der Distanzierung geprägt. Dieses umso mehr, als der Vitruvianismus die Tendenz besaß, zu einer »dottrina di Vitruvio« (Serlio 1537, fol.

69v) und zu einer normativen Architekturtheorie zu verhärten – und das, obwohl Vitruv über das Bauen selbst relativ wenig mitteilte und »keinen Bogen wölben lehrte und selbst für das im 16. Jahrhundert Alltägliche keine Vorschrift enthielt« (Burckhardt 1997, 627). Die Bedeutung von Vitruv bestand darin, dass der Renaissancehumanismus an seiner Schrift, in enger Verknüpfung mit der Idee der Architektur, seine Ideale ausbildete. Erst mit Vitruv wurde der Architekt zum *uomo universale* oder Universalgelehrten.

Mit *aedificatio, gnomonice* und *machinatio* (Vitruv 2013, 1.3) oder »Bauten, Uhrenbau, Maschinenbau« (Vitruv 2013, 1.3) gab Vitruv dafür die Stichworte. Zusammen definieren sie das Feld der Architektur. *Aedificatio* verband sich mit Material, Konstruktion und Funktion von Gebäuden. Mit *machinatio* oder Mechanik verbanden sich die Wissenschaften der Hydraulik oder Maschinen wie Hebemaschinen oder Katapulte. Sie zeichnen sich durch »kreisförmige Umdrehungen« (Vitruv 2013, 10.1) aus. Das haben sie wiederum mit *gnomonice* oder Uhren gemeinsam, die den Lauf der Sonne in ihrer Umdrehung um die Welt anzeigen.

Diese kreisförmige Bewegung ist der Grund dafür, dass in der Antike der Sternenhimmel oder der Kosmos, die Uhren, die hydraulischen Maschinen und selbst die Architektur in eine analoge Beziehung zueinander gestellt wurden. Mittels der kreisförmigen Bewegung bildeten sie, für heute nicht mehr ganz einfach nachvollziehbar, eine Klasse von Dingen. Auch Vitruv folgte diesem mechanistischen Weltbild. Auch für ihn waren die Maschinen nicht nur technisch-funktionale Geräte, sondern immer zugleich Symbole der kosmischen Ordnung. Den Menschen war das Prinzip der Maschine »durch die Umdrehung des Weltalls gelehrt« (Vitruv 2013, 10.1) worden. Die Maschinen entstanden durch Nachahmung der kosmischen Ordnung. So könne sogar, umgekehrt, »durch zur Baukunst gehörige Verfahren und Beschreibung von Kreislinien die Wirkung (der Sonne) im Weltall ermittelt« (Vitruv 2013, 9.1) werden. Gebäude können wie Sonnenuhren wirken.

Die Weltordnung widerspiegelnd standen die Gebäude mit den Uhren und Maschinen auf einer Ebene. Es war der Status als Maschine, durch den in der Antike das Haus eine symbolische Aufwertung von einem bloß materiellen Artefakt zur symbolischen Form erfuhr. Das Haus war nichts weniger als Abbild des Kosmos. Im Sinne von Aby Warburgs (1866–1929) Idee des *Nachlebens der Antike* wirkte dieser antike Gedanke übrigens im Begriff der *Wohnmaschine*, den Le Corbusier für den modernen Massenwohnungsbau einführte, bis in die Moderne nach. In *Ausblick auf eine Architektur* sprach er vom »Haus als Werkzeug« (Le Corbusier 2001, 173) oder vom »Haus als Wohnmaschine« (Le Corbusier 2001, 179). Im historischen Kontext betrachtet, erscheint uns dies jetzt nicht mehr so befremdlich.

Mit den *Zehn Büchern über Architektur* verband sich für Vitruv darüber hinaus eine dritte, weitergehende Ambition, nämlich die Erweiterung der Architekturtheorie zur Literatur. So verglich er sich selbst mit den zu seiner Zeit berühmten Schriftstellern wie Lucretius, Cicero oder Varro und stellte sich mit ihnen auf eine Stufe. Die Literatur und die Schriftsteller zeichne aus, dass sie nach ihrem Tod nicht nur in ihren Büchern weiterleben, sondern sogar noch »größeres Gewicht haben als die Äußerungen derer, die persönlich am Gespräch teilnehmen« (Vitruv 2013, 9. Vorrede), also der lebenden Schriftsteller. Es ist bezeichnend für Vitruv, dass er das Schreiben über Architektur, die Architekturtheorie, zu einer literarischen und künstlerischen Disziplin erweitert sehen wollte, während in der Analogie von Uhr, Maschine und Kosmos die Gebäude, auf die sich das literarische, theoretische Schreiben bezog, Teil der mechanistischen Weltordnung waren und nicht Kunst.

Mit dem *vitruvianischen Menschen* lieferte Vitruv dann ein Bild von der Stellung des Menschen innerhalb der kosmologischen Ordnung. Der vitruvianische Mensch zeigt eine menschliche Figur, die in eine Kreis- und eine Quadratfigur eingeschrieben ist. Vitruv schreibt: »Liegt nämlich ein Mensch mit gespreizten Armen und Beinen auf dem Rücken, und setzt man die Zirkelspitze an der Stelle des Nabels ein und schlägt einen Kreis, dann werden von dem Kreis die Fingerspitzen beider Hände und die Zehenspitzen berührt. Ebenso wie sich am Körper ein Kreis ergibt, wird sich auch die Figur des Quadrats an ihm finden.« (Vitruv 2013, 3.1) Es fallen also die Mittelpunkte von Kreis und Quadrat und der Bauchnabel, als Mitte des menschlichen Körpers, in einem Punkt zusammen.

So fasziniert die Renaissancehumanisten auch vom Bild des vitruvianischen Menschen waren, so eigneten sie sich dieses doch in eigener Interpretation an, das heißt in christlich-humanistischer Weise. In *Über die Würde des Menschen* des großen Humanisten Giovanni Pico della Mirandola (1463–96) tritt das deutlich hervor. Dort lässt der Autor Gott zu Adam sprechen: »In die Mitte der Welt habe ich dich gestellt, damit du von da aus bequemer alles ringsum betrachten kannst, was es auf der Welt gibt.« (Pico della Mirandola 2009, 9) Bei Pico della Mirandola steht demnach der Mensch in der Mitte der Welt, was von Vitruv nicht thematisiert wurde und auch nicht dem antiken Weltbild entsprach. In der Antike ist der Mensch Teil eines Mechanismus, bei Pico della Mirandola dagegen Teil einer Schöpfungsgeschichte und nicht einer Weltmechanik.

Das zeigt sich in der berühmtesten Zeichnung des vitruvianischen Menschen von Leonardo da Vinci (1452–1519). Sie prägt heute die italienische Ein-Euro-Münze. Leonardo weicht dabei von der Beschreibung Vitruvs ab, indem er ein scheinbar kleines Detail änderte. Im Unterschied zu den wörtlichen Übertragun-

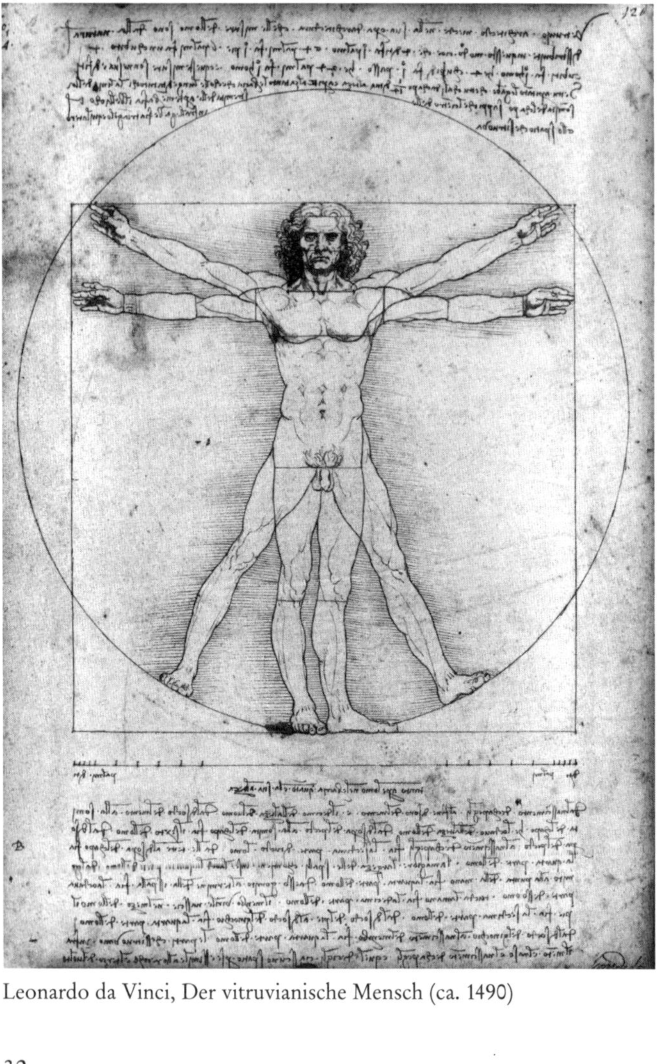

Leonardo da Vinci, Der vitruvianische Mensch (ca. 1490)

gen von Cesare Cesariano (1475–1543) oder Walther Hermann Ryff (1500–48) haben in Leonardos berühmter Darstellung Kreis und Quadrat nicht denselben Mittelpunkt.

Indem Kreis und Quadrat nicht deckungsgleich sind, stellte Leonardo den Menschen in eine dynamische und dialektische Beziehung zur Welt. Das steht in größtem Kontrast zum mechanistischen Weltbild der Antike und widerspricht ebenso dem heute vorherrschenden klischeehaften Verständnis, das den vitruvianischen Menschen vereinfachend auf ein Sinnbild für die »universelle Harmonie des Makrokosmos und des Mikrokosmos« (Erben 2017, 34) reduziert, wie Dietrich Erben kritisch anmerkte. Leonardos vitruvianischer Mensch sagt dagegen anderes. Keine mechanische Determinierung, sondern ein unauflösbares Spannungsverhältnis prägt die Beziehung von Mensch und Kosmos.

Wichtig für die Vitruv-Rezeption war, dass die *Zehn Bücher über Architektur* ohne Zeichnungen überliefert sind. Um eine Vorstellung von den dort beschriebenen Werken zu bekommen, mussten die oft erratischen Beschreibungen in Zeichnungen übertragen werden. Die mangelnde Anschaulichkeit und Präzision von Vitruvs Darstellungen eröffneten dabei viel Raum für Spekulation. Darüber hinaus kollidierten sie mit den Erkenntnissen, die man nach und nach durch Aufmaß der Ruinen über die antike Architektur gewann. Das führte dazu, dass die drei von Vitruv angeführten Säulenordnungen – dorisch, ionisch und korinthisch – um die toskanische und die Kompositordnung ergänzt wurden.

In den Defiziten von Vitruvs Schrift lag also das Potenzial für die Fortschreibung der Antike durch Aktualisierung entsprechend der eigenen Zeit. In Vitruvs Säulenordnungen erkannten die Renaissancearchitekten einerseits die für die Architektur besondere symbolische Bedeutung und andererseits, aufgrund der

Dorische, ionische und korinthische Säulenordnung

vagen Beschreibungen Vitruvs, die Möglichkeit zur eigenen kreativen Ausformulierung der formalen Gesetze der Architektur. Die Bedeutung der Säulenordnungen besteht darin, dass in Säule und dem Gebälk, das sie trägt, das Prinzip von Lasten und Tragen und damit die Überwindung der Schwerkraft als Grundprinzip der Architektur zur Sichtbarkeit kommt.

So übertrafen sich die Architekten wie Sebastiano Serlio (1540), Philibert de l'Orme (1567), Giacomo Barozzi da Vignola (1507–73), Andrea Palladio (1508–1580) oder dessen Nachfolger Vincenzo Scamozzi (1548–1616), aber auch Inigo Jones (1573–1652) und Lord Burlington (1694–1753) in der Konzeption je eigener Säulenordnungen. Bis weit ins 19. Jahrhundert hinein, in dem der Vitruvianismus zu seinem Ende kam, sollte die Säule das zentrale Ausdrucksmittel der Architektur bleiben.

Téchne: Von der Nachahmung zur Erfindung

Wir müssen hier noch einmal auf Vitruvs Definition der Architektur zurückkommen. Wenn Vitruv schreibt: »Die Baukunst selbst hat drei Teilgebiete: Ausführung von Bauten, Uhrenbau, Maschinenbau« (Vitruv 2013, 1.3), so zeigt sich darin die Unterscheidung von theoretischer *ratiocinatio* und praktischer *fabrica* oder Theorie und Praxis. Baukunst oder *ratiocinatio* ist die theoretische Reflexion über *fabrica*, wobei *fabrica* die praktische Seite der Architektur betrifft, also die Herstellung von Gebäuden, Uhren und Maschinen. Mit der Trennung von *ratiocinatio* und *fabrica* machte Vitruv die Trennung von geistiger Konzeption und materieller Konstruktion zum Thema der Architektur. Die dritte, wenn man so will, wirkungsästhetische Seite der Architektur wird von ihm nicht thematisiert. Dies wurde im Laufe des 18. Jahrhunderts zu einem zentralen Kritikpunkt und zum Auslöser der Abwendung vom Vitruvianismus.

Vitruv beschreibt Architektur als *téchne*, das heißt als Reflexion über das Hervorbringen und das Herstellen von Artefakten. Nach Friedrich Kittler (1943–2011) umfasst *téchne* all das, was im Gegensatz zur Natur und zum Kosmos »nicht von sich selbst her aufgeht« (Kittler 2005, 16). *Téchne* bezeichnet die Kunstfertigkeit der Herstellung von Artefakten, was gleichermaßen die theoretische *ratiocinatio* und die praktische *fabrica* einschließt und über die bloße mimetische Nachahmung der Natur hinausgeht.

Das ist der Hintergrund, vor dem Vitruv seine große Erzählung der Erfindung der Architektur entwirft. Mit Blick auf die griechische Mythologie erzählt er, dass die ersten Menschen vereinzelt in den Wäldern wohnten, sich dann um das Feuer versammelten und, indem sie die Sprache lernten, Gemeinschaften bildeten. Dann erst begannen sie, gegen die Unbill der Natur und die wilden Tiere Häuser zu bauen, die einen »von Laub Dächer zu machen, die andern unter den Bergen Höhlen zu graben, einige, die Nester der Schwalben und deren Bau nachahmend, aus Lehm und Zweigen Stätten zu bereiten, wo sie unterkommen konnten« (Vitruv 2013, 2.1).

Nach Vitruv entstanden die ersten Gebäude also rein aus der Nachahmung der Natur und ohne *téchne* und die mit ihr implizierte *ratiocinatio*. Das ist befremdlich, allein weil kaum vorstellbar ist, dass ein Haus aus der Nachahmung eines Vogelnests entstehen kann. Erklären lässt sich das aber damit, dass für Vitruv der Nachahmungstrieb der ursprünglichere Trieb ist, dem der Erfindungstrieb nachgeordnet ist. Im Prozess der Kultur schlägt dann die anfängliche Technik der Nachahmung in Erfindung um. Das ist, was *téchne* im Kern meint: »Kunstfertigkeit bringt teils zur Vollendung, was die Natur nicht zu Ende bringen kann.« Erfindend »eifert sie ihr [der Natur] nach« (Aristoteles 1995, 199a).

In diesem Sinne setzte Vitruv dann seine Erzählung fort. Nach den ersten Erfolgen beim nachahmenden Bauen von Häusern zeigen sich die Menschen stolz gegenseitig ihre Häuser. Sich rühmend zeigt »täglich der eine dem anderen, wie sie ihre Bauten durchführten. So übten sie im Wetteifer ihre Erfindungskraft und wurden von Tag zu Tag zu Menschen mit besserem Urteil« (Vitruv 2013, 2.1). Auf diese Weise schufen die Menschen »bessere Arten von Hütten« (Vitruv 2013, 2.1). In ihrem Verlauf werden aber die Verfahren der Nachahmung, mit denen alles anfing, durch die der Erfindung abgelöst. So künstlich, technisch oder maschinenmäßig sie auch sein möge, es hat die Architektur durch ihre Anfänge in der Nachahmung doch immer eine Verbindung zur Natur. Durch Austausch von Wissen, das heißt durch theoretische Reflexion, wurden aus Vogelnestern und Höhlen kunstfertige Gebäude, denen jedoch immer noch das Moment der Nachahmung innewohnt.

Vitruvianische Trias: firmitas, utilitas, venustas

Neben der Trias von *aedificatio*, *gnomonice*, *machinatio* führte Vitruv im selben Kapitel noch eine weitere Trias von Begriffen ein. Es ist die berühmte Trias von *firmitas*, *utilitas*, *venustas* oder *Festigkeit*, *Zweckmäßigkeit*, *Anmut* bzw. *Schönheit*. Die Bauten müssen so »gebaut werden, daß auf Festigkeit, Zweckmäßigkeit und Anmut Rücksicht genommen wird« (Vitruv 2013, 1.3).

Mit *firmitas*, *utilitas*, *venustas* zählte Vitruv diejenigen Eigenschaften auf, durch die sich Gebäude von anderen Artefakten und Kunstwerken unterscheiden lassen. Daher wird auf sie bis heute als auf die zentralen Begriffe der Architektur verwiesen. Die Frage ist aber, welchen erkenntnistheoretischen Status die Feststellung hat, dass ein Gebäude standfest zu sein hat, dass es einem Zweck dienen und dazu noch anmutig sein soll. Die Frage stellt sich, was konkret daraus für die Architektur resultiert und ob es überhaupt theoretische, für die Praxis handlungsleitende Begriffe sind.

Zu Recht verweist Günther Fischer darauf, dass Vitruv weniger von Grundlagen und theoretischen Begriffen spricht als von den »erforderlichen Qualitätsmerkmalen der zu errichtenden Gebäude« (Fischer 2009, 135). Das wird dadurch bestätigt, dass Vitruv die Begriffe nicht weiter ausführt und nur sporadisch auf sie zurückkommt. Die ästhetische Kategorie von *venustas* oder Schönheit wird zum Beispiel nicht weiter behandelt. Für Schönheit muss man auf die Begriffe *eurythmia*, *symmetria* und *decor* zurückgreifen, die Vitruv unter den sechs theoretischen Grundbegriffen aufführte.

Damit sich mit *firmitas* eine konkrete Aussage verbinden lässt, wäre es aber notwendig, ein leitendes Prinzip zu benennen. Dass ein Gebäude standfest sein soll, ist trivial. Darüber hinaus kann *firmitas* in der Gestalt einer Säule, eines gemauerten Bogens, eines

Stahlskeletts oder einer Wand aus Stahlbeton erscheinen. Die Frage ist dagegen, was *firmitas* konkret für die Konzeption der Architektur bedeutet. Erst in der Verschiebung des Fokus vom ›Was es ist‹ zum ›Wie es gemacht ist‹ und weiter zum ›Wie es wirkt‹ könnte aus *firmitas* ein theoretischer Begriff werden. Hierzu finden sich bei Vitruv keine Hinweise.

Mit der Trias von *firmitas*, *utilitas*, *venustas* sind demnach weniger drei theoretische Grundbegriffe gegeben, als vielmehr die drei Grundlagenwissenschaften benannt, die die theoretische Reflexion der Architektur im Sinne von Kant (Kap. 1 A) der Relation nach leiten. Mit *venustas* oder Schönheit verbindet sich, in Hinblick auf die sinnliche Wahrnehmung, die *ästhetische* Ebene, mit *utilitas* oder Zweckmäßigkeit verbindet sich, mit Blick auf die Bedürfnisse des Menschen, die *anthropologische* Ebene, während in Hinblick auf das Wissen-Wie mit *firmitas* oder Standfestigkeit die *erkenntnistheoretische* Ebene angesprochen ist.

Vitruv benannte also weniger drei Grundbegriffe als vielmehr die drei Wissensgebiete, auf die die Reflexion der Architektur zurückgeführt werden kann, nämlich a. *Ästhetik*, die die Aspekte der Wahrnehmung thematisiert (*venustas*), b. *Anthropologie*, die die Architektur auf die gleichbleibenden wie auch auf die sich ändernden Bedürfnisse des Menschen hin befragt (*utilitas*) und c. *Erkenntnistheorie*, die die materielle, gesellschaftliche und ideelle Konstruktion der Architektur zu ihrem Inhalt hat (*firmitas*).

Albertis Aufbruch in die Moderne

In der Rezeptions- und Wirkungsgeschichte von Vitruv ragt besonders das Buch *De re aedificatoria* oder *Über Baukunst* (1485) von Leon Battista Alberti (1404–72) hervor. In kritischer Auseinandersetzung mit der vitruvianischen Trias entwickelte Alberti darin seine Theorie der Architektur. Dazu suchte Alberti einerseits den Bezug zu Vitruv, versuchte aber zugleich, die antike Weltvorstellung von Vitruv zu überwinden.

Nicht nur aus architektonischen Gründen, sondern auch und nicht zuletzt aus christlicher Perspektive konnte die Lehre von Vitruv nicht unkritisch übernommen werden. Vitruv war, trotz allem, ein antiker, heidnischer Schriftsteller, dessen Weltbild von den Wertvorstellungen der Antike zum Zeitpunkt des Übergangs von der Republik zum Kaiserreich geprägt war. Es haftet den *Zehn Büchern über Architektur* ein »kräftiger Schub antiken Aberglaubens« (Thoenes 2016, 84) an. Wie intensiv in der Antike der Alltag und die gesellschaftlichen Institutionen von heidnisch-religiösen Vorstellungen und Ritualen durchdrungen waren, beschreibt etwa Numa Denis Fustel de Coulanges (1830–89) in seinem Buch *Der antike Staat* (1864).

Die Aneignung der Antike und Vitruvs konnte nicht anders als in Form einer Neuorientierung der Inhalte geschehen. Unmittelbar in der Vorrede zu *De re aedificatoria* präzisierte Alberti daher seinen humanistischen Standpunkt. Er löste Vitruvs architektonischen Gründungsmythos aus seiner Bindung an die griechische Mythologie, um die Architektur auf eine anthropologische und christliche Grundlage zu stellen. So zog er in Zweifel, dass die Menschen, wie dies Vitruv erzählte, als notwendige Voraussetzung der Architektur erst Gemeinschaften bildeten, um dann anzufangen, gegen schlechtes Wetter und wilde Tiere Gebäude zu errichten. Dem setzte Alberti ein anderes Modell entgegen. Allein wenn er die »Nützlichkeit und Notwendigkeit von Decke und Wand betrachte, so werde [er] natürlich davon überzeugt sein, daß diese in viel höherem Grade dazu beigetragen haben, die Menschen zu vereinigen und zusammenzuhalten« (Alberti 1975, 12) als Feuer, Wasser oder die Unbill des Wetters.

Alberti stellte also die soziale und gesellschaftliche Funktion von Decken und Wänden über die Schutzfunktion und leitete für die Architekturtheorie einen Perspektivenwechsel ein. Er zeigte, dass die Architektur keineswegs, wie bei Vitruv, nur *reactio* auf widrige Umweltbedingungen ist, sondern mindestens so sehr *actio*, insofern durch Räume die Bedingungen für die Bildung von Gemeinschaft geschaffen werden. Alberti gab der Architektur eine moderne Perspektive, indem er sie mit der menschlichen Gemeinschaft in ein dialektisches Verhältnis setzte.

Denn einerseits ist die Architektur, wo sie den räumlichen Rahmen für das Zusammenkommen der Menschen setzt, Voraussetzung für die Sozialisierung und Gemeinschaftsbildung der Menschen. Da aber aufgrund ihrer Komplexität Gebäude nur in der Zusammenarbeit vieler und damit nur kollektiv erschaffen werden können, ist die Architektur andererseits nur durch vorausgegangene Gemeinschaftsbildung möglich. Das heißt, dass Architektur Voraussetzung und Resultat der menschlichen Sozialisierungsprozesse ist. Damit kann sie nicht mehr auf ein klar definiertes Ursprungsprinzip, auf einen Ursprungsakt oder gar auf die Idee einer Urhütte zurückgeführt werden.

Hier zeigt sich also die moderne, die dialektische Konzeption der Architektur. Im Sinne von Émile Durkheim (1858–1917) erkannte Alberti der Architektur den Status eines soziologischen Tatbestands zu. Soziologische Tatbestände sind solche gesellschaftlichen Phänomene, denen sich die Menschen nicht einfach entziehen können – wie eben die Architektur, die sich jedem aufdrängt, »er mag wollen oder nicht« (Durkheim 1984, 106). Sie übt einen »äußeren Zwang« (Durkheim 1984, 114) aus, der aber im Alltag oft unbewusst erfahren wird. Und noch dazu: Wer sich der Architektur »willig und gerne fügt, wird ihren zwingenden Charakter wenig oder gar nicht empfinden« (Durkheim 1984,

106). Das passiert ja eigentlich tagtäglich, wenn wir vor Türen stehen oder Korridore durchschreiten. Wände stellen sich erst in den Weg, bevor die Türen darin Möglichkeitspotenziale öffnen, auf die andere Seite zu gelangen. Architektur ermöglicht eines, indem sie anderes ausschließt.

Jetzt wird auch erkenntlich, dass es Alberti um die Erweiterung der vitruvianischen Trias durch eine weitere Ebene geht, nämlich um den Sozialisierungsaspekt oder den soziologischen Tatbestand der *societas*. Seither muss man mit den vier Ebenen *firmitas*, *utilitas*, *venustas* und *societas* rechnen. Das 18. Jahrhundert fügte dem im Kontext der Ästhetik des Pittoresken, des Gefühls und des Erhabenen dann eine fünfte Ebene hinzu – jene des *effectus* oder der Wirkung.

Mit Albertis Erweiterung der vitruvianischen Trias zeigen sich die Anfänge der Konzeption der modernen Architektur. Sozialisierung und Wirkung sind dabei dynamische Kategorien, die im Unterschied zu Vitruvs Trias *firmitas*, *utilitas* und *venustas* die Interaktion und Wechselseitigkeit zwischen Architektur und Benutzer zum Inhalt haben. Mit ihnen änderte sich der Status des architektonischen Objekts. Bei Vitruv waren *firmitas*, *utilitas* und *venustas* noch als Objektqualitäten konzipiert. Mit Sozialisierung und Wirkung trat dann der Erfahrungscharakter auf der Seite des Betrachters und damit das performative Potenzial der Architektur in der Interaktion zwischen Objekt und Benutzer in den Vordergrund.

Aber auch der Status des Architekten veränderte sich. Er ist jetzt nicht mehr nur Entwerfer und Erbauer von materiellen und räumlichen Objekten, die benutzt werden können, sondern Entwerfer von Formen und Figuren, die gesellschaftlich, emotional und intellektuell wirksam sind. Es wird der Architekt in seiner modernen Konzeption sichtbar, nämlich als Entwerfer von Leitbildern für das Leben in der ungekürzten Fülle der Möglichkeiten. In kritischer Rekonzeptualisierung Vitruvs hatte dazu Alberti die Tür aufgestoßen.

2. Historische Systematik

A Nachdenken über Architektur und Traditionelle Theorie

Das Verhältnis der Renaissance zur Antike war ambivalent. Nur so konnte die Antike als Fluchtpunkt für die Erneuerung der Architektur fruchtbar werden. Von großer Bedeutung war dafür die Erfindung der Perspektive zu Beginn des 15. Jahrhunderts. Mit dem perspektivischen Sehen ließ die Architektur den Raum der Antike mit seinen »kühnen Abstraktionen von der Wirklichkeit« (Panofsky 1989, 666) hinter sich. An dessen Stelle trat die Wahrnehmung aus dem individuellen Standpunkt des Betrachters. Daraus resultierten nun neue Möglichkeiten für die Erzeugung von subtilen Wirkungen und Stimmungen. Das zeigte sich etwa auf eindrückliche Weise in Francesco di Giorgio Martinis (1439–1502) Gemälden *Architektonische Perspektive* (1490–1500) oder *Idealstadt* (1470), es zeigte sich aber auch, dass dafür wiederum der antike Formenkanon und die klassische Sprache der Architektur Voraussetzung waren. Damit ging ein Statuswandel der Architektur einher, es wandelte sich die Architektur von einer *ars mechanica* oder einem Handwerk zur *ars liberalis* oder zur Wissenschaft und Kunst. Die Grundlage dafür war das Studium der Architektur der Antike und der Schriften Vitruvs. Man kann diese Phase der Theoriebildung mit dem Begriff *Nachdenken über Architektur* bezeichnen. Diese dauerte bis in die zweite Hälfte des 18. Jahrhunderts. Nach einer längeren Übergangszeit, die von Aufklärung, Französischer Revolution, der beginnenden Industrialisierung und der davon ausgelösten beschleunigten kulturellen Entwicklungsdynamik gekennzeichnet war, trat die Architektur im 19. Jahrhundert in ein neues Spannungsfeld. Zwischen Innovation und historischer Legitimation suchte die Theorie, geleitet von der Einsicht in die Notwendigkeit »eingehender und kritischer Rückbesinnung« (Husserl 2012, 19), nach dem »historischen Index« (Benjamin 1983, 577) zur aktuellen, avancierten Praxis der Moderne. Aufgrund der Fragestellung von Innovation und Tradition lässt sich diese Phase der Theoriebildung dann als *Traditionelle Theorie* der Architektur bezeichnen.

Nachdenken über Architektur

Der Übergang von der *ars mechanica* zur *ars liberalis* vollzog sich im 15. Jahrhundert nicht ohne eine tiefgreifende Veränderung der Theorie der Architektur. Er markierte den Beginn einer langen Phase der theoretischen Reflexion über Architektur, die mit *Nachdenken über Architektur* bezeichnet werden kann. Nachdenken über Architektur ist charakteristisch für vormoderne und feudale Gesellschaften, in denen sich, im Gegensatz zu den im 19. Jahrhundert sich entwickelnden modernen Gesellschaftssystemen, der Status der Architektur nur langsam veränderte und so das Wissen der Architektur bruchlos von Generation zu Generation weitergegeben werden konnte.

Francesco di Giorgio Martini, Idealstadt (1470)

Die treibende Kraft an der Schwelle zur Architektur als ars liberalis war wiederum Leon Battista Alberti (1404–72). In *De re aedificatoria* (1485) stellte er die zu seiner Zeit unerhörte Forderung nach einer radikalen Trennung der Konzeption von der Konstruktion eines Gebäudes auf. Architektur war für Alberti nun gleichbedeutend mit dem architektonischen Entwurf, und der Arbeitsplatz des Architekten war nicht mehr die Baustelle, sondern der Zeichentisch. Ein Gebäude sollte erst in all seinen Details in verbindlichen, maßstäblichen Zeichnungen wie Grundrissen, Schnitten und Ansichten festgelegt werden. Erst danach und strikt nach den maßstabsgerechten Zeichnungen sollten dann die Baumeister und Handwerker das Gebäude errichten.

Damit fand eine Aufwertung der theoretischen Seite der Architektur statt. Das theoretische Nachdenken über Architektur, das als *ratiocinatio* bei Vitruv wohl thematisiert worden war, aber noch keinen konkreten Ort hatte, fand jetzt im architektonischen Entwurf sein zunächst bildhaftes Medium der Reflexion. Gegenüber den mittelalterlichen Bauhütten und ihren geometrisch-abstrakten Verfahren der Triangulation war das radikal neu – wobei hier mit Blick auf die Folgen das Epitheton *radikal* zu Recht gelten kann. Man muss von einem Wechsel in der Architekturtheorie hin zum Albertianischen Paradigma sprechen.

Gebäude sollten fortan »im Geiste konzipiert« und die Ideen »mittels Linien und Winkel aufgetragen [werden], ausgeführt von einem an Herz und Geist gebildeten Menschen« (Alberti 1975, 20). Auf dem Papier konnte man so die »Formen ganz allein nach Belieben vorzeichnen, ohne Rücksicht auf das Material« (Alberti 1975, 20), also Stein oder Holz. Darüber hinaus war es mit den maßstabsgerechten Zeichnungen möglich, auf Abwesendes Bezug zu nehmen, auf andere Gebäude an anderen Orten und aus anderen Zeiten, vorzugsweise aus der Antike. Wo man zeitlich und räumlich Entferntes kopieren, variantenreich modifizieren, miteinander kombinieren und zu Neuem zusammenführen konnte, wurde der Zeichentisch gleichsam zum Experimentierfeld der Architektur.

Mit der Einführung eines verbindlichen Aufzeichnungs- und Notationssystems wandelte sich die Architektur von einer autographischen zu einer allographischen Kunst. Autographische Kunst heißt, wie Nelson Goodman (1906–98) in *Die Sprachen der Kunst* (1997) expliziert hat, dass die Kunstpraxis an den ausführenden Künstler als Autor gebunden ist, wie dies zum Beispiel beim Tanz oder Ballett der Fall ist. So konnte eben nur Picasso wie Picasso malen, wenn man einmal von den wenigen Fällen wirklich genialer Fälscher absieht. Im Gegensatz dazu ist »Musik nicht-autographisch oder *allographisch*« (Goodman 1997, 113). Allographische Künste nannte Goodman jene Künste, die über ein Notationssystem verfügen, das es ermöglicht, das Kunstwerk an anderen Orten und durch andere Personen als den Autor aufzuführen. Mit ihren jeweiligen Notationssystemen gehören dazu Musik und Architektur.

Goodman relativierte dies aber zugleich. Mit Blick auf die Architektur gestand er zu, dass »zu Beginn [...] vielleicht alle Künste autographisch« (Goodman 1997, 120) sind. Denn die eigentlichen Ausführungszeichnungen sind wohl allographisch, die ihnen vorausgehenden Skizzen aber autographisch. Für den Wandel der Architektur zur ars liberalis ist entscheidend, dass sie sowohl auto- wie auch allographisch ist. Denn der neu gewonnene Experimentalstatus der Architektur vollzieht sich jeweils in der Wechselwirksamkeit zwischen der flüchtigen Skizze und der präzisen Zeichnung. Es ist also der ständige Wechsel zwischen beiden, der auto- und der allographischen Seite, durch den der Architekt zum Künstler *und* Intellektuellen wird.

Das Entwerfen mittels Zeichnungen war dagegen Vitruv und der Antike fremd. Die antike Baukunst war mehr eine *pattern language* (Alexander 1977), wie sie Christopher Alexander (1936–2022) im Kontext der Kritik der Moderne wieder aufgenommen hat. Sie bestand aus einzelnen, diskreten Elementen, die, in gewisser Variation und dem klassischen Redeschema folgend, zu größeren Einheiten zusammengesetzt wurden. Selbst wenn Vitruv von *ichnographia*, *orthographia* und *scaenographia* spricht, also von Grundriss, Aufriss und dreidimensionaler Darstellung, so verstand er darunter mehr schematische Darstellungen als im Detail durchgearbeitete Zeichnungen.

Mit der Einführung der maßstabsgerechten Zeichnung entwickelte sich, auf der Grundlage des klassischen Formenrepertoires, die ausdifferenzierte Grammatik einer neuen Sprache der Architektur. Deren Bedeutung zeigt sich, wo John Summerson vom Klassizismus als dem »Latein der Architektur« (Summerson 1980, 7) sprach. Anfang des 16. Jahrhunderts war mit Donato Bramantes (1444–1514) *Tempietto* die Grammatik dieser Sprache der Architektur voll und vorbildlich ausgebildet. Der *Tempietto* war ein »perfektes Stück architektonischer Prosa« (Summerson 1980, 41). Als solches wurde er zur Vorlage für die weitere Entwicklung der klassischen Sprache der Architektur und ihrer Ausdifferenzierung in die verschiedenen Individualsprachen oder Ideolekte der Architekten wie jener Andrea Palladios (1508–80), Gian Lorenzo Berninis (1598–1680) oder Christopher Wrens (1632–1723).

Die Kehrseite war, dass mit der Ausformulierung einer Sprache der klassischen Architektur ein Prozess der Kanonisierung, also der Festschreibung verbindlicher Regeln einsetzte. Einmal etabliert und allgemein akzeptiert, hatte dies zur Folge, dass auch das Interesse an der Theorie wieder abnahm. Spätestens seit Mitte des 16. Jahrhunderts hatte »die Praxis die Theorie eingeholt« (Neumeyer 2002, 25), es dominierte die praktische Seite der Architektur. Jacopo Barozzi, genannt Il Vignola (1507–73), ging in seinem Buch *Regola delli cinque ordini d'architettura* (1652) sogar so weit, dass er eine für die Architekten vereinfachte Version der Säulenordnungen abbildete und auf theoretische Erläuterungen ganz verzichtete. Wohl gerade deswegen war das Buch bis ins 18. Jahrhundert hinein eines der meistgelesenen Architekturbücher.

Der französische Akademiestreit

Gegen Ende des 17. Jahrhunderts reagierte die *Querelle des Anciens et des Modernes* oder der französische Akademiestreit auf die Dogmatisierung der Architektur. Die Frage war, ob es in Kunst und Architektur eine Entsprechung zum Fortschritt und zur Perfektion in Wissenschaft und Technik gebe. Das betraf unmittelbar die Frage nach der Unumstößlichkeit der Antike als Vorbild. Hatten die Architekten der Antike schon das höchste Ideal verwirklicht, so dass alle späteren Zeiten ihr nur nachahmend und in nie erreichbarer Vollendung folgen mussten? Oder könnten sich Kunst und Architektur nach dem Maß der jeweils herrschenden Zeit und orientiert am Modell der Wissenschaften weiterentwickeln?

Auslöser für die Frage war die Suche nach der angemessenen Form der Repräsentation des Sonnenkönigs Ludwig XIV. Müssten für die Repräsentation dieses Königs nicht die Regeln der Baukunst, wenn nicht außer Kraft gesetzt, so doch mit Blick auf die Einzigartigkeit des Königs modifiziert werden? Ganz konkret ging es um die Erweiterung der Ostseite des Louvre (1674) mit einer Kolossalordnung aus paarweise angeordneten Säulen. Allein schon das Motiv aus doppelten Säulen setzte sich über die Regeln des Vitruvianismus hinweg. Gleichzeitig stellte die kombinierte Mauer- und Eisenkonstruktion, in der der Entwurf ausgeführt werden sollte, eine bedeutende Neuerung auf dem Gebiet der Baukonstruktion dar.

Die Debatte war durch Roland Fréart de Chambray (1606–76) und seine Anthologie *Parallèle de l'architecture antique et de la moderne* (1650) von klassischen Texten eröffnet worden. Im Vorwort forderte der Autor die Architekten auf, den blinden Glauben der Antike gegenüber aufzugeben und dem eigenen Genius zu folgen. Im weiteren Verlauf des Akademiestreits war jedoch nicht Fréart de Chambray prägend, sondern es beherrschten François Blondel (1617–86) und Claude Perrault (1613–88) die Debatte. Perrault, der über Anatomie und Pathologie zur Architektur gekommen war, vertrat die Seite der Modernen und der Neuerer. Blondel, ab 1672 erster Direktor der neu gegründeten Académie royale d'architecture, vertrat dagegen die offizielle Meinung des Hofes und stand auf der Seite der Alten und Bewahrer.

Blondel war der Meinung, dass die Architektur in der Antike trotz gewisser Mängel ihren Höhepunkt erreicht hatte, da ihr die vollendeten Proportionen des menschlichen Körpers und die Harmoniegesetze der Musik zugrunde gelegen hätten. Deswegen könne die Architektur nur durch Nachahmung der Antike ihr Bestes hervorbringen, was aber mit der Erkenntnis einhergehen müsse, dass sie das Vorbild nie erreichen könne.

Perrault zog dies alles in Zweifel. Besonders die von Blondel angeführten Regeln der antiken Architektur würden mitnichten auf unumstößlichen Gesetzen gründen. Sie seien dagegen »établie par un consentement des architects« (Perrault 1985, 150), seien eben eine »Verabredungsgröße« (Perrault 1985, 151), also Konvention. Und es gebe durchaus auch Dinge, »die Vernunft und gesundem Menschenverstand unförmig und abstoßend erscheinen müßten, die aber durch Gewohnheit erträglich« (Perrault 2002, 143) würden. Blondels Ergebenheit vor der Antike habe daher ihren Ursprung allein in der »Achtung, die man heiligen Dingen schuldet« (Perrault 2002, 149), sie sei nichts mehr als eine Form »religiöser Verehrung« (Perrault 2002, 149) und damit Aberglaube.

Perrault dagegen ging es um eine entwicklungsgeschichtliche oder phylogenetische Begründung der Architektur. Er glaubte nachweisen zu können, dass Kunst, Architektur und Wissenschaft »sich parallel und nach je eigenem Maß entwickeln und so dem Schema des allgemeinen Fortschritts entsprechen« (van Reijen 1987, 11) – mit dem Unterschied, dass im Gegensatz zu den Wissenschaften Kunst und Architektur nicht mit demselben Maß für Perfektion gemessen werden könnten. Die Feststellung, dass jede Epoche eigene Sitten, einen eigenen Geschmack und einen eigenen Begriff des Schönen habe, mündete dann in Perraults eher moderater Forderung nach mehr Varianz und der Erlaubnis, »einige Veränderungen« vornehmen und »ein paar Proportionen« ändern zu dürfen. Perrault sprach von den *principes arbitraires* und der individuellen Entscheidungsfreiheit des Architekten, seinem Genie und dem Zeitgeschmack entsprechend.

Mit der *Querelle des Anciens et des Modernes* schwand nach und nach die Bindungskraft des vitruvianischen Kanons. Mit der im 18. Jahrhundert sich herausbildenden französischen Charakterlehre wurde die vitruvianische Trias von *firmitas*, *utilitas*, *venustas* u.a. durch *gôut* (Geschmack), *symmetrie* (Symmetrie) und *caractère* (Charakter) und damit von Prinzipien abgelöst, die, wie sich bei Perrault angekündigt hatte, dem individuellen Gestaltungswillen und der Vorstellungskraft des Architekten mehr Spielraum zugestanden.

Es war aber nicht Perrault, sondern Bernard le Bovier de Fontenelle (1657–1757), der die Fixierung auf die vergangene Größe der Antike und das an ihr orientierte Fortschrittspathos überwand. So formulierte dieser die auch heute noch bemerkenswert moderne Einsicht, dass mit jedem Fortschreiten der Vernunft immer auch ein unvernünftiges Moment am Werk ist. Es zeigt sich hier die Idee einer von ihren Grundsätzen her dialektisch konzipierten und sich auf diese Weise entwickelnden Moderne.

Traditionelle Theorie der Architektur

Mit der Industrialisierung, mit der Herausbildung der Wissenschaften, mit dem Entstehen der großen Metropolen und mit den damit einhergehenden gesellschaftlichen Veränderungen fand im Laufe des 19. Jahrhunderts der Übergang vom Nachdenken über Architektur zur *Traditionellen Theorie* statt. Der Hintergrund dafür ist das Problematischwerden der Tradition. Wo alles ständig umgebaut, neu geordnet und umgedeutet wurde, stand die Architektur im Spannungsfeld von Innovation und historischer Legitimation. Es entstand ein Bedürfnis nach theoretischer Reflexion der Grundlagen der Architektur im größeren, sich dynamisch ändernden kulturellen Kräftefeld.

Rückblickend auf das 19. Jahrhundert stellte Walter Benjamin (1892–1940) fest, dass die Maschine und die neuen Materialien zusammen mit den »Massenbewegungen unserer Tage« zu einer »gewaltigen Erschütterung des Tradierten« (Benjamin 1997, 477 f.) geführt hatten. Wissenschaft, Technik und Industrie hatten die »geschichtliche Zeugenschaft der Sache ins Wanken« (Benjamin 1997, 477) gebracht. Im Zentrum der theoretischen Debatten stand das schwierig gewordene Ganze zwischen dem »Verlust der geschichtlichen Zeugenschaft« und der Chance auf »Erneuerung der Menschheit« (Benjamin 1997, 478). Die Hoffnungen, die sich mit den technischen, politischen und sozialen Veränderungen verbanden, hat Bruno Taut, Mitglied des 1918 gegründeten Arbeitsrats für Kunst, formuliert, dass nämlich »die politische Umwälzung benutzt werden muß zur Befreiung der Kunst von jahrzehntelanger Bevormundung« (Taut 1918, 41).

Die Krise der Tradition zeigte sich als die Kehrseite der Fortschrittsdynamik. Unter dem Druck der gesellschaftlichen und technologischen Veränderungen konnte die Architektur nicht mehr einfach auf überlieferte, bewährte Modelle zurückgreifen, sie musste die Modelle für ihre Praxis aus sich selber schöpfen. So standen für die neuen Bauaufgaben wie Brücken, Fabrikanlagen, Verwaltungsgebäude, Bahnhöfe und Massenwohnungsbau keine »exemplarischen Vergangenheiten« (Habermas 1993, 31) mehr zur Verfügung.

Es zeichnet die moderne Gesellschaft aus, dass sie »von ihrer eigenen Unbeständigkeit und ihrer umfassenden Gegenwärtigkeit unaufhörlich verwandelt wird« (Choay 1997, 9). Das heißt, dass der beschleunigten Entwicklungsdynamik ein ebenso beschleunigter Prozess der Traditionsbildung entspricht. Jedes Neue verkehrt sich über kurz oder lang in ein Altes, aus dem heraus wiederum das jeweils Aktuellste sich entwickelt. Es bildete sich in der Moderne ein eigenes Bewusstsein für die Tradition heraus.

Die Moderne bricht gerade nicht mit der Tradition. Im Gegenteil, Tradition wird geradezu zum Testfall für Modernität. Ein neues Interesse für das »historische Erbe« und die Traditionsbildungsprozesse löste die vormalige Fixierung auf die Antike ab. So war auch Eugène Viollet-le-Ducs (1814–79) Interesse für die mittelalterlichen Baudenkmäler keineswegs von Nostalgie für das Vergangene getrieben, sondern von der Suche nach einer »hypothetischen modernen Architektur« (Choay 1997, 118). Das unterschied ihn von dem Engländer John Ruskin (1819–90), dessen Engagement für die gotische und neogotische Architektur aus einer der Moderne gegenüber kritischen Haltung motiviert war.

Ins Zentrum der Architekturtheorie der Moderne rückte die Erschütterung der Tradition. Im Unterschied zum vormodernen Nachdenken über Architektur lässt sich daher von der *Traditionellen Theorie* der Architektur sprechen. Traditionell heißt sie deswegen, weil sie unter den sich wandelnden technisch-materiellen, gesellschaftlich-sozialen und ästhetisch-philosophischen Bedingungen nach der Verbindung zwischen dem Neuesten und Ältesten, zwischen dem Avancierten und Tradierten und damit nichts weniger als nach der zukünftigen Vergangenheit fragte.

Der Moderne ist daher Tradition weniger ein normativer als ein »sinnkritischer Begriff«, der zu verstehen gibt, »was es überhaupt heißt, dass etwas etwas Bestimmtes ist« (Feige 2018, 61) und nicht einfach beliebig und belanglos; gerade auch weil Traditionen weder naturhaft gegeben sind noch vorgeben können, ob etwas gut ist oder nicht. Deswegen lässt sich mit Daniel Martin Feige Architektur geschichtstheoretisch als in ihrem Sinn in die Zukunft offene Tradition des Konzipierens, Herstellens und Gebrauchens verstehen, Tradition besteht in der dialektischen Spannung von *Neu*bestimmung und *Weiter*bestimmung.

Mit der Traditionellen Theorie löste sich die Architektur aus der Fixierung auf die Monumentalbaukunst und den Stil als verbindliche Sprache. Die Architekten fingen an, die Architektur auf die ihr eigenen, immanenten Themen und ihr genuines Wirkungspotenzial hin zu befragen. Anstelle eines Schematismus von Stilen, Ornamenten wie Säulen, Kapitellen und Basen, Spitzbögen oder Muschelmotiven wurde die Architektur zu einem variantenreichen Spiel über die ihr eigenen Themen wie Raum, Oberfläche und Material.

Zukünftige Vergangenheit und Monumentalität

Mit den filigranen Konstruktionen aus Eisen und Glas, erstmals erprobt in Gewächshäusern, war seit dem Beginn des 19. Jahrhunderts in England eine neue, ungewöhnliche und irritierende Architektur entstanden, umso mehr, als diese Gebäude im wahrsten Sinne des Wortes eine *Architecture without Architects* (Rudofsky 1964) waren. So war das große Gewächshaus in Chatsworth (1841) von Joseph Paxton (1803–65) erbaut worden, der kein Architekt, sondern Gärtner war und später Crystal Palace (1851) errichtete, das Ausstellungsgebäude für die erste Weltausstellung in London, das mit einer Länge von 563 Metern und einer Breite von 139 Metern beeindruckend groß war und für die damalige Zeit als gigantisch bezeichnet werden kann.

Der Transparenz und der verwendeten Materialien Eisen und Glas wegen stand Crystal Palace dagegen für die Architekten außerhalb der Architektur, insofern unter Architektur das verstanden wurde, was als Monumentalbaukunst bezeichnet wurde. Bis auf die monumentale Größe, die jedoch durch die Transparenz der Fassade in ihrer Wirkung vermindert war, erfüllte Crystal Palace die Kriterien für die Monumentalbaukunst nicht. Gottfried Semper (1803–79) hatte dafür vier Punkte aufgestellt. Neben a. der monumentalen Größe gehört dazu b. Dauerhaftigkeit, die sich mit dem Material Stein verband, c. Geschichtlichkeit, die mit einem historischen Stil zusammenhängt und d. mythische Stimmung, die sich durch die Schaffung besonderer Atmosphären im Inneren des Gebäudes ergibt. Als Gebäude in Eisen und Glas war Crystal Palace das Gegenteil davon. Je dünner die Profile einer Konstruktion in Eisen sind und je mehr sie sich damit dem Auge entziehen, »je vollkommener die Konstruktion« (Semper 1966.3, 22), die dadurch aber umso weniger Monumentalbaukunst sein kann. Semper erklärte daher das Eisen als nur für temporäre Bauten geeignet, zum Beispiel für Bauten der Eisenbahn, Wintergärten oder eben Glaspaläste.

Die Schwierigkeiten, die die Architekten mit der Ablösung der Architektur vom klassischen Formenkanon hatten, zeigt sich bei Karl Scheffler (1869–1951). Noch 1907 stellte Scheffler fest, dass es »nie eine Monumentalarchitektur gegeben hat, die sich nicht des Steins bedient hätte« (Scheffler 1907, 9). Und weiter:

»[...] die Linie bedeutet in der Baukunst nichts, die Masse alles.« (Scheffler 1907, 19) Es war ein langer Prozess, bis in den Konstruktionen aus Eisen und Glas, später aus Stahl und Glas, der Raum und die Luft zwischen den Fachwerkträgern, wie Sigfried Giedion (1888–1968) feststellte, »in bisher unbekannter Weise als formendes Material« (Giedion 2000, 59) erkannt wurden. Mit der neuen Transparenz habe sich, so Theo van Doesburg (1883–1931), der Begriff »monumental« von seiner Bindung an die Dimension und die Materialität gelöst, er sei unabhängig geworden und müsse »durch das Wort ›plastisch‹ ersetzt« (Doesburg 1981, 73) werden. Van Doesburg beschrieb hier den Übergang der modernen Architektur von der Baukunst »als Kunst körperlicher Massen« (Wölfflin 1888, 63) zur »Raumgestalterin« (Schmarsow 2007, 117) oder Raumkunst (vgl. Kap. 8 B).

Dennoch gilt es hervorzuheben, dass die moderne Architektur im Gegensatz zur künstlerischen Avantgarde nicht auf einen Bruch mit der Geschichte zielte. In der Aufnahme des Aktuellen und Zeitgenössischen verstand sie sich, zukunftsorientiert, als im eigentlichen Sinne traditionsbildend. Traditionen wirken nicht »aus der Geschichte in die jeweiligen Gegenwarten, sondern aus der [zukunftsorientierten] Gegenwart in das Gefüge historischer Sachverhalte«, wie man mit Bazon Brock (*1936) feststellen kann (Brock 1986.1, 105). Tradition heißt also nicht die Ableitung des Heute aus dem Gestern. Traditionen bilden sich erst im Nachhinein, im Blick zurück, durch den die einzelnen Artefakte sich erst zur Geschichte zusammenschließen lassen.

Es zeichnet das Geschichtsverständnis der Moderne aus, dass sie traditionsbildend gerade aufgrund ihrer beschleunigten Dynamik ist, also im Sinne der zukünftigen Vergangenheit als einem geschichtlich Unausweichlichen. So konnte Walter Gropius 1926 in den *Grundsätzen der Bauhausproduktion* feststellen: »Nur durch dauernde Berührung mit der fortschreitenden Technik, mit der

Erfindung neuer Materialien und neuer Konstruktionen gewinnt das gestaltende Individuum die Fähigkeit, die Gegenstände in lebendige Beziehung zur Überlieferung zu bringen« – und daraus, wie er ergänzte, »eine neue Werkgesinnung zu entwickeln« (Gropius 1981.2, 90). Im Zeitalter der Maschine ist die Moderne traditionsbildend nur mittels der Aufnahme des technisch und gesellschaftlich Avancierten in ihren Gehalt. Auch das Neueste und Aktuellste steht nicht außerhalb des geschichtlichen Prozesses. Gleichzeitig bilden die aktuellen technischen und gesellschaftlichen Praktiken die Traditionen von morgen.

Für die Protagonisten der Moderne mündete diese Einsicht in die Fragestellung nach den Grundvoraussetzungen und damit nach dem Wesen der Architektur. »Das Wesen der architektonischen Schöpfung« (1894) heißt einer der Schlüsseltexte zur Architekturtheorie der Moderne. Herman Sörgel sprach 1921 von der »Vervollständigung der Wesensbestimmung« (Sörgel 1998, 200). Adolf Behne forderte »Besinnung auf die Wurzel« (Behne 1994.2, 92), nur so könne man dem »Stil unserer Tage näher kommen« (Behne 1964.1, 40). In dieselbe Kerbe schlug auch Ludwig Mies van der Rohe, als er forderte: »Der Charakter unserer Zeit soll in unseren Bauten spürbar sein [...] mit den Mitteln unserer Zeit.« (Mies van der Rohe 1986.1, 299) Ziel war die Befreiung der »Bauerei von dem ästhetischen Spekulantentum« (Mies van der Rohe 1986.3, 300) vergangener Epochen, besonders des Historismus des 19. Jahrhunderts.

Die Forderung nach dem Neuen, nach Aufnahme der neuesten Technologien und der aktuellsten gesellschaftlichen Ideen, ist also keineswegs dem Wunsch nach bloßem Up-to-date-Sein, der Mode oder dem ökonomischen Verwertungsdruck geschuldet. Das Neue ist ein geschichtlich Unausweichliches, es hat seinen Anlass nicht in der Subjektivität des Architekten, sondern entspringt der kulturellen, gleichsam historischen Funktion der

Architektur, nämlich eine dem Menschen und seinen Bedürfnissen angemessene Umwelt zu schaffen – mit den Mitteln und für die Bedürfnisse der jeweiligen Zeit.

Damit kann festgestellt werden: Architektur ist traditionell nicht ihrer Form und äußeren Erscheinung, sondern allein ihrer über lange Zeiträume stabilen, kulturellen Funktionsweise nach. Traditionell ist die Architektur als zentrale Vermittlungsinstanz der jeweiligen kulturellen Logik in die Sinnenhaftigkeit und Alltagserfahrung, wie immer sich das formal artikulieren mag – als Avantgardestrategie oder phänomenologischer Fundamentalismus, als Konstruktivismus oder Intuitionismus.

In diesem Sinne traditionell sind zum Beispiel Walter Gropius' Werkstattflügel des Bauhauses in Dessau (1928) oder Ludwig Mies van der Rohes Farnsworth House (1951) genauso wie die Disney Hall von Frank Gehry in Los Angeles, Toyo Itos Opernhaus in Taiwan oder Jürgen Mayer H.s Metropol Parasol in Sevilla. Traditionell sind diese Gebäude, insofern sie die kulturelle Funktion der Architektur, nämlich die Vermittlung der zeitgenössischen kulturellen Logik in die Sinnenhaftigkeit der Alltagserfahrung, ernst nehmen. In diesem Sinne sind die genannten Bauwerke, trotz oder gerade wegen ihrer zum Teil extravaganten Erscheinung, traditioneller als manche Heimatstilarchitektur oder neoklassizistische Villa.

B Kritische Theorie und Kritische Erkenntnistheorie

Für die Architektur waren die 1950er Jahre glänzender Höhepunkt wie auch eine Zeit der Entzauberung. Mit dem Seagram Building (1958), dem Guggenheim Museum (1959) und der Berliner Philharmonie (1963) waren drei der ikonischen Gebäude der Moderne entstanden, während sich gleichzeitig in den »düsteren

Wohn- und Geschäftshäuser[n] der trostlosen Städte« (Adorno/Horkheimer 1988, 128) die Defizite der Moderne, besonders beim Wiederaufbau der kriegszerstörten Städte, offenbarten. Jedes Werk müsse sich jetzt »auf seine immanente Logik überprüfen« (Adorno 1998.2, 376), forderte 1965 Theodor W. Adorno (1903–69) in einer Rede vor dem Deutschen Werkbund – die Moderne war aufgefordert, ihre Ziele, Methoden und Verfahren grosso modo zu hinterfragen. Mit dem Reflexivwerden der Moderne kann man nun von der *Kritischen Theorie* der Architektur sprechen. Auf der Grundlage von Neo-Marxismus, Linguistik, Psychoanalyse, Diskurstheorie, Strukturalismus und später des (Post-)Strukturalismus legte die Kritische Theorie die Defizite der Moderne offen, sprengte ihre Dogmatik und öffnete sie der Pluralisierung ihrer Praktiken. Das verbindet sie mit dem Konzept der Postmoderne, wobei diese in ihrem weiteren Verlauf weniger als Überwindung denn als kritisches Korrektiv der Moderne verstanden werden muss. In den 1990er Jahren zeichnete sich dann eine weitere Verschiebung ab. Im Gegensatz zu den analogen Maschinen der Moderne, die von außen in die Architektur eingriffen und die Prozesse auf der Baustelle veränderten, zeichnet die Verwendungsweisen des Computers – *computational design*, *digital fabrication* und *building information modeling* – aus, dass sie in die Wissensprozesse selbst eingreifen und die Architektur von innen heraus verändern. Das betrifft nicht nur »die Strukturen des Wissens, sondern auch die Modalitäten seines Entstehens« (Gumbrecht 2014). Hans Ulrich Gumbrecht (*1948) spricht daher von einer »veränderten Epistemologie der elektronischen Zeit« (Gumbrecht 2014). Heute kann man von einer Erweiterung der Kritischen Theorie zur *Kritischen Erkenntnistheorie* der Architektur sprechen, und dies umso mehr vor dem Hintergrund der aktuellen Klima-, Umwelt- und Ressourcenkrisen, die das Verhältnis von Architektur, Mensch und System Erde neu strukturieren.

Während die klassische Moderne noch unter dem Einfluss des emanzipativen Impulses der Moderne stand, geriet die Moderne der 1950er Jahre zunehmend in die Kritik. Unübersehbar wurden die Kehrseiten des ungestümen, modernen Fortschrittspathos. Als Manfredo Tafuri (1935–94) von der »Krise der Utopie« (Tafuri 1976, 125) sprach, drückte sich darin auch das sich wandelnde Verständnis der Moderne aus.

Auslöser war der Wiederaufbau der vom Krieg zerstörten europäischen Städte nach dem Modell der autogerechten und nach Funktionen getrennten Stadt. Die Kontroversen darüber hatten 1959 zum Ende der Internationalen Kongresse moderner Architektur oder Congrès internationaux d'architecture moderne (CIAM) geführt. Die CIAM waren 1928 von Le Corbusier (1887–1965) und Sigfried Giedion (1888–1968) als internationale Plattform zur Diskussion und Entwicklung der modernen Architektur und des modernen Städtebaus gegründet worden. 1958 aber hatte mit *Team 10*, Aldo van Eyck (1918–99) und Jacob Bakema (1914–81) die jüngere Generation gegen die CIAM rebelliert und sich gegen die Degradierung der Architektur zu einer Planungsdisziplin gestellt.

Die Dramatik des Konflikts zeigt sich nicht zuletzt dort, wo 1968 über den Vietnamkrieg, Imperialismus und das Erbe des Nationalsozialismus hinaus die »Unwirtlichkeit unserer Städte« (Mitscherlich 1965) Auslöser für die Studentenunruhen war. Zwischen »Protest und Bewahrung, symbolischer Form und Produktion, zwischen Ausflucht und Realpolitik« (Tafuri 1976, 141) traten die inneren Widersprüche der Moderne hervor. Es genügte nun nicht mehr, wie in der Traditionellen Theorie der Architektur, die Reflexion des Verhältnisses von Neuem und Altem oder von Innovation und Tradition, sondern es bedurfte einer kritischen Reflexion der Moderne in ihrer krisenhaften Erscheinung.

Die Totalität der Entwicklung der Architektur, so konstatierte Peter Bürger (1936–2017), wird erst im »Stadium der Selbstkritik« (Bürger 1974, 29) des gesellschaftlichen Teilsystems Architektur deutlich. Dementsprechend kann die Architektur nur dann modern genannt werden, wenn sie die Unauflöslichkeit von Architektur und Kritik erkennt. Es müssen die »Maßstäbe, denen sie folgt, im kulturkritischen Diskurs selbst gerechtfertigt werden« (Schnädelbach 1996, 313 f.). Für die Kritik an der Moderne lassen sich vier Punkte benennen:

1. Kritik am Verlust der Sprachlichkeit der Architektur und ihrer Fähigkeit zur Kommunikation ihrer Inhalte
2. Kritik am Verlust der Historizität und damit der Identität der Architektur
3. Kritik an der Unterordnung der Architektur unter die Interessen der Bauwirtschaft und ihrer Reduktion auf eine Planungsdisziplin
4. Kritik am Verlust der Funktion der Architektur als Medium der Sozialisierung der Menschen

Die Kritische Theorie der Architektur ist geprägt von der »Rückkehr des Verdrängten« (Gleiter 2002, 28). Zurück kehren die in der frühen Moderne unterdrückten Themen wie Zeichen, Ornament, Sprache und Geschichte. Dabei ging es allerdings nicht um ein bloßes Wiederanknüpfen an Traditionen, sondern um die kritische Aneignung ihrer Inhalte in einer durch Wissenschaft gereinigten Form. Ziel war die Wiedergewinnung der Souveränität der Architektur über ihre Geschichte, ihre Mittel und ihre gesellschaftliche Funktion.

Für die Kritische Theorie lassen sich eine amerikanische und eine europäische Entwicklungslinie unterscheiden, die wiederum in je zwei Linien ausdifferenziert sind. Für die amerikanische Seite kann zwischen einer *postmodernen Kritischen Theorie* und einer *(post-)strukturalistischen Kritischen Theorie* unterschieden werden, auf der europäischen Seite dagegen zwischen einer *Kritischen Theorie der Technofiktionen* und der *Kritischen Theorie der Stadt.* Konzeptuell und biographisch sind die verschiedenen Theorieansätze vielfältig ineinander verschränkt. Sie besitzen globale Ausrichtungen wie zugleich auch lokale und individuelle Orientierungen.

Postmoderne und (post-)strukturalistische Kritische Theorie

Für die *amerikanische Entwicklungslinie* der Kritischen Theorie der Architektur sollen im Folgenden die zwei Stränge der *postmodernen Kritischen Theorie* und der *(post-)strukturalistischen Kritischen Theorie* expliziert werden.

Die postmoderne Kritische Theorie – mit Philip Johnson (1906–2005), Robert Venturi (1925–2018), Charles Moore (1925–93), Denise Scott Brown (*1931), Michael Graves (1934–2015) und Robert Stern (*1939) – verfolgte die Rückkehr zur Architektur als Bedeutungsträger. Ihr Interesse galt der Rehabilitierung der »Architektur als Symbol« (Venturi, Scott Brown, Izenour 1979, 17). Das Interesse lag auf den bildhaften Zeichen und damit auf der Seite der Semantik (Bedeutung). Obwohl er auf dem Gebiet der Architektur seine größte Popularität erzielte, ist der Begriff Postmoderne aber nicht in der Architektur entstanden, sondern in der Linguistik und der amerikanischen Literaturwissenschaft. Es verband sich mit ihm die Beobachtung eines »Nachlassens der innovatorischen Potenz« (Welsch, 1991, 14) und einer »Erschöpfung der hundertjährigen Tradition der Moderne« (Jameson 1986, 45).

Venturi zielte darauf, der Rückkehr von Mehrdeutigkeit und der Ambivalenz der Zeichen in die Architektur den Weg zu ebnen. Die theoretischen Grundlagen dazu legte er 1967 mit seinem

Buch *Komplexität und Widerspruch in der Architektur* (1978), das er, noch nahe an der Avantgarde der Moderne, als »behutsames Manifest« (Venturi 1978, 23) bezeichnete. Im Rückbezug auf die historische Zeichenpraxis wollte Venturi die Geschichte für die moderne Architektur rehabilitieren. Für manche war er daher weniger ein Postmoderner als vielmehr ein »neuer amerikanischer Pragmatist« (Eisenman 2008, 129), dem es darum ging, die geschichtliche Tradition für die Gegenwart fruchtbar zu machen, ohne dabei die Grundlage der Moderne zu verlassen.

Am Beispiel der Porta Pia von Michelangelo (1475–1564), einem Meisterwerk des italienischen Manierismus, versuchte Venturi die Spannung von »Gegensätzlichem und Ungewissem« (Venturi 1978, 25) und das »Gespür für das Paradoxe« (Venturi 1978, 25) zurückzugewinnen. Er erweiterte damit das Programm der Moderne, wie es sich in Mies' van der Rohes »less is more« ausdrückte und als solches verantwortlich gemacht wurde für die dogmatische Verhärtung der Moderne. Venturi lehnte das »Bedürfnis nach Einfachheit« ab und setzte dem »less is more« ein »less is a bore« (Venturi 1978, 27) und ein »Sowohl-als-auch« (Venturi 1978, 35) entgegen.

Ihre eindrücklichsten Manifestationen hat die postmoderne Kritische Theorie im Haus für Vanna Venturi (1964) von Robert Venturi, in der Piazza d'Italia (1978) von Charles Moore und im AT&T Hochhaus (1984) von Philip Johnson. Charakteristisch für die postmoderne Kritische Theorie, nehmen diese Projekte in ironischer Verfremdung Bezug auf die Geschichte. Bezeichnend ist aber, dass die Projekte von Moore und Johnson eher für die Formalisierung, Kanonisierung und Kommerzialisierung der Postmoderne stehen. Denn schnell hatte sich das kritische Potenzial erschöpft. Was in kritischer Absicht entstanden war, wurde aufgrund der einfachen, naiven und zum Teil nostalgischen Bildersprache schnell von der kapitalistischen Kulturindustrie vereinnahmt. Fredric Jameson (*1934) konnte deshalb von der Postmoderne als von der »Logik der Kultur im Spätkapitalismus« (Jameson 1986, 91) sprechen.

Interessanterweise führte Jameson dafür das Bonaventure Hotel (1977) von John Portman (1924–2017) in Los Angeles als Beispiel an. Am Bonaventure Hotel versuchte Jameson indes nichts weniger, als das Innovationspotenzial der Moderne für die architektonische Postmoderne zu retten. So stellte er fest, dass in diesem Gebäude die Verbindung von futuristischen und postmodernen Elementen die Erfahrung eines »Hyper-Raums« (Jameson 1986, 81) ermögliche. Das sei so neu, dass die Menschen dafür erst noch einen »Wahrnehmungsapparat« (Jameson 1986, 81) entwickeln müssten. Es müssten »unser Sensorium und unsere Körper auf neue, noch nicht vorstellbare, vielleicht letztlich unerreichbare Dimensionen« (Jameson 1986, 82) eingestellt werden. All das ist nicht passiert. Die Postmoderne blieb von ihrer Konzeption her eine die Defizite der Moderne kompensierende Bewegung, die sich gerade von den prinzipiellen Anlagen der Moderne nicht lösen konnte.

Die (post-)strukturalistische Entwicklungslinie dagegen knüpfte an die formalistische Moderne an, vor allem an Le Corbusier. Im Gegensatz zur postmodernen Kritischen Theorie stand sie weniger auf der Seite der Bedeutung als auf der Seite der Syntax, der Grammatik und der generativen Transformationsgrammatik von Noam Chomsky (*1928). Die architektonischen Impulse gingen anfänglich von Colin Rowe (1920–99) und seiner an Rudolf Wittkower (1901–71) orientierten formalen Analyse der Architektur aus, unter anderen von den Aufsätzen *The Mathematics of the Ideal Villa* (1947) und *Neo-Classicism and Modern Architecture* (1957).

Für die erste Phase der (post-)strukturalistischen Kritischen Theorie steht die Gruppe der *New York Five*. Ihr gehörten John

Hejduk (1929–2000), Peter Eisenman (*1932), Michael Graves (1934–2015), Richard Meier (*1934) und Charles Gwathmey (1938–2009) sowie sein Partner Robert Siegel an. Ihre Entwürfe und gebauten Projekte folgten, unter dem Einfluss von Rowe, einem formalistischen, spätmodernen Manierismus, weshalb man besser von einer strukturalistischen oder neoformalistischen Kritischen Theorie sprechen kann.

Durch seine experimentelle Serie von Entwürfen für Haus I-VI wurde Peter Eisenman schnell zum eigentlichen Motor der strukturalistischen Kritischen Theorie. Grundlage dafür war seine Dissertation *Die formale Grundlegung der modernen Architektur* (Eisenman 2005) von 1963. Darüber hinaus gründete Eisenman 1967 das IAUS (Institute for Architecture and Urban Studies), das sich als Thinktank für die Weiterentwicklung der strukturalistischen zur post-strukturalistischen Kritischen Theorie etablierte.

Während House VI noch neo-formalistischen Verfahren folgte, gründete Eisenmans *Romeo und Julia Projekt* (1985), als Teil der Serie der *Artificial Excavations*, im allegorisch-bildhaften Gebrauch der Figuren der Stadt Verona. Die Techniken dafür waren die Maßstabsvergrößerung oder -verkleinerung (scaling), die Verschiebung, Rotation und Überlagerung architektonischer Figuren (Superposition und Superimposition) wie zum Beispiel des Flusses Arno, der Stadtmauern, des Friedhofs oder der Wohnhäuser der Familien Montague und Capulet. Damit schuf Eisenman ein palimpsestartiges Gewebe von sich überlagernden, einander durchdringenden, teilweise anwesenden und teilweise abwesenden Figuren, die als Spuren der unterdrückten oder vergessenen Geschichte der zwei Familien eine alternative Lesart der Stadt ermöglichten.

Das *Romeo und Julia Projekt* markiert die Phase des Übergangs von der strukturalistischen zur post-strukturalistischen

Kritischen Theorie. Die post-strukturalistische Kritische Theorie zeichnet sich besonders dadurch aus, dass sie sich über die Kritik der Moderne hinaus als Fundamentalkritik der Architektur und ihrer »Metaphysik« (Eisenman 1995.1, 99) verstand. Grundlage dafür waren Jacques Derridas (1930–2004) *Grammatologie* (1983) und *Die Schrift und die Differenz* (1983), Gilles Deleuzes (1925–95) und Felix Guattaris *Tausend Plateaus* (1988) sowie ihr *Anti-Ödipus* (1972) und Jacques Lacans (1901–81) post-strukturalistische Psychoanalyse.

Der post-strukturalistischen Kritischen Theorie ging es vor allem um Destabilisierung der Zeit, des Raums und der Stellung des Menschen darin, einschließlich der Stellung des Autors. In der Subversion der etablierten Ordnungen und der Aufdeckung »unterdrückter Texte« zeigte sich der psychoanalytische wie auch der vernunftkritische Ansatz. Mit der Ausstellung *Deconstructivist Architecture* im Museum of Modern Art in New York 1988 wurde dann der Begriff Dekonstruktion zum Synonym für die post-strukturalistische Kritische Theorie.

Technofiktionen und Kritische Theorie der Stadt

Die europäische Entwicklungslinie bestand dagegen aus der *Kritischen Theorie der Technofiktionen*, die an die klassischen Avantgarden anknüpfte, und der *Kritischen Theorie der Stadt*.

1966 erklärte die italienische Gruppe *Archizoom*, dass die Stadt »der rückständigste und verworrenste Teil des Kapitals in seiner aktuellen Erscheinungsform« (Archizoom 2005, 157) sei. Das entsprach der allgemeinen Wahrnehmung. Die Bewertung, wie darauf zu reagieren sei, hätte aber nicht kontroverser sein können, als sie dann durch die Technofuturisten bzw. die Vertreter der *Kritischen Theorie der Technofiktionen* und die Vertreter der *Kritischen Theorie der Stadt* erfolgte.

Arata Isozaki, Future City. The Incubator (1962)

Den Technofuturisten gemeinsam war die »architektonische Provokation« (Van Schaik u.a. 2005) und die Verschränkung von High-Tech mit »Pop Art, Konsum, Comic und Reklame« (Klotz 1987, 246). Damit stellten sie sich in die Tradition der künstlerischen Avantgarden der Moderne. Unverkennbar ist die radikal-utopische Ausrichtung, die dann mit Ende der 1960er Jahre und mit der postmodernen Absage an die Utopien wiederum zum Anlass der Kritik wurde. Die Technofiktionen unterscheiden sich untereinander aber stark in ihren utopischen Visionen und Modellen architektonischer Kritik. Es lassen sich hier drei Richtungen voneinander abgrenzen: a. die radikalen, b. die post-utopischen und c. die pragmatischen Technofuturisten.

a. Die *radikalen Technofuturisten* hielten an der Möglichkeit einer utopischen Überwindung der Gegenwart fest. In der fortschreitenden Technologisierung sahen sie die Potenziale für eine radikale Rekonzeptualisierung der Architektur und mit ihr des menschlichen Lebensraums, gleichsam unter Negierung der klassischen Stadt. Zu ihnen gehörten die Gruppe *Archigram* mit ihrer Idee der *Instant City* oder *Plug-in-City*, das situationistische Projekt *New Babylon* von Constant Nieuwenhuys (1920–2005) oder auch die über Paris schwebende *ville spatiale* von Yona Friedman (1923–2020). In der *Plug-in-City* sollten zum Beispiel Hauscontainer zu regalartigen Megastrukturen zusammengefügt werden. Sie sollten sich rhizomatisch über das Land ausbreiten.

b. Mit der zweiten Position verbinden sich dagegen post-utopische Zweifel am emanzipativen Potenzial der Technologien. Die *post-utopischen Technofuturisten* verstanden ihre Position als Kritik an den technologischen Utopien. Zu ihnen gehörten die Künstler- und Architektengruppe *Haus-Rucker-Co*, aber auch die Gruppe *Superstudio* und *Archizoom*. Man kann hier von einer Strategie der Kritik der technischen Vernunft durch Technik sprechen. Das gilt besonders für die utopiekritischen, pneumatischen Architekturkonzepte *Phy-Psy* und *mind expander* von *Haus-Rucker-Co*.

c. Die Vertreter der dritten Position arbeiteten eher aus der Mitte der Gesellschaft heraus und verfolgten als *pragmatische Technofuturisten* eine pragmatische High-Tech-Moderne. Zu ihnen zählen Norman Foster (*1935) und die Architekten des Centre Pompidou (1977) Richard Rogers (1933–2021) und Renzo Piano (*1937). Charakteristisch ist für sie, dass ihre Ideen für eine High-Tech-Architektur schnell in das Corporate Design der multinationalen Konzerne eingingen, wie beim BMW-Hochhaus (1973) von Karl Schwanzer (1918–75) in München oder dem HSBC Hochhaus (1986) von Sir Norman Foster (*1935) in Hongkong.

Zu den pragmatischen Technofuturisten gehören auch die Architekten des japanischen Metabolismus wie Kisho Kurokawa (1934–2007), Kiyonori Kikutake (1928–2011), Fumihiko Maki (*1928) und, obwohl nur lose assoziiert, Arata Isozaki (*1931). Ihre Kritik an der durch Brand- und Atombomben zerstörten und konzeptlos wiederaufgebauten klassischen japanischen Stadt zeigt sich in der Äußerung Isozakis, dass Tokio hoffnungslos verloren sei – ich »werde mich nicht mehr länger mit Gebäuden beschäftigten, die weniger als 30 Meter hoch sind. [...] Alles, was unter 30 Meter ist, überlasse ich anderen. Wenn die meinen, dass sie das Chaos zähmen können, dann sollen sie einfach machen.« (Isozaki 2011.1, 40)

Isozakis kritische Distanz zu den Metabolisten zeigte sich früh in seinem Projekt *Future City. The Incubator* (1962). Dort collagierte er eine auf mächtigen zylinderförmigen Stützen stehende metabolistische Megacity auf eine solche Weise in ein antikes Ruinenfeld – womöglich Delphi –, dass die zylinderförmige Megastruktur wie die Säulentrommeln des antiken Ruinenfelds als zukünftige Ruine erscheinen. Auch die futuristische Stadt ist unaufhaltbar dem Verfall ausgeliefert, unausweichlich ist eine »Zukunft in Ruinen« (Isozaki 2011.2, 25). Mit der Wahrnehmung der Utopie als einer »vergangenen Zukunft« (Koselleck 1989) kündigte sich bei Isozaki das Ende der Utopien an.

Die *Kritische Theorie der Stadt* stand dazu in Opposition. Sie entstand aus der Reaktion auf die Technofiktionen wie auch auf die »naive Konzeption des Funktionalismus« (Rossi 2015, 29), mit der beim Aufbau der Städte nach 1945 die historisch gewachsene Struktur und damit die Identität der Städte zerstört wurde.

Grundlage für die Kritische Theorie der Stadt waren die Forschungen zur urbanen Morphologie. Die Hauptvertreter dieser Strömung waren einerseits Saverio Muratori (1910–63) und Gianfranco Caniggia (1933–87), andererseits Aldo Rossi (1931–97) und Carlo Aymonino (1926–2010). Im Fokus ihrer Betrachtungen stand der Verlust des kulturellen Gedächtnisses und der Bruch mit »Kontinuität, Dauerhaftigkeit und Überlieferung« (Schnell 2019, 54) durch den modernen Städtebau. Diesem setzte die kritische Theorie der Stadt die Erkenntnis entgegen, dass die urbane Morphologie immer einen »historischen Index« (Benjamin 1983, 577) besitze, der allein die »Authentizität« der Architektur und die »Identität« der städtischen Gemeinschaft verbürgen könne. Beide Lager der kritischen Theorie der Stadt forderten die Erneuerung der Einsicht in das historische Gewachsensein der Stadt, unterschieden sich aber in der Konzeption des historischen Indexes und der Geschichtlichkeit der urbanen Morphologie.

Muratori und Caniggia sahen in der Morphologie der Stadt das kollektive Bewusstsein verkörpert. Die Aufgabe der Stadtplanung bestand für sie daher in der Einbettung der Architektur in die vorhandene »urbane und architektonische Struktur, in das zivile und soziale Leben, in das moralische Klima und in die Tradition und die Geschichte« (Muratori 1980, 47). Für Muratori ist der Prozess des Werdens der urbanen Morphologie immanent. Im prozessualen Denken und der Transformation zeigt sich die Modernität, was für Muratori jedoch etwas anderes bedeutete als das »Prinzip der permanenten Innovation, wie sie von der [modernen] Avantgarde verfolgt wurde« (Ieva 2020, 90).

So war für Muratori die Stadt »a priori-Synthese früherer Erfahrungen« (Ieva 2020, 93). Architektur und Stadt sind Resultat eines »Entwurfsprozesses«, in dem in der »kollektiven Form die Bedingungen des Seins zur Sichtbarkeit« (Ieva 2020, 91) kommen sollen. Dahinter steht die Vorstellung einer organischen Entwicklung der Stadt, das heißt einer Entwicklung aus einer je eigenen, den Dingen immanenten Logik. Es zeigt sich hier gewissermaßen die hegelianische Konzeption der Stadt als Medium der Erkenntnis, des Bewusstseins und der Identität. Für Muratori war die Architektur »Instrument für Bewusstsein, und umgekehrt existiert keine Architektur ohne Bewusstsein, ohne Verlust ihrer Bedeutung und zivilen Werte« (Maretto 2015, 27).

Auf der anderen Seite stand Rossis »Theorie der Permanenz« (Rossi 2015, 43). Sie wurde zu einem zentralen Bestandteil der »historischen Methode« in der Analyse der Stadt wie auch ihrer Rekonstruktion. Charakteristisch für Rossi ist seine Abneigung gegen die von außen in die Architektur hineingetragenen Theorien des Strukturalismus, der Soziologie oder der Linguistik und die »am Ende auch lächerlichen Übertragungen der Marx'schen Theorie« (Rossi 2003, 455) in die Architektur. Die architektonische Bildung sollte dagegen wieder auf den Grundlagen der Disziplin aufbauen und die Architektur »auf sich selbst zurückgeführt werden« (Rossi 2003, 450), das heißt auf ihr geschichtliches Gewachsensein.

Die Forderung galt einerseits der Überwindung des Verbots, sich mit der Geschichte auseinanderzusetzen, und andererseits der Hinwendung auf die Baudenkmale als Träger von Erinnerung. Als »Gegenstand ihrer eigenen Erinnerung« (Rossi 2015, 12) ist die Gesellschaft in den Baudenkmalen bei sich. Gegen die postmoderne Auffassung, dass »kein Geschichtsbild mehr zur Verfügung steht, das es der Gegenwart erlaubt, sich zu datieren« (Sloterdijk 1988, 262), hob Rossi im Sinne der Permanenz hervor, dass die Architektur als Archiv und Speicher des »kulturellen Gedächtnisses« (Assmann 2000) weit bedeutender sei als in ihrer Schutzfunktion.

Insofern für ihn die Frage von Gedächtnis und Erinnerung im Zentrum stand, nahm er das Konzept der »kalten Gesellschaft« auf, mit dem Claude Lévi-Strauss (1908–2009) die archaischen, institutionalisierten Gesellschaften beschrieben hatte, die für die Identitätsbildung auf Rituale und wiederkehrende Feste und damit mehr auf Kontinuitäten als auf Brüche setzen. In diesen Zusammenhang gehört auch Rossis Bezug auf das Buch *Der antike Staat* (1864), in dem Numa Denis Fustel de Coulanges (1830–89) dargestellt hatte, wie in der Antike der Alltag und die gesellschaftlichen Institutionen durch und durch von heidnisch-religiösen Vorstellungen und Ritualen durchdrungen waren. Rossi knüpfte daran an, indem er für die Stadt eine Einheit von »Baudenkmal, Ritus und Mythos« (Rossi 2015, 16) oder von Gebäudestruktur, Alltagsritual und Erinnerungswert forderte.

Mit dem Buch *Die Architektur der Stadt* legte Rossi 1966 die international wirksamste Gründungsschrift der kritischen Theorie der Stadt vor. Darin explizierte er, dass den urbanen Veränderungen gleichbleibende, also fortdauernde Gebäudetypen gegenüberstehen, die, wie die Wörter einer Sprache, die Grundbausteine der Architektur der Stadt darstellen. Die »konkreten Lösungen, die Antworten, die die Architekten auf konkrete Lösungen haben« (Rossi 2003, 448), gründen in den Typologien, auf deren Grundlage sie Varianten ausbilden. Die großen Architekturen lassen sich immer als Typ beschreiben, die Variationen der Typen in ihrer zuweilen formalen Exuberanz, wie in Jugendstil oder Neohistorismus, hingegen nicht.

An die urbane Morphologie, wie sie in Italien entstanden ist, knüpfte Oswald Mathias Ungers (1926–2007) an, rückte aber, im Sinne von Muratori, das Moment der Transformation ins Zentrum wie etwa im Entwurf für ein Studentenwohnheim (1964) oder für die Staatlichen Museen in Berlin (1965). Beide Projekte gründen in einem morphologischen Verfahren der Transformation von typologischen Grundelementen, das Ungers dann in *Morphologie. City. Metaphors* (1982) zu einer umfangreichen morphologischen Methode des Entwerfens weiterentwickelte.

Anthropozän und Kritische Erkenntnistheorie

Mit der Einführung des Computers Anfang der 1990er Jahre sah es erst so aus, als würde von den digitalen Medien eine umfassende Veränderung, ja eine Revolution der Architektur ausgehen. Prominent war hier Greg Lynns (*1964) Embryological House (1997–2000). Dabei stellten die freien, parametrisch generierten Formen die Entsprechung zur entgrenzten, kapitalistischen *New World Order* dar, die nach dem Fall der Berliner Mauer 1989 auch zu einer globalen Entgrenzung der Architekturproduktion führte.

Schnell wurde aber deutlich, dass die freien Formen der parametrisch generierten Gebäude zum Signet autoritärer Staatssysteme wurden wie auch von der kapitalistischen Kulturindustrie und ihrer Festivalisierung der Kultur absorbiert wurden. Im ersten Fall gehören dazu Gebäude wie das »Vogelnest« genannte Nationale Sportstadion (2008) in Peking von Herzog & de Meuron oder das Heydar Aliyev Center (2012) in Aserbaidschan von Zaha Hadid, im zweiten Fall das Guggenheim Museum (1997) in Bilbao oder die Fondation Louis Vuitton (2014) in Paris. Wo sie keine Kraft zur gesellschaftlichen Transformation besaßen, ging von den digitalen Bildverfahren für die Architektur kein Impuls zur Veränderung aus.

Spätestens aber mit den um die Jahrtausendwende aufkommenden Debatten um das Anthropozän wurde die Frage nach der digitalen Realität von der Co_2-, Klima- und Ressourcenkrise überlagert. Die Fragen der Digitalisierung traten hinter ökologische Fragestellungen zurück, was mit einem Paradigmenwechsel »von einem lokal verankerten und damit begrenzten Umweltbewusstsein zu einem systemischen Blick auf das Ganze des Planeten« (Horn/Bergthaller 2019, 46) einherging. Mit »Anthropozän« wird das heutige erdgeschichtliche Zeitalter bezeichnet, welches sich dadurch auszeichnet, dass der Mensch, auch mittels der Architektur, der Megastädte und der großen Infrastrukturprojekte wie Staudämme, Straßen, Autobahnen, Flughäfen etc., zu einer geologischen Kraft geworden ist. Seit der zweiten Hälfte des 18. Jahrhunderts sind die »globalen Effekte menschlicher Aktivitäten« (Crutzen 2000, 17 f.) mehr als deutlich wahrnehmbar.

Gerade die Umweltproblematik betraf die Konzeption der Architektur ganz unmittelbar, insofern nämlich die Architektur jene kulturelle Praxis ist, mit der der Mensch sich eine sowohl seinen gleichbleibenden wie auch den sich verändernden Bedürfnissen angemessene, von der Natur verschiedene, lebenswerte Umwelt schafft. Der »Mensch als Mängelwesen« (Gehlen 2016, 91) bedarf für sein Überleben einer künstlichen Umwelt. Die Schaffung einer menschengerechten Umwelt oder die »architecture of good intentions« (Rowe 1994) scheint heute jedoch allein durch die schiere Masse ins Gegenteil umzuschlagen.

Für das 21. Jahrhundert lässt sich von einem Übergang von der Kritischen Theorie zur Kritischen Erkenntnistheorie der Architektur sprechen. Denn es geht jetzt nicht nur um die Frage nach der Moderne und ihren Defiziten, die ein zentrales Thema der Kritischen Theorie war, sondern um eine Erweiterung mittels der kritischen Reflexion des Systems Erde, das heißt der Systeme und der Umwelten, ohne die das Überleben des Menschen nicht gelingen kann. Und das umso mehr, als heute oftmals die Moderne als Motor jener katastrophischen Entwicklung konzipiert wird, die für die aktuelle Klima- und Umweltmisere verantwortlich zu machen sei.

Insgesamt ist die gegenwärtige Situation einer Kritischen Erkenntnistheorie der Architektur keineswegs so unübersichtlich, dass nicht einige Tendenzen sichtbar würden. Mit dem Slogan »Nicht Abriss, sondern Umbau« und mit der Forderung nach Bauen im Bestand, also dem Weiterbauen anstelle von Abbruch, gewinnt die Moderne gerade jene Qualitäten zurück, die ihr immer abgesprochen wurden. Mit der Architektur der Transformation erhält die Moderne ihre Geschichtlichkeit und jenes Element zurück, das Aldo Rossi in seinem Buch *Die Architektur der Stadt* mit dem Begriff der »Permanenz« (Rossi 2015, 43) eingefordert hatte.

Für den aktuellen Stand der Diskussionen lässt sich feststellen, dass die Architektur der Moderne mit den Projekten der Transformation des Bestands nichts weniger als ihr kulturelles Gedächtnis zurückerhält. Was das bedeutet, zeigt sich zum Beispiel an der Transformation des Postbank-Hochhauses (1971) in Berlin-Kreuzberg durch Eike Becker. Weit über die Klima- oder CO_2-Neutralität hinaus zeigt sich hier die Nachhaltigkeit in ihrer Erweiterung als kulturelle Nachhaltigkeit im Sinne der Permanenz und der Fortschreibung der modernen Geschichte eines Ortes.

Nicht anders verhält es sich mit den von Lacaton & Vassal transformierten Wohnblöcken im Grand Parc (2017) von Bordeaux. Es synkopiert dort gewissermaßen im Neuen das Alte, beide sind dialektisch ineinander verschränkt, wo die Wohnblöcke aus den 1960er Jahren über die ganze Länge der Fassade mit einer Art Wintergarten erweitert, ansonsten die Bausubstanz aber erhalten wurde. Wenn Anne Lacaton (*1955) in einem Interview feststellt, dass Abbruch eine »Verschwendung von vielen Dingen – eine Verschwendung von Energie, eine Verschwendung von Material und eine Verschwendung von Geschichte« (Lacaton 2021) ist, so wiegt der letzte Punkt, die Verschwendung der Geschichte, für die Architektur nicht am geringsten.

Unter den ökonomischen Bedingungen des 20. Jahrhunderts luxurierte die Moderne noch in einer Abriss-und-Neubau-Ideologie. Heute dagegen wird die angeblich geschichtslose Moderne historisch, wo in einer neuen gesellschaftlichen Konstellation das Alte in den Gehalt des Neuen überführt wird, was die *Geschichtlichkeit des Neuen* garantiert. In der veränderten Haltung den Dingen gegenüber erhält die Moderne, was ihr immer abgesprochen wurde, wonach sie aber immer auch auf der Suche war: Das ist, mit Walter Benjamin, der »historische Index« (Benjamin 1983, 577) ihrer avancierten Praxis.

Über die rein instrumentelle Vernunft der technischen, materiellen und klimatischen Nachhaltigkeit hinaus kehrt nun der ältere Begriff der *Angemessenheit*, der *adequatézza* oder des *aptums*, ins Zentrum der Architekturtheorie zurück. Seit dem Beginn der Theorie, das heißt seit es Architektur gibt, steht der Begriff der Angemessenheit im Zentrum der Architektur. Nur in der Abwägung der Angemessenheit, im theoretischen Diskurs, kann das Verhältnis zwischen den menschlichen Bedürfnissen und den architektonischen Mitteln geklärt werden, und dies war nie anders. Angemessenheit ist der rote Faden der Theorie, durch den allein die Architektur ihre Orientierung erhält.

Die Angemessenheit kehrt heute jedoch in einer erweiterten Konzeption zurück. Das duale System von *Mensch - Architektur*, in dem sich klassischerweise die Frage nach der Angemessenheit stellte, muss, unter den aktuellen Bedingungen des Anthropozäns, erweitert werden um das System Erde. Es wandelt sich nun das duale Modell *Mensch - Architektur* zum triadischen Modell *Mensch - Architektur - System Erde.*

3. Zeichen

A Präsenz der Zeichen

Unter Architektur versteht man üblicherweise eine konstruktive und materielle Praxis, die für die menschlichen Sozialisierungsprozesse Räume schafft. Eine solche Sichtweise drängt sich beim täglichen Umgang mit der Architektur auf. Gleichwohl ist die Architektur nicht weniger eine Praxis der Zeichen, wie auch der Architekt Entwerfer von Zeichen ist. Auch das ist eine Erfahrung, die sich täglich aufdrängt. Gebäude bestehen nicht nur in ihrer Dinglichkeit und in der räumlich-materiellen Präsenz, sie stehen mittels ihrer Zeichenhaftigkeit in Beziehung zu anderen Dingen. Sie verweisen auf anderes, zitieren anderes, stehen für anderes oder spielen auf anderes an. Das können Epochen, Gebäude, Ideen oder auch individuelle Stile anderer Architekten sein. So nehmen Gebäude in der Art des Palladianismus wie Chiswick House von William Kent (1685–1748) auf die Architektur Andrea Palladios (1508–80) Bezug. Neogotische Gebäude wie das House of Parliament in London beziehen sich auf die Gotik. Manche Gebäude von Le Corbusier zitieren Motive von Ozeandampfern, und das Gebäude der Staatsgalerie in Stuttgart von James Stirling (1926–92) zitiert gleichzeitig viele Epochen, Stile und Architekten. Andererseits geht es bei den Zeichen nicht nur um Bedeutung, denn durch Zeichen zeigt die Architektur an, wie sie gebraucht werden kann. Türklinken fordern dazu auf, die Tür zu öffnen, eine Treppe fordert dazu auf, sie hoch- oder herunterzugehen. So geht jedem Akt des Gebrauchs ein Akt der Interpretation von Zeichen voraus. Die Erfahrung von Wirklichkeit ist »zeichenverfaßt *und* interpretationsbedingt« (Abel 2004, 13). Wo Zeichen Handlungen auslösen, sind sie darüber hinaus »Verwendungsereignis« (Pape 1989, 237). Es zeichnet die architektonischen Zeichen im besonderen Maße aus, dass in ihnen Zeichen und Wirklichkeit oder Interpretation und Erfahrung aufs Engste aufeinander bezogen sind.

Der Doppelcharakter architektonischer Zeichen

Um zu zeigen, welche Funktionen den Zeichen in der Architektur zukommen, stelle man sich nur eine Tür vor, die nicht mittels Zeichen anzeigte, dass sie existiert, dass man sie öffnen und durch sie hindurch auf die andere Seite der Wand gehen kann. Wo es keine Anzeichen für sie gibt, wäre diese Tür unsichtbar, für den Betrachter nicht erkennbar und letztendlich für ihn nicht existent. Man müsste von einer Geheimtür sprechen, wie es sie in Schlössern oder Filmen gibt. Nur durch Zufall könnte man sie auffinden.

Man könnte jetzt zu der Schlussfolgerung kommen, dass in der Architektur – trotz allem – das Zeichen und die Zeichenhaftigkeit von größerer Bedeutung sind als die physische Existenz. Wenn man dann noch einen Schritt weitergehen und die Zeichen der Architektur mit den Zeichen der Sprache, also Wörtern, gleichsetzen würde, dann würde man aber gerade jenen Fehler machen, der seit den 1960er Jahren die Debatten um die Architektursemiotik bestimmt und diese so schwierig wie auch unfruchtbar gemacht hat. In Ermangelung eigener Modelle griff man auf die gängigen Theorien der Sprachwissenschaft oder Linguistik zurück und wandte diese kritiklos auf die Architektur an.

Das war ein Missverständnis, das zu viel Frustration und Ärger geführt hat. Um zu erkennen, worin das Problem bestand, müssen wir uns aber erst einmal Klarheit darüber verschaffen, wie die sprachlichen Zeichen überhaupt definiert sind und wie sich die architektonischen Zeichen von ihnen unterscheiden. Nach der gängigen, etwas vereinfachten Definition, für die man auf den Kirchengelehrten Aurelius Augustinus von Hippo (354–430) zurückgreifen kann, sind Zeichen ein Etwas, das für ein anderes Etwas steht – *aliquid stat pro aliquo*. Man spricht hier auch von der Statthalterfunktion, wonach das Zeichen stellvertretend für etwas anderes steht, das oftmals nicht anwesend oder präsent ist. Das Zeichen ist also die Sache nicht, auf die es verweist. Ein einfaches Beispiel ist das Wort Baum, das nicht der Baum selbst ist, sondern für diesen innerhalb eines Satzes stellvertretend steht. Auch das Wort Tiger ist nicht das Tier, auf das es verweist.

Eine solche Definition des Zeichens für die Architektur zu übernehmen würde allerdings sein Ziel gründlich verfehlen und führte in nicht zu unterschätzende Aporien. Man verfehlte damit nämlich das Besondere der architektonischen Zeichen. Den Unterschied macht aus, dass das architektonische Zeichen immer ein materielles Zeichen ist, das sich erst selbst anzeigt und nur in zweiter Linie auf etwas anderes und Abwesendes verweist. Eine Säule ist das Zeichen selbst, mit dem sie sich in ihrer materiellen Präsenz anzeigt oder auf sich aufmerksam macht. Die Tür ist die Tür selbst, die sie anzeigt. Architektonische Zeichen zeigen sich in ihrer Materialität, in ihrer Gestalt und in ihrer Verwendungsweise selbst an. Im Sinne von »Ich bin eine Säule« oder »Ich bin eine Tür« ist das architektonische Zeichen ein »motiviertes Zeichen« (Eisenman 1995.2, 296), weil das architektonische Zeichen oder der Zeichenträger, wie man auch sagen kann, in enger – motivierter – Verknüpfung und Kausalität mit der Bedeutung des Objekts steht, also mit dem, auf das es verweist.

Man kann festhalten, dass eine Säule sich erst selbst als Säule anzeigt, bevor sie über sich hinaus auf anderes verweist. Es ist eine sekundäre Zeichenfunktion, wenn das Zeichen Säule im korinthischen Stil Bezug nimmt auf eine der fünf klassischen Säulenordnungen, nämlich auf die korinthische, und dass sie damit eventuell eine Beziehung herstellt zu den ebenfalls korinthischen Säulen im Pronaos des berühmten Pantheons in Rom oder Bezug nimmt auf die Erzählung von Vitruv über die Erfindung des korinthischen Kapitells durch den griechischen Architekten Kallimachos.

Charakteristisch für architektonische Zeichen ist die besondere Einheit von Materialität, Präsenz und Gestalt, die sprachlichen Zeichen in dieser Weise nicht eignet. Bei den sprachlichen Zeichen kann man von der »Arbitrarität des Zeichens« (Derrida 1983, 77) oder von ihrer Willkürlichkeit sprechen. Denn sprachliche Zeichen zeichnen sich dadurch aus, dass in ihnen der Zeichenträger – Tuschelinie auf Papier bei der Schrift oder Schallwellen bei der gesprochenen Sprache – durch Konvention mit einer Bedeutung verknüpft ist. In der Regel besteht in der Sprache für den Zeichenträger keine »›natürliche Zusammengehörigkeit‹ mit dem Signifikat« (Derrida 1983, 81), wobei der Begriff Signifikat eine andere Bezeichnung für Bedeutung ist. In anderen Worten: Die Bedeutung eines roten Kreuzes, das für die internationale Hilfsorganisation steht, ist willkürlich. Man hätte auch eine andere Farbe oder andere Proportionen oder überhaupt eine ganz andere Form wählen können, es gibt keine zwingende Verbindung von Zeichenträger – rotes Kreuz – und Bedeutung – Rotes Kreuz.

Gleichzeitig steckt aber in der Arbitrarität der sprachlichen Zeichen auch ein großes Potenzial, das es in diesem Maße in der

Architektur nicht gibt. Es ist ja das Großartige, dass wir mithilfe der Zeichen im Allgemeinen, aber mittels der Zeichen der Sprache im Besonderen fähig sind, auf Dinge Bezug nehmen und uns über sie austauschen zu können, die gerade nicht anwesend sind. Mithilfe der Zeichen kann man etwas Vergangenes vergegenwärtigen, etwa mitten im Winter von einem blühenden Kirschbaum erzählen. Ohne Zeichen fehlte das Medium für Erinnerung, es gäbe weder Vergangenheit noch Zukunft. Das Leben wäre auf das unmittelbar Wahrnehmbare und damit auf die sinnlich erscheinende Gegenwart reduziert.

Jetzt tritt hervor, was das architektonische Zeichen besonders macht. Es ist sein Doppelcharakter, dass es sich gleichzeitig auf Anwesendes *und* Abwesendes beziehen kann, auf sich selbst in seiner materiellen Präsenz, aber jenseits seiner physischen Existenz auch auf Abwesendes. Mit dem Doppelcharakter sprengt das architektonische Zeichen die Hermetik der materiellen Präsenz der Architektur. Es erweitert die Möglichkeiten zur Bezugnahme auf anderes und macht die Architektur zu einem erweiterten Erfahrungs- und Denkraum.

Aufgrund seiner Materialität ist das architektonische Zeichen also immer beides: sinnlich-leibliche wie auch intellektuelle Erfahrung. Mittels der Zeichenhaftigkeit wohnt der Architektur eine besondere Spannung inne, dass nämlich jedes einzelne Element sowohl Zeichen der physischen Präsenz wie auch Zeichen der ideellen Absenz sein kann. Es macht den Unterschied zu den sprachlichen Zeichen aus, dass das architektonische Zeichen Teil des körperlichen Erfahrungsraums des einzelnen Menschen ist, dass es in das Raum- und Erfahrungskontinuum des Menschen eingebunden und Teil davon ist. Das architektonische Zeichen ist immer materiell-phänomenal und ideell-zeichenhaft. Es ist das architektonische Zeichen, mit dem es gelingt, die Trennung von »›Phänomen‹ und ›Zeichen‹« (Abel 2004, 101) und damit die verhärteten Fronten zwischen Phänomenologie und Semiotik zu überwinden.

Bild, Phänomen, Performanz

Die Art und Weise, wie wir die Zeichen wahrnehmen und was wir an ihnen wahrnehmen, ist ein komplexer Prozess. Eine Theorie architektonischer Zeichen kann nur in phänomenologischer Erweiterung der bestehenden Modelle der Semiotik gelingen. Eine Theorie architektonischer Zeichen kann es nur als phänomenologische Zeichentheorie geben. Dafür grundlegend ist die Dreidimensionalität der architektonischen Zeichen, dass also das Zeichenerkennen immer relativ zur Position des Betrachters im Raum ist. In Abhängigkeit davon verändert sich die Bedeutung der Zeichen und damit auch der Status der Architektur. Wir können von einer erkenntnistheoretischen Ambivalenz der architektonischen Zeichen und der Architektur sprechen.

Das lässt sich anschaulich machen anhand eines Spaziergangs durch den unter Mitwirkung Goethes angelegten Park an der Ilm in Weimar. Von Oberweimar kommend, öffnet sich dem Spaziergänger an einem bestimmten Punkt die Landschaft, sie gibt über eine große Wiese hinweg den Blick frei auf ein markantes Haus in der Ferne – Goethes Gartenhaus. Aufgrund des charakteristischen Dachs, der besonderen Kubatur und der sechs Fenster in der Hauptfassade ist es leicht als solches identifizierbar.

Bei der weiteren Annäherung kann der Spaziergänger dann eine für die Architektursemiotik höchst erhellende Erfahrung machen. An einem bestimmten Punkt, der je nach Person variabel ist, verändert sich die Wahrnehmung des Hauses. Wo man zuvor sechs gleichartige Fenster wahrgenommen hat, erkennt man nun, dass sich fünf der sechs Fenster zu realen Fenstern, also zu Öffnungen in der Wand wandeln, während eines, oben links, diese Wandlung nicht mitmacht. Es wird als ein gemaltes Fenster erkennbar. Man sieht kein Fenster, sondern das Zeichen eines Fensters und damit einen Platzhalter für ein abwesendes Fenster. Die anderen fünf Zeichen von Fenstern haben sich dagegen in reale, dreidimensionale Dinge gewandelt. Man kann dies an der Materialität der Fensterrahmen, des Gesimses und an den Schatten erkennen. Die Schatten sind Zeichen für die Dreidimensionalität einer Sache. Im Gegensatz zu dem gemalten Fenster zeigen sich die anderen Fenster nicht mehr als Stellvertreter von Fenstern, sondern sind jetzt in der ganzen Materialität ihrer Erscheinung architektonische Zeichen.

Aber wir erkennen die fünf Fenster nicht nur in ihrer Präsenz, sondern auch in Bezug auf ein Möglichkeitspotenzial ihrer Benutzung. Nähert man sich noch weiter, so gehen die architektonischen Zeichen durch eine weitere Stufe der Transformation. Steht man unmittelbar vor dem Haus, so bieten sich die Zeichen dem Betrachter jetzt zur Benutzung an. Sie fordern ihn auf, etwas mit ihnen zu tun, zum Beispiel eine Eingangstür aufzumachen und durch sie hindurchzugehen, die Treppe hochzusteigen und Goethes Arbeitszimmer zu betreten. Man steht dann vor einem Fenster, jetzt innen, und kann die Zeichenintention realisieren und das Fenster öffnen.

Der Zeichenprozess, der weit draußen im Park an der Ilm begonnen hat, kommt im performativen Akt des Gebrauchs zu seinem Abschluss. Im Umschlag vom denkenden Erkennen zum performativen Handeln machen wir, um einen Gedanken von John Dewey (1859–1952) aufzunehmen, eine ästhetische Erfahrung im Sinne der »Umwandlung von Widerständen und Spannungen, von an sich zur Zerstreuung verleitender Erregung, in eine Bewegung, die auf einen umfassenden, erfüllten Abschluß hinzielt« (Dewey 1995, 70). Am Ende steht die Auflösung der

Spannung zwischen physischer Anwesenheit und ideeller Abwesenheit im konkreten performativen Akt.

Es lassen sich nun drei Erscheinungsformen des architektonischen Zeichens benennen als a. *bildhafte Erscheinung* (Zeichenverweis und Bild), b. *phänomenale Erscheinung* (Material und Phänomen) und c. *performative Erscheinung* (Gebrauch und Performanz). Der doppelte Umschlag von bildhafter zu phänomenaler und weiter zu performativer Erscheinung ist konstitutiv für architektonische Erfahrung.

Während aber der Übergang von der bildhaften zur phänomenalen Erscheinung des Zeichens Voraussetzung für architektonische Erfahrung ist, gilt dies nicht in derselben Ausschließlichkeit für den Übergang von der phänomenalen zur performativen Erscheinung des Zeichens. Das lässt sich am Beispiel eines beliebigen Spaziergangs durch die Straßen einer Stadt zeigen. Bildhaft erkennen wir in der Ferne Gebäude, sie erscheinen uns erst bildhaft. Um sicher zu sein, dass es wirklich Gebäude sind, müssen wir uns ihnen nähern. Erst in der Wandlung der bildhaften Zeichen in materielle, architektonische Zeichen – wir erkennen Türen und Fenster, Gesimse und Eingänge in ihrer Materialität und Dreidimensionalität – können wir sicher sein, dass es sich um Gebäude in konkreter materieller Präsenz handelt und nicht etwa um potemkinsche Dörfer.

Es könnte aber auch anders kommen. Wie zum Beispiel beim Spaziergang auf dem Boulevard Unter den Linden in Berlin, wo 1993 an dem Ort, an dem bis 1950 das Berliner Schloss stand, eine Attrappe aufgestellt wurde, mit der für den Wiederaufbau des Stadtschlosses geworben werden sollte. Aus der Ferne konnte man damals glauben, dass über Nacht das Gebäude wiedererstanden sei. Auch in diesem Fall sah man von fern erst die Fassade bildhaft, aber das Besondere war, dass das Bild bei der Annäherung Bild blieb, es schlug nicht in Materialität und Präsenz

Attrappe des Berliner Stadtschlosses (1993)

um. Die Schatten auf der Fassade stellten sich als gemalte Schatten heraus. In diesem Fall war der architektonische Zeichenprozess unterbrochen, es blieb bei der reinen Bilderfahrung. Der Zeichenprozess kam am Übergang von der bildhaften zur phänomenalen Erscheinungsform frühzeitig zum Stillstand.

Tatsache ist aber auch, dass wir im Alltag nur die wenigsten architektonischen Zeichen tatsächlich performativ realisieren. Wir sehen in der Regel die Zeichen von Fenstern und Türen, wir erkennen sie in ihrer Materialität und Dreidimensionalität, aber wir öffnen die wenigsten Türen, wir betreten fast keine der Treppenhäuser, Hinterhöfe oder Wohnungen, die wir wahrnehmen. In der Regel kommt der Zeichenprozess auf der zweiten Stufe zum Stillstand, also am Übergang zur performativen Erscheinungsform. Man kann hier von einem latenten Stillstand des Zeichenprozesses sprechen, denn die Realisierung der Zeichenbedeutung, d.h. die Möglichkeit ihres Gebrauchs existiert, wir nehmen sie in der Regel nur nicht wahr, weil wir der Aufforderung anderer Zeichen zum Gebrauch folgen, zum Beispiel weil wir uns in ein Café setzen oder den Eingang zur U-Bahn nehmen.

Rück- und Innenseiten

Fragt man nach dem Architektonischen der architektonischen Zeichen, so geht es um die Tatsache, dass es sich um materielle, dreidimensionale und daher räumliche Zeichen handelt. Als solche haben sie Vorder- und Rückseiten, wie das bei dreidimensionalen Objekten der Fall ist. Bei Gebäuden kommt hinzu, dass die Zeichen auch Innenseiten haben. Durch die Rück- und Innenseiten unterscheiden sich die architektonischen Zeichen also von den Zeichen in Malerei wie Skulptur und umso mehr von den sprachlichen Zeichen.

Gemälde besitzen keine Rückseiten, diese bleiben unthematisiert, die Skulptur in ihrer klassischen Definition besitzt dagegen in der Regel eine Rückseite, aber keine Innenseite. Auch phonetische Zeichen wie Laute oder Töne besitzen in diesem Sinne keine räumliche Dimension. Auch wenn Gesang räumlich erfahren wird, macht es keinen Sinn, von einer Rück- oder Innenseite eines Tons zu sprechen. Dass in der Kunst nach Möglichkeiten gesucht wird, den jeweiligen Zeichencharakter zu erweitern, zeigt sich zum Beispiel in der Malerei des Kubismus, in der Objekte oder Gesichter wie z.B. in den Gemälden von Picasso (1881–1973) von verschiedenen Seiten gleichzeitig dargestellt werden. Begehbare Skulpturen in der Kunst versuchen die Geschlossenheit der klassischen Skulptur aufzubrechen.

Durch ihre Dreidimensionalität können die architektonischen Zeichen nie in einem Moment ganz erfahren werden. Immer ist etwas verdeckt, immer bleibt etwas unbestimmt. In der Regel sieht man nur zwei Seiten eines Gebäudes, der Rest bleibt verborgen. Aber die Betrachter begnügen sich, anders als zum Beispiel bei Bildern oder Fotografien, wo selten nach einem Dahinter gefragt wird, nicht mit der sichtbaren Seite. In der Architektur werden die unsichtbaren Seiten in der Regel aus der Erfahrung und der konventionellen Erwartung heraus ergänzt.

Das macht den Überraschungseffekt aus bei Gebäuden wie dem Flatiron Building in New York oder der Casa Scaccabarozzi von Alessandro Antonelli in Turin. Aus bestimmten Blickwinkeln erscheinen beide wie massive Gebäudekomplexe auf rechtwinkligem Grundriss. Nichts deutet darauf hin, dass es anders wäre. Es macht sogar Mühe, sich anderes vorzustellen. Wobei eine kleine Veränderung des Standpunkts schon genügen kann, um zu erkennen, dass es sich um keilförmige oder tortenstückartige Gebäude handelt. Imaginativ, seinen Erfahrungen und mehr noch den Konventionen folgend, ergänzt der Betrachter das wenige, das er zeichenhaft als Bild oder als Fassade wahrnehmen kann, zu einem dreidimensionalen Gebäude.

Es sagt viel über die Zeichenwahrnehmung aus, dass der Überraschungseffekt dieser unkonventionellen Gebäude immer wieder funktioniert. Dieser Mechanismus legt die Erkenntnis nahe, dass aus der Erfahrung des Betrachters heraus Architektur und Stadt mehr aus imaginären als aus konkreten Zeichenverweisen bestehen. Der größte Teil der architektonischen Objekte, all das, was man in einem Moment nicht sieht, existiert tatsächlich nur imaginär in der Einbildung. Darin liegt die enorme, die Fantasie anregende Kraft von Architektur und Stadt.

Jedes Objekt ist in jedem Moment ein »System von Verweisen« auf das Unsichtbare der Architektur. Architektur ist, wie man mit dem Philosophen Edmund Husserl (1859–1938) feststellen kann, eben in »Abschattungen« gegeben. Husserl sprach auch von der »bestimmbaren Unbestimmbarkeit« (Husserl 2007, 58) der Objekte und vom Leerhorizont der Dingerfahrung. Bei der Bewegung um das Gebäude herum oder durch das Gebäude hindurch heißt Wahrnehmen von Architektur so viel wie ständige Füllung des Leerhorizonts, also dessen, was gerade nicht sichtbar ist, anhand der Interpretation der Zeichenverweise und anhand der Erfahrung in anderen Situationen. Bei der Bewegung durch die Stadt oder um ein Gebäude herum drängen ständig neue Aspekte ins Blickfeld, ständig verschwindet aber auch bereits Wahrgenommenes wieder daraus.

Jetzt können wir festhalten, dass die Zeichenerfahrung in der Architektur aus einer Kombination unterschiedlicher Erfahrungen besteht. Es ist a. die *Performanz* im Sinne der räumlich-körperlichen Bewegung in und um und zwischen Gebäuden, b. die *Perzeption* im Sinne der sinnlichen und ästhetischen Wahrnehmung und c. die *Apperzeption* im Sinne der intellektuellen Leistung, die sich mit dem Interpretationsprozess von Zeichen wie andererseits der Ergänzung des Gesehenen verbindet. Es bedarf dabei der Bewegung des Körpers im Raum (performative Ebene), es bedarf der sinnlichen Wahrnehmung der Zeichen in ihrer phänomenalen Präsenz (perzeptive Ebene) und der imaginären Ergänzung durch die Zeichenverweise (apperzeptive Ebene).

Architektur ist in jedem Moment Gegenstand einer Vorstellungsbildung, die weit über das im Moment zeichenhaft Wahrnehmbare hinausgeht. Architektur besteht immer als imaginierte Zeichenerfahrung, sie tritt uns als Sichtbares *und* Unsichtbares, als Konkretes *und* Imaginäres oder als Zeichen *und* Phänomen entgegen.

Für das Verständnis der architektonischen Zeichen ist die Einsicht grundlegend, dass diese immer »situierte Zeichen« (Pape 1989, 265) sind. Sie werden immer in einer Perspektive der Verwendung oder des Gebrauchs interpretiert, wobei sie den Rahmen des rein Semiotischen, wie wir gesehen haben, überschreiten. Es ist das Zeichenverstehen selbst schon Teil eines Verwendungsereignisses. Das heißt, dass die Dinge in ihrer Zeichenhaftigkeit mehr als nur »Wahrnehmungsangebote schaffen und bereitstellen« (Mareis 2014, 128), wie Claudia Mareis (*1974) mit Bezug auf Bernhard Bürdek (*1947) angemerkt hat. Es bleibt nicht bei Worten und Erkenntnis, dass etwas so oder so ist. Es ist eine alltägliche Erfahrung, dass eine Tasse uns auffordert, sie in die Hand zu nehmen und zum Mund zu führen, und dass der Tisch uns auffordert, die Tasse darauf abzustellen und eben nicht daneben. Dasselbe gilt entsprechend für Fenster, Eingänge, Treppen oder Korridore.

In *The Ecological Approach to Visual Perception* (1979) hat der Psychologe James Gibson (1904–79) dafür den Begriff der *Affordanz* geprägt. Unter Affordanz versteht man den Aufforderungscharakter der Dinge. »Wahrnehmung bedeutet Aktivität« (Gordon 1989, 155) hat Ian Gordon diese Einsicht zugespitzt. Kurt Koffka (1886–1941) sprach im Kontext der Gestalttheorie dagegen vom Forderungscharakter oder *demanding character* der Dinge. Die aktive Rolle liegt jeweils beim Betrachter oder Interpreten, der in der Übertragung der dinglichen Zeichen in sprachliche Zeichen und Gedanken und weiter in aktives Handeln der Aufforderung der Dinge nachkommt, in der ganzen Offenheit der Möglichkeiten.

Im Sinne des »Sachwiderstands« (Gehlen 2016, 288), den die Dinge leisten, kann der Aufforderungscharakter sich aber auch negativ artikulieren. Das passiert dann, wenn die Dinge Widerstand leisten und sich bestimmten Verwendungsweisen verweigern. Die Actor-Network-Theorie von Bruno Latour geht über ein solches passives Verständnis von Widerständigkeit sogar noch hinaus. Sie gesteht den Dingen selbst eine aktive Rolle als »Aktanten« (Latour 2010, 285) zu, die jener der handelnden Subjekte ebenbürtig ist. Die Actor-Network-Theorie verfolgt das Ziel der Aufwertung der Dinge in ihrem Eigensinn und die Neubewertung des Menschen als dominierendes Subjekt. Latour hat dies mit dem *Parlament der Dinge* als Versammlung von »Menschen und nicht-menschlichen Wesen« (Latour 2010, 103) auf ein eindrückliches Bild gebracht.

Mit dem Begriff der Affordanz verschiebt sich die Vorstellung über die Vorgänge der Wahrnehmung und den daraus resultierenden Gebrauch von Architektur. Es verschiebt sich der Fokus von der Funktion – man fragt sich, was etwas genau bedeuten soll – zur Interpretation – man fragt sich, wie die Zeichen interpretiert werden sollen, und weiter vom Erkennen von Möglichkeitspotenzialen hin zur Realisierung eines dieser Potenziale durch Handlung.

Wir sehen eben nicht nur Dinge, sondern sehen sie als Teil eines Handlungsraums. Der Funktionsbegriff, wie er in der Architektur zur unreflektierten, klischeehaften Standardsprache gehört, schließt die unabweisbare Tatsache aus, dass die Funktionen der Architektur gerade nicht ein für alle Mal festgelegt sind. Sie werden zwischen dem Ding in seiner zeichenhaften Erscheinung und dem Benutzer ausgehandelt. Als ob überhaupt ein Objekt eine Funktion hätte. »Ein einzelnes Objekt kann zu mehr als einer Affordanz führen« (Gordon 1989, 159), schrieb Gordon zu Recht.

Mit dem Begriff der Affordanz gelingt es, die verschiedenen Möglichkeiten der Benutzung von Dingen in den Fokus zu bringen; dass man auf einem Stuhl sitzen kann, das aber nicht zwingend so sein muss, dass man nämlich auch auf der Lehne sitzen kann, dass man sich unter ihm, wie Kinder, verkriechen oder ihn als Leiter benutzen kann. Dem Stuhl die Funktion eines Kinderspielzeugs zuzuschreiben ist ein seltsamer Gedanke, im Gegensatz zur Affordanz des Stuhles, ihn als Spielzeug zu benutzen oder eben auch nicht.

B Das triadische Zeichenmodell

Es zeichnet nach Walter Benjamin (1892–1940) die Gebäude aus, dass sie auf doppelte Weise rezipiert werden, durch »Gebrauch und deren Wahrnehmung. Oder besser gesagt: taktil und optisch« (Benjamin 1997, 504). Die mangelnde Materialität, Dreidimensionalität und Taktilität sind dann auch der Grund, weshalb sich mit den gängigen linguistischen Zeichentheorien von Nelson Goodman (1906–98), Algirdas Julien Greimas (1917–92), Jacques Derrida (1930–2004), Umberto Eco (1932–2016) und Ferdinand de Saussure (1857–1913) das Charakteristische des architektonischen Zeichens nicht in den Fokus bringen lässt. Auch Christoph Baumbergers Schrift *Gebaute Zeichen* (2010) kann, wo sie sich auf Goodman bezieht, dem Anspruch einer Architektursemiotik nicht gerecht werden. Hier genau lässt sich mit dem triadischen Zeichenmodell von Charles S. Peirce (1839–1914) ansetzen. Denn dieses Modell fokussiert weniger auf die Zeichen als auf die Zeichenprozesse. Leitend ist dabei die Einsicht, dass »Bedeutungen von Begriffen und Zeichen nur im Bezug auf mögliche Handlungen geklärt werden können« (Nagl 1992, 18). Jeder Gebrauch der Vernunft und jeder Gedanke ist ein Zeichengebrauch. Das Zeichenverstehen ragt also über den eigentlichen Verstehensprozess hinaus und zieht praktische Folgen nach sich, umso mehr in der

Architektur. Peirce sprach auch nicht von Semiotik im Sinne einer Lehre von Bedeutungen, sondern von der Semiotik als der Lehre von den Zeichenprozessen oder *Semiosen*, welche Begriffe synonym zu verstehen sind. Es ging ihm um die »Lehre von der wesentlichen Natur und den grundlegenden Arten möglicher *Semiose*« (Peirce 1931–58, CP 5.488). Dabei verändern sich die Zeichen, »symbols grow« (Peirce 1998.2, 10) – »Zeichen wachsen«. Durch diese Akzentverschiebung ist das Peirce'sche Zeichenmodell eine gute Grundlage, um die enge Verknüpfung von Zeichen und Handlung und die daraus resultierenden komplexen Transformationsprozesse, denen die architektonischen Zeichen einerseits unterworfen sind und die sie andererseits auslösen, beschreibbar und für die gestalterische Praxis fruchtbar zu machen.

Zeichen, Objekt, Interpretant

»Zeichen sind Momente eines Prozesses.« (Nagl 1992, 32) Nach Peirce drücken die Zeichen keine *Ideen* aus. Die Bedeutungen von Zeichen haben transitorischen Charakter. Damit ist der erste Grundsatz von Peirce' Zeichentheorie benannt, der zufolge die Bedeutungen von Zeichen nicht stabil sind, sondern innerhalb des Prozesses der Semiose entstehen und sich verändern. Dass sich die Bedeutung und Einschätzung von Gebäuden je nach Betrachter und Standpunkt verändern kann, entspricht auch der täglichen Erfahrung mit der Architektur. Es ist aus den Debatten um die Architektur bekannt, dass ein und dasselbe Objekt viele Meinungen, zum Teil auch unversöhnliche, hervorbringen kann und diese sich über die Zeit hinweg verändern können.

Peirce sah in den Zeichenprozessen eine »Dreirelationalität« am Werk. Damit ist der zweite Grundsatz seiner Zeichentheorie benannt. Peirce definierte die Semiose oder den Zeichenprozess als »an action, an influence, which is, or involves, a cooperation of three thrirelative influences not being in any way resolvable into actions between pairs« (Peirce 1931–58, 5.484). Ein Zeichenprozess ist demnach eine Handlung, eine Einwirkung, die ein Zusammenwirken von drei zueinander in Beziehung stehenden Einflüssen beinhaltet, die in keiner Weise in Handlungen zwischen Paaren aufgelöst werden kann. Mit anderen Worten besteht der Zeichenprozess immer aus einer Beziehung zwischen drei Elementen. Dass diese sich nicht auf eine Paarbeziehung oder dyadische Relation reduzieren lassen, macht den Unterschied zu den meisten linguistischen Zeichentheorien aus, die dualistisch aufgebaut sind.

Peirce konnte zeigen, wie sich mithilfe eines triadisch strukturierten Zeichenmodells der Zeichenprozess als offener Prozess im Sinne einer kontinuierlichen Kette der Interpretation von Zeichen durch Zeichen verstehen und darstellen lässt. Entsprechend den drei an der Semiose teilhabenden Kategorien strukturierte Peirce das triadische Zeichenmodell nach a. *Zeichen*, b. *Objekt* und c. *Interpretant*. Innerhalb seines triadischen Modells sprach er auch vom *Zeichen-*, *Objekt-* und *Interpretantenpol*.

Da ist a. der *Zeichenpol* mit dem Zeichen oder materiellen Zeichenträger. Peirce bezeichnet den Zeichenträger auch als Repräsentamen, das aufgrund seiner Materialität und Form überhaupt die Voraussetzung schafft, dass ein Zeichen entsteht, welches auf etwas anderes verweisen kann. Der Zeichenträger ist die materielle und formale Dimension, die in den meisten Fällen »nicht mit dem bezeichneten Objekt identisch« (Nagl 1992, 35 f.) ist. Er ist das Material, wie zum Beispiel das Papier und die gedruckten oder von Hand geschriebenen Buchstaben. Wer chinesische Schriftzeichen oder die kyrillische Schrift nicht gelernt hat, sieht nur den Zeichenträger, also Linien und Figuren. Anders ausgedrückt: Damit das Zeichen erkannt werden kann, muss es sinnlich, also in irgendeiner materiellen Form erscheinen. Es bedarf eines Zeichenträgers. Der Zeichenpol ist gegliedert in die Subzeichen *Quali-*, *Sin-* und *Legizeichen.*

Da ist des Weiteren b. der *Objektpol* mit dem Objekt oder der Sache, auf die das Zeichen Bezug nimmt, so dass der Zeichenträger zum Träger von Bedeutung werden kann. Der Objektpol beschreibt, wie das Zeichen sich auf etwas beziehen kann, das in der Regel abwesend ist. Da am Objektpol eine Beziehung zu etwas anderem oder Dritten etabliert wird, ist hier die relationale Dimension des Zeichenprozesses beschrieben. Peirce nannte drei Möglichkeiten, wie die Bezugnahme möglich ist, und unterschied am Objektpol die drei Subzeichen *Ikon*, *Index* und *Symbol.*

Und dann gibt es noch c. den *Interpretantenpol* mit dem Interpretanten. Der Interpretant bezeichnet das, was der Zeichenprozess auslöst, das kann ein Gefühl, eine Handlung oder eine Erkenntnis in Form eines logischen Schlusses sein. Zeichen sind Zeichen für jemanden »in deutender, interner oder externer Kommunikation« (Nagl 1992, 40). Dabei ist mit dem Interpretanten keine Person gemeint, sondern das, was im Zeichenprozess entsteht, eine emotionale Reaktion, eine Aktion oder eine Erkenntnis, was wiederum andere als Zeichen erkennen und interpretieren können. Am Interpretantenpol entstehen also Folgezeichen. Er bezeichnet die Wirkungsdimension des Zeichenprozesses und ist nach *Rhema*, *Dicizeichen* und *Argument* gegliedert.

Nach Peirce besteht der Zeichenprozess demnach aus einer Kombination von drei Subzeichen, von denen je eines dem Zeichen-, dem Objekt- und dem Interpretantenpol zugehörig ist. Immer sind alle drei Zeichenpole in den Zeichenprozess involviert, aber in unterschiedlicher Gewichtung der Subzeichen. Von besonderer Bedeutung ist aber die Dreiecksbeziehung des triadischen Modells, mit der angezeigt wird: Die Zeichenprozesse sind in sich nicht abschließbar, sie haben weder einen konkreten Anfang noch ein konkretes Ende. Sie sind in sich zirkulierend.

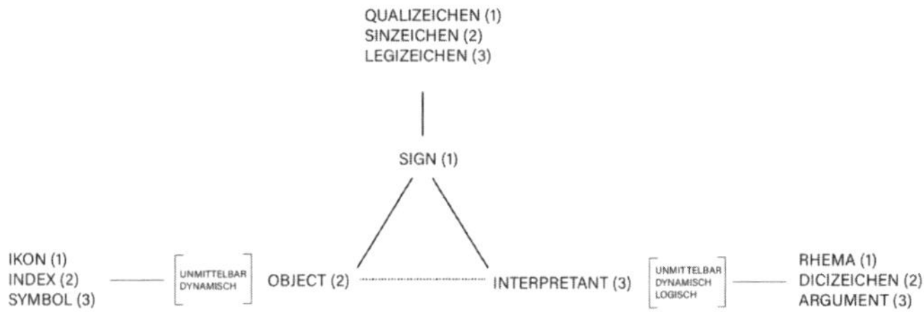

Das triadische Zeichenmodell von Charles S. Peirce

Semiose ist die »kontinuierliche Interpretation von Zeichen durch Folgezeichen« (Nagl 1992, 31). Jeder Interpretant oder jedes Zeichenverstehen kann wiederum zum Ausgangspunkt, also zum Zeichenträger eines neuen Zeichenprozesses werden. Dies ist der dritte Grundsatz des triadischen Zeichenmodells, die *Semiose* beschreibt einen generell offenen Prozess.

Zeichenpol: Quali-, Sin- und Legizeichen

Peirce' großer Beitrag zur Semiotik bestand darin, dass er den Zeichenträger als Teil des Zeichens verstand. Er kann vom Zeichenverstehen nicht abgezogen werden, auch er ist Teil des Zeichenprozesses. Das ist für die Architektur von großer Bedeutung. Denn das architektonische Zeichen zeigt sich, wie oben ausgeführt, zuerst und vor allem dominant als materielles Zeichen, das heißt als Zeichenträger, und verweist erst dann auf Abwesendes. Die Architektursemiotik hat ihren Ausgangspunkt also im Zeichenträger oder Zeichenpol des triadischen Zeichenmodells.

Tritt der Materialaspekt im Zeichenträger dominant hervor, dann spricht man vom Zeichenträger als *Qualizeichen*, wobei sich Quali- von Qualität ableitet. Es bezeichnet das, was an einem Zeichen sinnlich wahrgenommen werden kann, ohne dass man schon verstehen müsste, auf was es sich bezieht. Es bezeichnet die »materiellen Qualitäten eines Zeichens« (Nagl 1992, 35). Als Beispiel dafür kann der Betonbrutalismus der 1950er und 1960er Jahre dienen, wie etwa das Rathaus in Boston (1969) von Kallmann, McKinnell und Knowles oder das Parlamentsgebäude in Chandigarh (1964) von Le Corbusier. Die Materialität dominiert hier in gewisser Weise selbst die exuberante Formensprache. Ähnliches kennt man auch von Blockhütten im Wald, besonders wenn ein intensiver Geruch von Holz die Dominanz des Materials und damit im Zeichenträger das Qualizeichen verstärkt.

Peirce belässt es aber nicht beim Materialaspekt, denn das Material erscheint immer gebunden an eine Form, es ist nie formlos. Aristoteles hat dies als Hylemorphismus (Aristoteles 1995, 1042a) bezeichnet und meint damit die untrennbare Bindung von Material und Form oder Gestalt. Tritt der Zeichenträger also – ohne dass man darüber spricht, auf was das Zeichen verweist oder für was es steht – in besonderer, einzigartiger Gestalt auf, so fällt dies unter die Subkategorie des *Sinzeichens*, wobei sich Sin- von Singularität ableitet. Es beschreibt also die Einzigartigkeit der Erscheinung des Zeichens. Die Kirche Notre-Dame du Haut (1955) in Ronchamp von Le Corbusier ist ein *Sinzeichen*, sie ist in ihrer Gestalt so einzigartig, dass sie bisher nicht kopiert worden ist. Ebenso gilt das zur Zeit seiner Erbauung und für eine gewisse Zeit danach für das Gebäude der Berliner Philharmonie (1963) von Hans Scharoun (1893–1972). Mit dem Orchester in der Mitte des Saales, von allen Seiten umgeben von den Zuschauerrängen, folgte das Gebäude damals keinem gängigen Typus in der Architektur. Es war einzigartig und daher ein *Sinzeichen*.

Das änderte sich, als viele der neu gebauten Konzertsäle dem Typus der Berliner Philharmonie folgten, wie zum Beispiel das Gewandhaus (1981) in Leipzig, die Suntory Hall (1986) in Tokio oder die Elbphilharmonie (2016) in Hamburg. Wo sie damit vorbildgebend war, wandelte sich die Berliner Philharmonie vom *Sin-* zum *Legizeichen*. Kommt nämlich der Zeichenträger in charakteristischer oder gesetzmäßiger Form oder als Typ vor, dann spricht man vom *Legizeichen* – Legi- abgeleitet von Lex oder Gesetz. Ein *Legizeichen* ist »ein Gesetz, das ein Zeichen ist« (Peirce 1931–58, CP 2.246). Dies steht in enger Verbindung mit der Typologie in der Architektur. Ein Hochhaus auf rechteckigem Grundstück wie das Seagram Building (1958) von Ludwig Mies van der Rohe ist ein *Legizeichen*, ein Typ, weil es zum Vorbild vieler Hochhäuser wurde. Ein Reihenhäuschen ist ein *Legizeichen*, weil es in ähnlicher Form mehrmals in der Reihe vorkommt.

Der Zeichenträger erscheint also immer in einem bestimmten Material (*Qualizeichen*), aber auch immer in einer mehr oder weniger bestimmten Form, die individuell und singulär (*Sinzeichen*) oder typisch und gesetzmäßig (*Legizeichen*) sein kann. Für das Verständnis der Architektur ist wichtig, dass die Subzeichen am Zeichenpol keineswegs klar getrennt sind. Sie gehen ineinander über und liegen in bestimmten Dominanzen vor. Es herrscht eine innere Spannung im Zeichenpol, die der Veränderung unterworfen ist. Man könnte auch sagen, dass die Dominanzen zwischen *Quali-*, *Sin-* und *Legizeichen* ständig neu austariert werden.

Das Zusammenspiel der drei Subzeichen des Zeichenpols lässt sich wiederum sehr schön an der Berliner Philharmonie zeigen. Aufgrund der besonderen Grundrissorganisation war das Gebäude anfänglich ein *Sinzeichen*, in der Ansicht dominierte allerdings ein anderer Zeichenaspekt. Aufgrund der charakteristischen zeltartigen Form wurde die Philharmonie vom Volksmund schnell dem Typus eines Zirkuszelts zugeordnet, weshalb das Gebäude nach dem ehemaligen Chefdirigenten der Berliner Philharmoniker auch Zirkus Karajani genannt wurde. Seiner äußeren Erscheinung nach ist es demnach ein *Legizeichen*, auch wenn das vom Architekten so nicht geplant war.

Hans Scharoun, Berliner Philharmonie (1963)

Wiederum einen anderen Zeichencharakter bedingen die goldeloxierten Paneele der heutigen Fassade, die aber erst gut fünfzehn Jahre nach Fertigstellung des Gebäudes angebracht wurden. Weithin leuchtend, verleihen sie dem Gebäude eine imposante, phänomenale Präsenz in der Stadt. Mit dem Anbringen der Paneele fand daher auf dem Zeichenpol erneut eine Verschiebung statt, dieses Mal zum *Qualizeichen*, das nun das *Legizeichen* Zirkuszelt dominiert. Tatsächlich ist heute, nach dem Ende der Ära Karajan mit dessen Tod im Jahr 1988, der Name Zirkus Karajani fast schon vergessen.

Ein anderer interessanter Fall sind auch die Reihenhäuser. Aufgrund der Wiederholung eines identischen Wohnhaustypus fallen sie in die Kategorie des *Legizeichens*. Man kennt aber auch das Phänomen, dass die Bewohner alles versuchen, um die Dominanz vom *Legi-* zum *Sin-* und *Qualizeichen* zu verschieben, also das Haus unverwechselbar und individuell zu machen. Auf der Ebene des Zeichenträgers kann das durch ein Vorsatzmauerwerk oder sogar nur durch einen anderen Farbanstrich erreicht werden, aber auch durch andere Pflanzen im Vorgarten, durch andere Gartenzwerge, einen anderen Gartenzaun oder anders gemusterte Gardinen hinter den Fenstern. Das alles geschieht losgelöst von der Bedeutung. Im Sinne der Semiotik arbeiten die Besitzer dieser Reihenhäuser daran, auf dem Zeichenpol den Zeichencharakter ihres Hauses vom Legi- zum Sinzeichen zu verschieben.

Objektpol: Ikon, Index, Symbol

Der Objektpol beschreibt die Arten und Weisen der Bezugnahme des Zeichens auf anderes, für das es stellvertretend steht. Am Objektpol entsteht also die Bedeutung. Es lassen sich die Subzeichen *Ikon*, *Index* und *Symbol* unterscheiden.

Ein *Ikon* oder ein *ikonisches Zeichen* ist ein Zeichen, das aufgrund von Ähnlichkeit auf anderes Bezug nimmt. Es nimmt Bezug auf sein Objekt, »indem es dieses einfach imitiert« (Peirce 1998.2, 5) mittels Eigenschaften und Qualitäten, die dem Objekt ähnlich sind oder dieses verdoppeln. Aufgrund der Ähnlichkeit der Umrisslinie kann sich das Bild eines Löwen in einem Kinderbuch auf einen realen Löwen beziehen. Daher sind ikonische Zeichen »Abbilder ihrer Objekte« (Peirce 1998.2, 13). Ein Strichmännchen besitzt genügend Ähnlichkeit, um den Bezug auf einen Menschen herzustellen.

Ein *Index* oder *indexikalisches Zeichen* steht dagegen »für ein Objekt aufgrund einer realen Verbindung mit ihm« (Peirce 1998.2, 14). An anderer Stelle heißt es bei Peirce, dass ein *Index* »die Verbindung zwischen zwei Teilen einer Erfahrung« (Peirce 1931–58, CP 8.335) markiert. Man könnte auch sagen, dass indexikalische Zeichen die Spur sind, die die Objekte, auf die sie sich beziehen, auf einem Zeichenträger hinterlassen haben. Es besteht also eine kausale, physisch-materielle Beziehung zwischen dem Zeichen und dem Objekt, auf das es sich in dessen Abwesenheit bezieht. Fußabdrücke im Sand sind *Indexe*, die in einer realen Verbindung mit der Person stehen, die gerade vorbeigegangen ist. Oder der Schatten eines Baumes ist ein indexikalisches Zeichen des Sonnenstands. So ist auch der Zeigerstand eines Barometers ein indexikalisches Zeichen, das in einer realen Beziehung zum Luftdruck steht.

Ein *Symbol* oder *symbolisches Zeichen* ist wiederum ein Zeichen, dessen Bedeutung oder Bezug auf etwas durch Konvention festgelegt ist. Viele religiöse Zeichen sind symbolische Zeichen, man muss gelernt haben, was sie bedeuten. Sie beziehen sich nicht durch ikonische Ähnlichkeit oder durch eine reale, indexikalische Beziehung auf ein Objekt. Um das christliche Kreuz oder den muslimischen Halbmond in ihren Bedeutungen zu verstehen, muss man diese eben gelernt haben. Schrift und Sprache sind symbolische Zeichensysteme, auch hier muss man gelernt haben, was *inu* oder *Hund* oder *dog* oder *chien* bedeutet, nämlich dasselbe. Die Buchstabenkombination allein macht keine Bezugnahme auf das entsprechende Tier möglich, sie muss vorher festgelegt werden.

Für die Architektur ist zusätzlich noch zwischen *Denotationen* und *Konnotationen* zu unterscheiden. Unter *Konnotationen* versteht man zweite Bedeutungen, die dem Objekt ursprünglich nicht anhängig sind, während *Denotationen* erste Bedeutungen sind, die dem Objekt genuin angehören. Eine Tür ist in der Regel ein denotiertes Zeichen, man erkennt sie leicht an verschiedenen Zeichen wie Türklinke, Schlüsselloch, Scharniere und Türrahmen. Zusammen denotieren diese Zeichen die Tür.

Einige Türen sind aber etwas anders, wie die Porta Santa, die heilige Tür in S. Peter, die keine normale Tür ist, weil sie nur alle 25 Jahre im Heiligen Jahr geöffnet wird. Sie ist also mit religiösen Inhalten konnotiert. Auch die Wohnungstür, durch die wir täglich gehen, wird mit der Zeit mit vielen einzelnen Erlebnissen überschrieben, mit denen sie dann konnotiert ist. Mit Umberto Eco muss man tatsächlich anzweifeln, ob es überhaupt »nicht-konnotative, also rein denotative Zeichen gibt« (Eco 1977, 101). In der Regel werden in der Architektur durch Gebrauch die einfachen, ursprünglichen *Denotationen* durch *Konnotationen* überschrieben.

Wohnhäuser denotieren *Wohnen*, können aber je nach Größe und Ausführung auch die Eigenschaften *reich* oder *arm* konnotieren. Die Hedwigskathedrale in Berlin ist, trotz vieler Freiheiten, die man sich bei ihrer Erbauung erlaubt hat, erkennbar nach dem Vorbild des Pantheons in Rom, des ältesten vollständig erhaltenen Gebäudes aus der römischen Kaiserzeit, erbaut. Der ikonisch-denotative Bezug schlägt indes unmittelbar in einen symbolisch-konnotativen Bezug um, wo der Erbauer Friedrich II. mit dem Pantheon als Vorlage an die Antike als Vorbild für seine eigene Herrschaft anknüpfen wollte. Wenn Andrea Palladio in seinen Kirchen wie S. Giorgio Maggiore oder Il Retendore in Venedig die Tempelfront eines griechischen Tempels – mehrfach gebrochen – mit dem römischen, dreischiffigen Basilikatypus überblendete, schlug unmittelbar der ikonische Bezug, der sich mit dem klassischen Tempelmotiv ergibt, ins Symbolische um, wo es darum ging, die katholische Kirche in die Tradition von Rom und Griechenland zu stellen.

Wie am Zeichen- und Interpretantenpol sind auch am Objektpol die drei Subzeichen immer gleichzeitig, aber unterschiedlich stark präsent. Erst erkennt man die Dinge ikonisch, durch Ähnlichkeit, aber dabei bleibt es meistens nicht. Die Ikonizität dient als Vehikel für den Umschlag ins indexikalische oder symbolische Zeichen. Zeichen sind eben nie »ausbestimmt« (Nagl

1992, 38), sie verändern sich. Und es ist immer von der »Kontextabhängigkeit der Bedeutungen« (Kutschera 1975, 112) auszugehen. Die Zeichenerfahrung ist abhängig von der räumlichen Situation, von der Nachbarschaft mit anderen Zeichen.

Das Zeichenverstehen ist aber immer auch abhängig vom Interpretanten oder Betrachter und dessen Fähigkeit, Assoziationen herzustellen, die wiederum abhängig ist von seinem Bildgedächtnis und Wissen. Diese Dimension des Zeichenverstehens und damit des Interpretantenpols wären noch zu vertiefen, aufgrund des beschränkten Platzes kann dieser Aspekt hier aber nicht weiterverfolgt werden.

Drei Arten der Indexikalität

Wenn Peirce schreibt, dass der Objektpol die »fundamentalste« (Peirce 1931–58, CP 2.275) Zeichenkategorie ist, so ist innerhalb der Trichotomie von *Ikon*, *Index* und *Symbol*, in Bezug auf die Architektur, der *Index* wiederum das fundamentalste Subzeichen. Das ist der Tatsache geschuldet, dass die Architektur immer Artefakt ist, dass sie gemacht ist und gebraucht wird. In der Regel zeigt sie auch, wie sie gemacht wurde und wie sie gebraucht werden kann. Indexikalische Zeichen sind, wie ausgeführt, Zeichen, die in einer realen oder kausalen Beziehung zu dem stehen, auf das sie Bezug nehmen. Die besondere Verbindung von *Index* und Architektur besteht darin, dass die Architektur aus ihrer materiellen, konstruktiven und kulturellen Logik heraus immer aus kausalen und intentionalen und damit indexikalischen Beziehungen besteht.

Das Interessante an der Architektur ist nun, dass die Indexikalität nicht in der Idee der Spur und damit in einem Verweis auf eine vergangene Tätigkeit oder Aktion, die die Spur hinterlassen hat, aufgeht, sondern mindestens so sehr eine Ausrichtung auf die Zukunft im Sinne des Gebrauchtwerdens, also eines Aufforderungscharakters zur Aktion und Handlung hat. Veranlassen uns die Dinge, etwas zu tun, indem wir auf ihre Aufforderung reagieren, so besteht eine kausale Beziehung zwischen dem auffordernden Zeichen und der Handlung, die es auslöst.

Damit lassen sich drei Arten der Indexikalität in der Architektur unterscheiden: a. *faktische*, b. *imaginäre* und c. *deiktische* Indexikalität. Im Falle der *faktischen Indexikalität* hinterlässt eine Aktion eine konkrete Spur im Material. Der tägliche Gebrauch, das Wetter, aber auch die Prozesse der Herstellung eines Gebäudes hinterlassen Spuren und Zeichen. Besonders der Herstellungsprozess zeigt sich in vielfältigen Zeichen wie im Muster der Schalbretter auf der Oberfläche einer Stahlbetonwand, in der Schweißnaht von Stahlkonstruktionen, in den Nieten, Schrauben und Nägeln oder auch in den Fugen zwischen den Dielen eines Fußbodens. Sie sind *Indexe*, die den Herstellungsprozess anzeigen. In dieser Verwendungsart haben indexikalische Zeichen Dokumentcharakter für die Herstellung des Artefakts.

Ein anderes Beispiel für *faktische Indexikalität* ist eine gemauerte Wand, die uns in Spannung hält, weil in den Steinen und den Fugen dazwischen – indexikalisch – der Prozess des Gemachtseins unmittelbar präsent ist, ein Stein neben und auf dem anderen. Man kann unvermittelt den Prozess des Mauerns nachvollziehen. In besonderem Maße zeigt sich das Gemachtsein dann, wenn die Mauer unregelmäßig gemauert ist, wenn einige Steine schief vermauert und die Fugen unregelmäßig sind. Dann ist die Kausalitätsbeziehung zwischen den einzelnen Steinen geschwächt. Es drängt sich ein anderer Kausalzusammenhang in die Sichtbarkeit, der seinen Auslöser auf der Seite des Maurers hat und Zweifel an der Standfestigkeit der Mauer weckt.

Mittels indexikalischer Zeichen erklärt sich die Architektur aber auch in ihrer konzeptuellen Logik, wie sie also konzipiert und gedacht wurde. Hier kann man dann von einer *imaginären Indexikalität* sprechen. Imaginäre indexikalische Zeichen sind Zeichen, die nicht in einer realen, sondern in einer konzeptuellen Wirkungsbeziehung zu dem stehen, was sie bezeichnen. Ein suggestives Beispiel ist die Entasis einer klassischen Säule, die die mittige Schwellung einer Säule bezeichnet – als ob der Stein durch die Last des Gebäudes bis zu dem Punkt, an dem die Säule der Kraft von oben eine gleich große Gegenkraft von unten entgegenhalten kann, etwas gestaucht worden wäre.

Natürlich hält der Stein die Last aus, natürlich geht er nicht in die Breite. Die Aufgabe der Entasis besteht darin, allein das Prinzip von Kraft und Gegenkraft, von Druck und Gegendruck bildhaft und nachvollziehbar zu machen, also das, was man nicht sehen kann, nämlich die statischen Kräfte in ihrem Verlauf. Auf ikonischer Grundlage, mittels des Bilds der Entasis, wird die kausale Beziehung zwischen Kraft und Gegenkraft, wie sie die Statik ihren Berechnungen zugrunde legt, zur Sichtbarkeit gebracht. Ähnliches wiederholt sich dann in den Wülsten der Säulenbasis, bestehend aus Torus und Trochinus. Als ob es sich um ein weiches Material handle, scheint die Last des Gebäudes die Säulenbasis so lange verformt zu haben, bis sich, als Voraussetzung für Architektur, ein Gleichgewicht von Kraft und Gegenkraft eingestellt hat.

Während die *faktische Indexikalität* die praktische Ebene thematisiert und die *imaginäre Indexikalität* die konzeptuelle Ebene, verweist die *deiktische Indexikalität* auf die Handlungsebene. Sie liegt der sozialen Dimension der Architektur zugrunde. Denn mittels *deiktischer Indexikalität* werden die Menschen aufgefordert, aktiv zu werden, zu handeln und etwas zu tun. Deiktische Indexe sind nicht unmittelbar berührt durch das Objekt, auf das sie sich beziehen. Das unterscheidet sie von den faktischen und imaginären Indices. Sie stehen dagegen in einer Kraftbeziehung zwischen den Dingen, auf die sie Bezug nehmen. Deiktisch sind zum Beispiel Pfeile wie Wegweiser oder ein ausgestreckter Zeigefinger, die beide nicht in ihrer Form, aber in ihrer Ausrichtung in einer Kausalbeziehung mit dem Objekt stehen, auf das sie Bezug nehmen. Sie können aber auch einen Einfluss und eine Kraft auf den Interpretanten oder den Betrachter ausüben, die sich handelnd nach ihnen ausrichten, indem sie in die angezeigte Richtung gehen oder die richtige Tür aufmachen.

Den indexikalischen Zeichen, mehr als den ikonischen und symbolischen, liegt Peirce' methodologische Maxime des Pragmatismus zugrunde, nach der Zeichen hinsichtlich ihrer Bedeutung nur durch den Bezug auf mögliche Aktionen geklärt werden können. Peirce dachte dabei an »Aktion[en] des Denkens« (Peirce 1992, 129), für die Architektur geht die Bedeutung indexikalischer Zeichen jedoch darüber hinaus und schließt die Aktionen im Sinne von Handlungen ein, für die das Objekt Auslöser ist. Der Türgriff zeigt sich selbst an in der in ihm enthaltenen Aktion, dass man ihn in die Hand nehmen und herunterdrücken kann. Der Korridor zeigt sich in seinem Möglichkeitspotenzial an, dass man bis an sein Ende gehen kann, die Treppe gibt vielfältige Hinweise darauf, dass man auf ihr hinauf- oder hinuntergehen kann.

Abschließend lässt sich feststellen, dass die indexikalischen Zeichen die Logik der Architektur zur Sichtbarkeit bringen, im Hinblick auf den Vorgang ihrer Konzeption, ihrer Konstruktion und ihrer Verwendung oder Performation. Als solche sind sie »Ziele praktischer, experimenteller und theoretischer [...] Operationen« (Abel 2008, 291). In ihnen ist das Wissen der Architektur aufgehoben, man kann sie daher zu Recht als epistemische Objekte oder Wissensobjekte bezeichnen, also als jene Dinge, auf die sich unsere »wissens- und erkenntnisorientierte Aufmerksamkeit und Neugierde in Theorie und Praxis« (Abel 2008, 285) richtet.

Gleichwohl besteht immer die Möglichkeit, die Indexikalität zu unterdrücken, indem man die Details unterdrückt. Damit wird dem Betrachter das Verständnis für die konzeptuelle, konstruktive und performative Logik der Architektur entzogen und vorenthalten. Verweigert sich dann die Architektur zusätzlich noch der ikonischen Dimension, also der Bilder, wie dies bei Peter Zumthors Therme in Vals (1996) der Fall ist, dann ist die Bezugnahme und damit die Zeichenhaftigkeit der Architektur weitgehend suspendiert. Dann schlägt alles auf die Seite der phänomenalen Präsenz und der Gegenwärtigkeit von Material und Form um.

4. Phänomen

A Atmosphäre und Aura

Mit dem Begriff der Atmosphäre verbindet sich eine Verschiebung der Konzeption ästhetischer Erfahrung. In *Der Stil in den technischen und tektonischen Künsten, oder praktische Ästhetik* (1860/63) stellte Gottfried Semper (1803–79) die Atmosphäre ins Zentrum der Baukunst. »Jedes Kunstschaffen einerseits, jeder Kunstgenuss andrerseits, setzt eine gewisse Faschingslaune voraus, um mich modern auszudrücken, – der Karnevalskerzendunst ist die wahre Atmosphäre der Kunst.« (Semper 1860, 231) Ziel sei die »Vernichtung der Realität, des Stofflichen« (Semper 1860, 231). Trotz des heute befremdlich anmutenden Bilds des Karnevalskerzendunsts kündigte sich darin, erst noch auf die Innenräume beschränkt, die moderne Konzeption der Ästhetik an, die durch den Übergang von der klassischen Objektästhetik zur Produktions- und Rezeptionsästhetik markiert wird. Mit dem Begriff der Atmosphäre gelang es, Erzeugung und Erfahrung von Architektur in ein Kontinuum zu setzen. Atmosphäre gehörte fortan zu den wiederkehrenden Themen, mit denen sich die Architektur in Zeiten der Verunsicherung auf ihre genuinen Qualitäten besann. Das geschah in unterschiedlicher Thematisierung als *Einfühlung* (Robert Vischer, Heinrich Wölfflin, Theodor Lipps, Wilhelm Worringer), als *Aura* (Walter Benjamin) oder als *Stimmung* (Erwin

Straus, Friedrich Bollnow, Elisabeth Ströker, Lenelis Kruse). Mit diesen Begriffen sind die Phänomene benannt, die in der zweiten Hälfte des 19. Jahrhunderts erst im Kontext der Neurophysiologie und experimentellen Psychologie thematisiert und später von der Phänomenologie und philosophischen Anthropologie aufgenommen wurden, um dann am Ende des 20. Jahrhunderts unter dem Begriff der *Atmosphäre* (Gernot Böhme, Bernhard Waldenfels, Jürgen Weidinger, Jürgen Hasse), jetzt in philosophisch-begrifflicher Klärung, wieder in die Architektur zurückzukehren.

Phänomen

Mit Gernot Böhmes (1937–2022) Buch *Atmosphäre* (1995) rückte in der Mitte der 1990er Jahre wieder ins Bewusstsein, dass die Ästhetik ein »Grundbedürfnis des Menschen« (Böhme 1995, 41) ist. Denn den Umgebungsqualitäten der Umwelt kann sich der Mensch nicht entziehen, sie sind verantwortlich für sein Wohlergehen, »niemand ist gleichgültig, wie er sich befindet« (Böhme 1995, 41). Atmosphären umgeben den Menschen, sie drängen sich ihm auf. Ihre Bedeutung für die Architektur zeigt sich darin, dass die Atmosphären nicht einfach da sind, sondern vom Architekten, gleichfalls im Übergang vom Künstler zum »ästhetischen Arbeiter« (Böhme 1995, 97), bewusst erzeugt werden können.

Nun ist vorab zu klären, was man genau unter Phänomen versteht. Phänomen ist, nach einer Bestimmung von Charles S. Peirce, »was zu irgendeiner Zeit auf irgendeine Weise gegenwärtig ist« (Peirce 1998.1, 40). Nach Jean-Paul Sartre (1905–80) ist ein Phänomen das, was »absolut sich selbst anzeigend« (Sartre 1985, 10) und einfach anwesend ist und sonst nichts. Und auf was träfe das mehr zu als auf die Architektur, die nur in der leiblichen Präsenz des Betrachters, vor Ort und mit allen Sinnen erfahren werden kann? Man kennt das, nach dem Öffnen einer schweren

Kirchentür schlägt einem augenblicklich eine Atmosphäre des Heiligen entgegen, die einen einhüllt und im Sinne des »eigenleiblichen Spürens« (Böhme 1995, 93) synästhetisch ergreift.

Dennoch, zu den Phänomenen vorzudringen ist kein leichtes Unterfangen, weil die Architektur zerstreut und nicht kontemplativ wie ein Kunstwerk, sondern mehr oder weniger unbewusst im Alltag wahrgenommen wird. Die Phänomenologie der Architektur möchte aber darüber hinausgehen. Um die Phänomene ins Bewusstsein zu bringen, muss sie diese der »sprachlichen Explikation« (Schmitz 1988, 1) und Präzisierung zuführen. Dazu müssen die Phänomene benannt werden, und es muss angegeben werden, wie sie gemacht werden. Welches sind die Bedingungen auf der Seite des Objekts für die entsprechende Erfahrung auf der Seite des Subjekts?

Für die Klärung dieses Sachverhalts hält die Philosophie die Methode der phänomenologischen Reduktion bereit. Sie besteht in der Frage, »was übrig bleibt, das sich mit gutem intellektuellem Gewissen nicht ableugnen läßt, wenn alle in Urteilsform formulierbaren Annahmen so frei wie möglich variiert werden?« (Schmitz 1988, 1); das heißt vor allem Abstandnehmen von dem, was nicht unmittelbar zur Erfahrung gehört. Das Phänomen kommt zum Vorschein, wenn nach und nach, wie die Schalen einer Zwiebel, alle Bedeutungen, Assoziationen, Analogien und Projektionen abgelöst werden, die nicht genuin zur unmittelbaren Erfahrung einer Sache gehören.

Die Schwierigkeit mit den Phänomenen in der Architektur besteht dann darin, dass die Architektur nie nur sinnlich erfahren wird, sondern dass die sinnliche Erfahrung immer mit nichtsinnlichen Konnotationen und Assoziationen durchdrungen ist. Diese werden von außen auf die Dinge projiziert. Für die Phänomenologie ist es daher eine besondere Herausforderung, sich vom »Okularzentrismus« (Pallasmaa 2007, 19) freizumachen und da-

Fritz Wotruba und Fritz G. Mayr, Zur heiligsten Dreifaltigkeit (1976)

mit von der Dominanz des Sehsinns. Denn der Sehsinn ist der intellektuelle Sinn, mit dem wir die Architektur über ihre eigentliche phänomenale Erfahrung hinaus zu anderen Dingen und Ideen in Relation setzen.

Als Beispiele können herrschaftliche Villen, Paläste oder Kirchen dienen. Wir beurteilen diese oft entsprechend den Assoziationen, Erinnerungen und Gefühlen, die wir mit ihnen verbinden. Wobei sich in die Gedankenassoziationen immer auch Persönliches wie Wünsche, Hoffnungen und geheime Begierden mischen. Die Phänomenologie in der Architektur möchte, entsprechend dem Zwiebelmodell, gerade davon Abstand nehmen, es geht ihr um die Synästhese, die unmittelbare sinnliche Erfahrung in der Kopplung aller Sinne.

Es gibt aber Bauwerke, die durchaus so entworfen sind, dass sie sich weitgehend den Konnotationen, Gedanken- und Gefühlsassoziationen verweigern und ganz in ihrer phänomenalen Erscheinung aufgehen. Stonehenge (ca. 3000–2000 v. Chr.) im englischen Amesbury zum Beispiel entzieht sich der begrifflichen Bestimmung. Wir kennen den kulturellen oder religiösen Kontext nicht, in dem die in Kreisen angeordneten Menhire errichtet wurden. In seiner phänomenalen Erscheinung existiert Stonehenge nur als das, was es im Moment der Betrachtung ist. Ähnlich verhält es sich mit der Kirche Zur heiligsten Dreifaltigkeit (1976) in Wien von Fritz Wotruba und Fritz G. Mayr. Die scheinbar zufällig zu einem großen Haufen gestapelten überdimensionalen Betonblöcke lassen keine Bilder, keine Assoziationen oder anderweitige Möglichkeiten der Zuschreibung zu. Das Gebäude folgt keinem erkennbaren Typus. Man kann darin keine Kirche und aus der Distanz nicht einmal ein Gebäude erkennen. Am besten lässt sich das Gebäude mit Hermann Schmitz als reine »räumlich ergossene Atmosphäre« (Schmitz 2016, 30) beschreiben. Wie Stonehenge ist sie gebautes Phänomen.

Böhme: Atmosphäre und Ekstase

Als Gernot Böhme 1995 sein Buch *Atmosphäre* herausbrachte, verband sich damit das Konzept einer *Neuen Ästhetik*. Von Hermann Schmitz' *Neuer Phänomenologie* herkommend und diese kritisch erweiternd, öffnete Böhme den bei Schmitz philosophisch definierten Begriff für die Ästhetik. Ursprünglich war das Buch als Kritik am *linguistic turn* der Postmoderne und deren einseitiger Fokussierung auf die Architektur als Zeichen konzipiert. Tatsächlich erschien es dann aber in einem völlig anderen Kontext, denn seit 1990 hatte der Computer auf breiter Basis Eingang in die Architektur gefunden. Die Debatten waren nun beherrscht von den Fragen der virtuellen Realität, der Bildschirmwelten, der Cyborgs (Haraway 2021) und anderer seltsamer Dinge. Die Architekten waren verunsichert. So kam Böhmes Buch einer Erlösung gleich. Mit seinem phänomenologischen Ansatz bot er das stärkste Argument gegen die unkörperlichen, fiktiven Bildwelten des Computers.

Den neuen virtuellen Bildern setzte Böhme die konkrete sinnliche Erfahrbarkeit der Atmosphäre entgegen, die er als das Gemeinsame von »Umgebungsqualitäten und menschlichem Empfinden« (Böhme 1995, 22 f.) definierte. Atmosphäre ist also die »gemeinsame Wirklichkeit des Wahrnehmenden und des Wahrgenommenen« (Böhme 1995, 34). Sowohl Objekt als auch Subjekt haben Anteil an der Entstehung der Atmosphäre, diese ist demnach weder rein objektiv noch rein subjektiv. Sie existiert irgendwie dazwischen. Indem Böhme der Präsenz und Materialität der Dinge eine eigenständige, aktive Rolle bei der Entstehung der Atmosphäre zugestand, wertete er die Dingwelt auf.

Mit seiner Konzeption der Atmosphäre wies Böhme darauf hin, dass von den Dingen eine Kraft und ein Einfluss ausgehen, die konstitutiv für das menschliche Bewusstsein sind. Damit stellte er die Neue Ästhetik in eine Linie mit der philosophischen Anthropologie von Helmuth Plessner (1892–1985) und Arnold Gehlen (1904–76). Wie später Böhme die Atmosphäre hatte Gehlen die Sprache als eine »›Zwischenwelt‹ verstanden, die zwischen dem Bewußtsein und der Welt liegt, sie zugleich verbindend und trennend« (Gehlen 2016, 290). Nach Gehlen war das gesprochene Wort die »Verbindung eines lautlichen [phänomenalen] und eines inhaltlichen [semiotischen] Teils« (Gehlen 2916, 290).

In einer ähnlichen Zwischenstellung positionierte Böhme also die Atmosphäre; sie wird wohl vom Betrachter gespürt und gefühlt, aber sie geht von den Dingen aus, sie ist etwas »zum Ding Gehöriges, insofern nämlich die Dinge durch ihre Eigenschaften – als *Ekstase* gedacht – die Sphären ihrer Anwesenheit artikulieren« (Böhme 1995, 33). Vom Atmosphärenbegriff der Neuen Phänomenologie setzte sich Böhme damit ab. Für Schmitz waren die Atmosphären noch Gefühle, die auf der Seite des Subjekts existieren. Gleichwohl werden sie räumlich gedacht, sie sind als Gefühle »räumlich ergossene Atmosphären und leiblich ergreifende Mächte« (Schmitz 2016, 13). In Absetzung vom euklidisch-geometrischen Raum sah Schmitz aber den Ort der Atmosphären im flächenlosen, damit begrenzungslosen Raum. »Flächenlos ist der Raum des Schalls« (Schmitz 2016, 31), flächenlos ist auch der Raum des Wetters oder des Windes. Die wichtigsten Typen flächenloser Räume waren für Schmitz der »Raum des Leibes und der Raum der Gefühle« (Schmitz 2016, 31).

Das alles war weit von der Architektur entfernt, die Architekten konnten damit nichts anfangen. Dass die Dinge aber, wie Böhme formulierte, aus sich hervortreten und die Arbeit des Architekten darin besteht, die Dinge aus sich hervortreten zu lassen, wo sie vorher in sich verschlossen waren, das betraf unmittelbar die Architektur auf der intellektuellen wie auch auf der künstlerisch-praktischen Seite. Die Aufgabe der Architekten ist es also nicht, einem Ding bestimmte Eigenschaften zu geben, sondern »es in bestimmter Weise aus sich heraustreten zu lassen« (Böhme 1995, 34). Mit Sartre kann man sagen: »Die Erscheinung verbirgt nicht das Wesen, sondern sie enthüllt es.« (Sartre 1985, 10) Die Dinge haben eine Wirkung über die physische Begrenzung ihrer Gestalt hinaus. Dafür führte Böhme den Begriff der »*Ekstase* der Dinge« (Böhme 1995, 33) ein.

Ekstase ist die Weise, »durch die ein Ding charakteristisch aus sich heraustritt« (Böhme 1995, 167). Mit der *Ekstase* knüpfte Böhme an Goethe und seine Farbenlehre an. Goethe hatte den Farben eine »hohe Emphase« (Goethe 1982.13, 477) zugesprochen und dafür das Beispiel angeführt, dass bei der Betrachtung einer unwirtlichen Winterlandschaft durch gelbes Glas das Auge erfreut, das Gemüt erheitert werde und das Herz sich ausdehne – »eine unmittelbare Wärme scheint uns anzuwehen« (Goethe 1982.13, 496). So wirke auch ein Bild als »Energie über sich hinaus«. Es bleibt nicht flächig, sondern »verbreitet sich vom Mittelpunkt aus nach der Peripherie« (Goethe 1982.13, 352) und verräumlicht sich. *Ekstasen* sind immer räumliche Umgebungsqualitäten.

Ähnliches berichtete Böhme von der Farbwirkung, die er als Beispiel für die *Ekstase* der Dinge einführte. Sein Exempel ist das einer blauen Tasse. Das Blausein der Tasse ist die Art und Weise, »in der die Tasse im Raum anwesend ist, ihre Präsenz spürbar macht« (Böhme 1995, 32). Das Blausein hört eben nicht an der Oberfläche der Tasse auf. In ihrem Blausein tritt die Tasse aus sich heraus und »tönt« oder »tingiert« (Böhme 1995, 32) die Umgebung. Im Unterschied zur geometrisch-euklidischen Bestimmung der Volumen von Körpern bezeichnete Böhme sodann den Raum, der um die Tasse durch ihr Blausein entsteht, als »Volumizität« (Böhme 1995, 33).

In diesem Sinne ergießt sich in Yves Kleins (1928–62) großformatigen monochromen Bildern der blauen Periode das Blau über die Bildfläche hinaus in den Raum. Ekstatisch ist auch die große Onyxwand im Barcelona Pavillon (1928) von Ludwig Mies van der Rohe (1886–1969). Dort sind es die besondere Bearbeitungsweise des Marmors, die polierte Oberfläche, die Kombination der einzelnen Steinplatten zu einem Muster, aber auch die Stellung der Wand im Raum, durch die sich das Material in den Raum ergießt und ihn tingiert.

Ekstatisch sind auch die Mauern Venedigs. Wo man den Wänden in den Gassen ganz nahe ist, wo man die Wände zu beiden Seiten mit den ausgestreckten Händen berühren kann, bewegt man sich in den Gassen Venedigs im unmittelbaren Bereich von deren Ekstase. Tritt man auf einen der Campi heraus, so tritt man aus dem Bannkreis der *Ekstasen* der Gassen heraus. Augenblicklich schlägt die Atmosphäre um. Dieses wechselseitige Umschlagen der Atmosphäre ist ein Phänomen, es prägt die architektonische Erfahrung Venedigs.

Aura und Natur

Man muss heute ernüchtert feststellen, dass der Begriff Atmosphäre gut fünfundzwanzig Jahre nach seiner Einführung weithin zu einer umgangssprachlichen Floskel verkommen ist. Inhaltlich ausgehöhlt, wie es vielen philosophischen Begriffen bei der Übertragung in andere Disziplinen, vor allem die Architektur, ergeht, entfaltet er keine analytische oder kreative Kraft mehr. Zur Vergegenwärtigung des philosophisch-theoretischen Gehalts des Begriffs der Atmosphäre bedarf es daher der Rückversicherung seiner ideengeschichtlichen Herkunft. Diese liegt in der Naturerfahrung und der »ästhetischen Erkenntnis der Natur« (Böhme 1995, 179).

Die Gründung in der Naturerfahrung ist es, die Böhme eine inhaltliche Parallele zwischen dem älteren Begriff der Aura und dem neueren, in seiner Konzeption geweiteten Begriff der Atmosphäre herstellen ließ. Daher knüpfte Böhme für die *Neue Ästhetik* unmittelbar an Walter Benjamins (1892–1940) Aurabegriff an, denn auch Benjamin griff für die Definition der Aura, dieses schwer fassbaren Phänomens, auf die Erfahrung der Natur zurück. »An einem Sommernachmittag ruhend einem Gebirgszug am Horizont oder einem Zweig folgen, der seinen Schatten auf den Ruhenden wirft – das heißt die Aura dieser Berge, dieses Zweiges atmen.« (Benjamin 1997, 479)

Aura ist demnach bestimmt durch die Echtheit und Einmaligkeit ihrer Erfahrbarkeit. Sie beschreibt ein »sonderbares Gespinst aus Raum und Zeit: einmalige Erscheinung einer Ferne, so nah sie sein mag« (Benjamin 1997, 479). Im »Einatmen« der *Aura* zeigt sich Benjamins leibphänomenologische Konzeption der *Aura*. Es zeigt sich aber auch die Schwierigkeit, die die *Aura* mit der Atmosphäre teilt, dass sie sich kaum in Worte fassen und definieren lässt.

Wie die Atmosphäre entfaltet sich auch die *Aura* in der Verknüpfung von Sehen und leiblichem Spüren und damit jener Sinne, die üblicherweise getrennt und zuweilen sogar entgegengesetzt konzipiert sind. Wo ihnen die Synästhese von Sehen und leiblichem Spüren zugrunde liegt, stehen beide Konzepte, *Aura* und Atmosphäre, wiederum in der Tradition von Goethe. So beschrieb Goethe in der *Geschichte der Farbenlehre*, wie bei der Betrachtung von Farben immer »das Gesehene in ein Getastetes verwandelt [wird], der schärfste Sinn soll sich in den stumpfesten auflösen, uns durch ihn begreiflicher werden« (Goethe 1981. 14, 34), wobei das Begreifen ganz wörtlich zu nehmen ist als ein unmittelbares Tasten und Fühlen. Daher, aufgrund der Unmittelbarkeit, so Goethe, werden »Symbole von dem Tasten hergenommen« (Goethe 1982.14, 34 f.).

Was für die sinnliche Erfahrung von Farben gilt, das gilt umso mehr für die Erfahrung von Architektur: dass das Sehen immer mit dem Tastsinn verknüpft ist. Das Sehen ist, nach Paul Klopfer (1876–1967), immer ein tastendes Sehen und das Auge ein »Blicktaster« (Klopfer 2007, 150). Sehend gewinnen wir eine sinnlich-taktile Vorstellung von den Oberflächen. In der Wahrnehmung gehen die Erinnerungen in das Gefühl ein, das wir beim Befühlen von ähnlichen Oberflächen einmal gehabt haben. Die Oberflächenerscheinung der Dinge ist Phänomen. Es ist der Leibsinn, durch den die Welt uns am nächsten kommt.

Mit der These vom »Verfall der Aura« (Benjamin 1997, 479) und damit unter negativem Vorzeichen hatte Benjamin in *Das Kunstwerk im Zeitalter seiner technischen Reproduzierbarkeit* (1936) den Begriff *Aura* in die ästhetische Theorie der Moderne eingeführt.

Von Maschinen produziert, verlieren in der Industriegesellschaft die Dinge die *Aura* des handwerklich Gemachten. Verloren gehen das spannungsvolle Verhältnis von Distanz und Nähe und die Unmittelbarkeit der Beziehung von Produzent und Konsument.

Im Fragment gebliebenen *Passagen-Werk* zeigte Benjamin, wie das 19. Jahrhundert auf den schleichenden Verfall der *Aura* mit Versuchen ihrer Rettung antwortet. Die bürgerliche Kultur versuchte den Verlust der *Aura* mit Schonbezügen, seidenen Futteralen, kostbaren Etuis und aufwendigen Verpackungen zu kompensieren. Mit ihnen ging der residuale Fetischcharakter der von Hand hergestellten Dinge vom Objekt auf die Hülle über. Benjamin bezeichnete dies als Versuche der Reauratisierung und »Inthronisierung« (Benjamin 1983, 51) der Ware. Im *l'art pour l'art* des Jugendstils wurden sie dann zum allumfassenden Thema. Als »säkularisiertes Ritual« (Benjamin 1983, 480) habe der Jugendstil noch einmal »alle Reserven der Innerlichkeit« mobilisiert. Das fand seinen extremen Ausdruck in der arabeskenartig verschlungenen, »mediumistischen Liniensprache« der Wiener Secession wie in der Architektur von Victor Horta (1861–1947) in Brüssel und von Joseph Maria Olbrich (1867–1908) auf der Darmstädter Mathildenhöhe.

Benjamin beklagte den Verfall der *Aura*, den er vor allem an den reproduzierbaren Kunstwerken der Fotografie, des Films und im Radio beobachtete, aber keineswegs. Im Gegenteil, im Verlust der *Aura* sah er ein Moment der Emanzipation der Massen von der feudalen und bürgerlichen Kultur und eine Chance zur Demokratisierung des bürgerlichen Kunstbegriffs. So wird im Film, dem die kontemplative Erfahrung der Malerei fehlt, die *Aura* in andere Formen emphatischer Teilhabe überführt. Dazu gehört die ritualisierte Form der kollektiven Rezeption im Kinosaal, dazu gehören auch die Großaufnahmen der Schauspieler im Close-up und der neue Starkult um die Filmgrößen.

Auch wenn die Architektur kollektiv wahrgenommen wird, so hatte es mit der Entauratisierung und Reauratisierung in der Architektur doch etwas anderes auf sich. Die Problematik der modernen Architektur hat Ernst Bloch festgehalten: »Heute sehen die Häuser vielerorts wie reisefertig drein. [...] Im Inneren sind sie hell und kahl wie Krankenzimmer, im Äußeren wirken sie wie Schachteln auf bewegbaren Stangen.« (Bloch 1985, 858 f.) Die Schachtel auf Stangen ist eine Anspielung auf Le Corbusiers *boîte en l'air* oder Kiste auf Stützen. Für Bloch war die moderne Architektur gleichbedeutend mit »Haus ohne Aura«, die funktionalistische Architektur verdoppele nur die »eiskalte Automatenwelt der Warengesellschaft« (Bloch 1985, 869).

Lange jedoch überlebte die *Aura* in der Architektur in den klassizistischen und neohistoristischen Stilarchitekturen. Selbst in den großen Konstruktionen aus Eisen und Glas wie im Grand Palais (1900) in Paris glaubte man im Sinne der Rettung der *Aura* nicht auf die Applikation von Ornamenten der verschiedenen historischen Stile verzichten zu können. So erhielten auch Stahlstützen, wie bei den berühmten Jugendstilgebäuden der Wiener Ringbahn von Otto Wagner (1841–1918), in freier Variation historisierende Ornamente.

Das änderte sich mit der Moderne. Sie begegnete dem Verfall der *Aura* mit der Dynamisierung der Raumkonzeption und dem, was man als *Verdrängung des Ornaments ins Material* bezeichnen kann. Adolf Loos' (1870–1933) Wohnhäuser stehen exemplarisch für beides. Da sind einerseits der Raumplan oder die räumlich differenzierten Grundrissfiguren, wie sie Loos in den halbgeschossig versetzten Ebenen zum Beispiel im Haus Müller (1930) in Prag realisierte. Diagonale Durchblicke von Geschoss zu Geschoss schaffen eine Spannung von Nähe und Distanz. Andererseits verwendete Loos teure Materialien wie edle Holzarten, Teppiche und Marmor. Durch Textur, Oberflächenbehandlung und

Farbigkeit werden die Innenräume auratisch aufgeladen, woraus sich auch Loos' Diktum erklärt, dass man seine Architektur nicht fotografieren könne. Es gibt keine Möglichkeit der Repräsentation von »räumlich ergossenen« Atmosphären, sie können nur in leiblicher Präsenz erfahren werden.

Stimmung, Empfindung und Gefühl

Geht man historisch in der Entwicklungslinie des Begriffs der Atmosphäre weiter zurück, so gelangt man ins Zeitalter der Empfindung und des Gefühls. Man trifft dabei auf Karl Friedrich Schinkel (1781–1841), aber auch auf die sensualistische Ästhetik und die Entwicklung des englischen Landschaftsgartens. Nicht im Zusammenhang der Architektur, sondern im Kontext von Landschaft und Natur entwickelte sich bei Capability Brown (1716–83) und Horace Walpole (1717–97), vor allem aber mit Christian Cay Lorenz Hirschfeld (1742–92) die erste umfangreiche *Theorie der Stimmung* oder des »gestimmten Raumes« (Ströker 1965, 22).

Den englischen Landschaftsgarten zeichnet aus, dass sich der Betrachter in handlungsentlasteter Weise, wie im Museum, der Wahrnehmung von Bildern oder Szenen hingibt. Insofern er im Bild und Teil des Bildes ist, nimmt er das Betrachtete im Unterschied zum Museum aber zugleich in unmittelbarer leiblicher Präsenz wahr. Elisabeth Ströker (1928–2000) spricht von einer »Weise des Mitdaseins mit dem Erlebnisich« (Ströker 1965, 23). Das zeige sich in einem »Ergriffen- und Betroffensein« (Ströker 1965, 23). Der erste Zugang bietet sich über die Eigenschaften der Dinge. Die Dinge muten in ihrem Charakter an, woran wahrnehmend alle Sinne beteiligt sind, vor allem der Leibsinn, der ja mehr als ein Muskelsinn ist. Dass die ästhetische Erfahrung von Landschaftsgärten ganz grundsätzlich mit Stimmungen zu tun hat, zeigt sich darin, dass die Natur sich nach Böhme sowieso immer schon im »Aus-sich-Heraustreten« zeigt und dem Menschen durch »Wahrnehmbarkeit« (Böhme 1995, 157) entgegentritt.

Hirschfeld thematisierte das in seiner Schrift *Theorie der Gartenkunst* (1779–85). Sie gründet in der Erkenntnis, dass der Mensch in einem so nahen Verhältnis mit der Natur stehe, »daß er ihre Einwirkungen auf seine Seele nicht verläugnen kann« (Hirschfeld 1779, 186). Vom »Schönen, Lieblichen, Neuen, Großen und Wunderbaren« der Natur wird der Mensch zu »mannigfaltigen Bewegungen hingerissen«. So könne die Natur ein Gefühl von »Schwäche, Traurigkeit, Furcht, Schauder und Entsetzen einflößen«. Dieses könne aber auch jederzeit umschlagen in die Stimmung von »Ehrfurcht, Bewunderung und einer feyerlichen Erhebung der Seele, die nahe an die Andacht gränzt« (Hirschfeld 1779, 186).

Hirschfeld sprach von landschaftlichen Bühnen und der Inszenierung von Stimmungen. Das war auch das große Thema des Parks von Stourhead, den Henry Hoare (1705–85) angelegt hatte. Mithilfe von verkleinerten Nachbauten des Pantheons, des Floratempels und des Apollotempels, mit einer gotischen Hütte, einer Grotte und einer Palladianischen Brücke wurde in Stourhead, wie in den anderen Landschaftsgärten in Branitz, Wörlitz oder Stowe, die Architektur im Verbund mit der Natur zum Medium der Erzeugung von Stimmungen.

Das war auch das Thema von Karl Friedrich Schinkel (1781–1841). Für ihn bestand »der erste Zugang zu den Dingen zuallererst im Gefühl« (Lohmann 2010, 103). Das Individuum soll »durch die äußeren Dinge affiziert« (Lohmann 2010, 103) werden. Wobei Schinkel keineswegs beim Gefühl stehen bleiben wollte. Es diente als Grundlage für die Freiheit, »aus den architektonischen Mitteln heraus Ideen zu entwickeln« (Forster 2018, 295). Dahinter stand die an der Philosophie Johann Gottlieb Fichtes (1762–1814) orientierte und gegen das Zeitalter der Vernunft gerichtete Erkenntnis, dass das Bewusstsein stets von Empfindungen gefärbt ist und die Vernunft sich nur auf der Grundlage des Gefühls entwickeln kann.

Eine über die Gefühle und Empfindungen an die Vernunft gerichtete Architektur stand im Zentrum von Schinkels Architekturtheorie. Als höchste Manifestation der Kultur sollte Architektur, über die Natur hinaus, das Leben stimulieren. Das fand seinen Niederschlag in der ausdrucksstarken Lithographie *Gotische Kirche hinter Bäumen* (1810). In der Inschrift am unteren Bildrand heißt es: »Versuch, die liebliche sehnsuchtsvolle Wehmut auszudrücken welche das Herz beim Klange des Gottesdienstes aus der Kirche herschallend erfüllt« (Schinkel/Trempler 2007, 47). Zu sehen ist eine gotische Kirche, die größtenteils von großen, alten Eichen verdeckt ist. Im Vordergrund sieht man einen Friedhof und in der Mitte eine Gruppe von Menschen, die über einige Stufen hinweg dem Eingang der Kirche entgegeneilen.

Schinkel verfolgte mit dieser Lithographie die Absicht, das religiöse Empfinden und damit das, was sich der klaren Benennung entzieht und nur durch das Gefühl dem Bewusstsein vermittelt werden kann, körperlich erfahrbar zu machen. Wegen der Unmöglichkeit einer leiblich-sinnlichen Präsenz bei der Betrachtung eines Bildes – im Gegensatz zur unmittelbaren Erfahrung von Architektur – bedurfte es der Vermittlung durch die Inschrift am unteren Bildrand. In atmosphärischer Verdichtung sollte so durch Worte die synästhetische Erweiterung des Bildersehens um das Hören stimuliert werden.

Einige Jahre nach der Entstehung der Lithographie setzte mit dem Ende der Napoleonischen Kriege 1815 die Bautätigkeit in Preußen ein. Schinkel wandelte sich vom Maler architektonischer Szenen zum bauenden Architekten. Aufgrund ihrer Präsenz im

Alltag sollte fortan die Architektur zum Medium der Affizierung mit Empfindungen werden, aber nicht als ästhetischer Selbstzweck, sondern im Dienst der Erziehung zur Freiheit.

B Einfühlung

Gegen Ende des 19. Jahrhunderts beschäftigte die Architekturtheorie eine zeittypische Frage: »Wie ist es möglich, daß architektonische Formen Ausdruck eines Seelischen, einer Stimmung sein können?« (Wölfflin 2007, 71) Die Antwort war: durch Einfühlung. Mit Theodor Lipps (1851–1914) wurde Einfühlung zu einem »Grundbegriff der heutigen Ästhetik«. Die These war, dass der Betrachter sich in Baukörper wie etwa Säulen gedanklich und gefühlsmäßig hineinversetzen, eben einfühlen könne. Weil er selbst schon einmal Lasten getragen habe, könne er auch die tragende Funktion der Säule einfühlend nachvollziehen. Diesem Konzept der Einfühlung liegt die Annahme zugrunde, dass die Vorstellungen der äußeren Welt im Inneren des Betrachters nach Maß von dessen eigenem Körper entstehen. Die Vorstellungen von der Welt haben ihren Ausgangspunkt in den affektpsychologischen und physiologischen Bedingungen. Zu den bedeutenden Autoren der Einfühlungstheorie, in je unterschiedlicher theoretischer Ausrichtung, gehören Johann Friedrich Herbart (1776–1841), Robert Vischer (1847–1933), Theodor Lipps (1851–1914), Heinrich Wölfflin (1864–1945) und Wilhelm Worringer (1881–1965). Zu einer umfassenden Ästhetik, die die außereuropäischen Kunstformen wie auch die moderne Architektur einschloss, wurde die Einfühlungstheorie aber erst durch ihre Erweiterung um den Begriff der Abstraktion. In *Abstraktion und Einfühlung* (1908) stellte Worringer dem organischen Einfühlungsdrang den anorganischen Abstraktionsdrang gegenüber. Er sprach vom

»Dualismus des ästhetischen Erlebens« (Worringer 2007, 137). Damit gelang es ihm, dem linearen Entwicklungsmodell des Historismus ein Modell der Geschichte als Pendelbewegung zwischen einem Drang zur Abstraktion und einem Drang zur Einfühlung entgegenzustellen.

Einfühlung oder Selbstversetzung ins Objekt

Robert Vischers Schrift *Über das optische Formgefühl* (1873) steht am Anfang der Einfühlungstheorien. Sie stellte einen bedeutenden Schritt zur Ablösung der Ästhetik aus der älteren, idealistischen Ästhetik in der Tradition von Immanuel Kant dar. Die Einfühlungstheorien im Gefolge Vischers konzipieren die Schönheit weder als Qualität auf der Seite des Objekts noch umgekehrt die ästhetische Erfahrung als etwas, das allein auf der Seite der menschlichen Einbildungskraft entsteht. Nicht das Objekt ist ästhetisch, sondern mittels der Erfahrung des eigenen Körpers die Einfühlung des Betrachters ins Objekt.

Die Grundlage für die neue Konzeption sinnlicher Wahrnehmung legte der Ästhetiker Friedrich Theodor Vischer (1807–87), der Vater Robert Vischers, mit dem Satz: »Das Schöne ist nicht ein Ding, sondern ein Akt.« (Th. Vischer 1922, 383) Dafür prägte Robert Vischer dann den Begriff Einfühlung. Unter Einfühlung verstand er »ein unbewußtes Versetzen der eigenen Leibform und hiermit auch der Seele in die Objektform« (R. Vischer 2007, 39). Er unterschied dabei eine sensitive und eine motorische Einfühlung. Beide kommen zusammen in dem »wunderlichen Vermögen, unsere eigene Form einer objektiven Form zu unterschieben und einzuverleiben« (R. Vischer 2007, 52).

Damit ist der Kern der Einfühlungstheorien bezeichnet, an dem die verschiedenen Autoren festhielten, selbst wenn sie unterschiedlicher Ansicht über die Art und Weise waren, was da genau vor sich geht und wie. Das kann so Unterschiedliches sein wie eine psychomotorische Bewegung oder ein Akt der Einbildungskraft im Sinne der »Verschmelzung von Subjekt und Objekt in der Gefühlsvorstellung« (R. Vischer 2007, 57). Für Heinrich Wölfflin gründete die Einfühlung in einer »organischen Analogie« (Wölfflin 2007, 81), das heißt »in einem unmittelbaren körperlichen Gefühl« (Wölfflin 2007, 76), während für Wilhelm Worringer der Einfühlungsdrang von der »Beglückungsmöglichkeit« (Worringer 2007, 132) durch Kunst motiviert ist.

Bei Vischer zeigt sich die Einfühlungstheorie noch gleichsam in der Rohfassung. In den bemühten, gewundenen Versuchen um Systematisierung werden die Schwierigkeiten sichtbar, die Einfühlungstheorie einerseits den neuesten, sinnesphysiologischen Erkenntnissen entsprechend auf eine neue, affektpsychologische Grundlage zu stellen und andererseits an der Entwicklungslinie der idealistischen Ästhetik im Gefolge von Kants Ästhetik des Schönen und Erhabenen festzuhalten. Ein Konflikt zeichnete sich darin ab, dass das Subjekt in seinen psychologischen Bedingungen zum Ausgangspunkt der ästhetischen Erfahrung wurde und sich damit der Objektivierung der ästhetischen Erfahrung entzog. Darüber hinaus konnte die Einfühlung nur als positive, lustvoll-ästhetische Erfahrung konzipiert werden. Eine negative Einfühlung war nicht vorstellbar. Die Einfühlung stand damit auf der Seite der Ästhetik des Schönen. Es fehlte der Einfühlungstheorie aber das Pendant zur Ästhetik des Erhabenen, das in Ergänzung zur Ästhetik des Schönen von Kant als Umschlag von anfänglicher Unlust in Lust konzipiert worden war.

Die ganze Unsicherheit zeigt sich allein schon darin, dass Vischer in der Einfühlung einerseits einen »pantheistischen Drang zur Vereinigung mit der Welt« (R. Vischer 2007, 57) und andererseits ein christliches »Mitgefühl« (R. Vischer 2007, 58) sowie selbst eine »stille Mystik« (R. Vischer 2007, 67) am Werk sah. Vischer tat sich schwer, die auf Innerlichkeit, Affekt und Gefühl ausgerichtete Einfühlung in eine Linie mit der auf objektivierende ästhetische Erfahrung angelegte Ästhetik Kants zu bringen. Das erklärt das Festhalten an einer Konzeption der Einfühlung als »Vorstellung«, »Formsymbolik« oder »optisches Formgefühl«, also an formalen Prozessen der Vergegenwärtigung. Es schloss aber auch die psychophysische und psychomotorische Dimension des Körpers aus und damit das, was im weiteren Verlauf der Entwicklung gerade charakteristisch für die Einfühlungstheorien werden sollte.

Wölfflin und die Beseelung der Dinge

Während Vischer die Einfühlung als Modell für die ästhetische Erfahrung in den Künsten konzipiert hatte, sah Heinrich Wölfflin in ihr eine privilegierte Form der Erfahrung von Architektur. Grundlegend ist dafür die »Selbsterfahrung« (Wölfflin 2007, 73) des Betrachters. So heißt es in den *Prolegomena zu einer Psychologie der Architektur* (1886): »Unsre leibliche Organisation ist die Form, unter der wir alles Körperliche auffassen.« (Wölfflin 2007, 79) Den Gesetzen der architektonischen Gestaltung liegen die Erfahrungen zugrunde, die wir am eigenen Körper machen, unter ihnen allein ist uns »ein organisches Wohlbefinden möglich« (Wölfflin 2007, 79).

Mit dem Pathos des späten 19. Jahrhunderts erklärte Wölfflin dann: »Wir haben Lasten getragen und erfahren, was Druck und Gegendruck ist, wir sind am Boden zusammengesunken, wenn wir der niederziehenden Schwere des eigenen Körpers keine Kraft mehr entgegensetzen konnten, und darum wissen wir das stolze Glück einer Säule zu schätzen und begreifen den Drang alles Stoffes, am Boden formlos sich auszubreiten.« (Wölfflin 2007, 73) Es ist also kein räumliches Naheverhältnis, sondern die Analogiebeziehung, die ein Vertrautsein zwischen Mensch und Umwelt möglich macht. »Unwillkürlich beseelen wir jedes Ding« (Wölfflin 2007, 74), folgerte Wölfflin, was so weit gehe, dass wir in die Dinge ein Subjekt hineinlegen, dessen Ausdruck sie dann sind.

Für Wölfflin blieb es aber nicht bei der formalen Analogie. Die physiomotorische Analogie wurde zur Grundlage für Einfühlung. Bei manchen Gebäuden werde zum Beispiel der »Teil über dem Fenster [...] uns zur Stirn. Heiterkeit verlangt eine glatte Stirn. Rustika-Behandlung wirkt sehr düster an dieser Stelle«, so dass man sich »des Eindrucks nicht erwehren [könne], dass es die Stirn runzle« (Wölfflin 2007, 97) – und der Betrachter angeregt werde, dies ebenfalls zu tun, wenn auch vielleicht nur gedanklich. Daher konnte Ernst Gombrich (1909–2001) feststellen, dass die Lehre von der Einfühlung »auf den Spuren von Muskelreaktionen gründet; es ist nicht nur das Hören von Musik, das uns innerlich zum Tanzen anregt, sondern auch das Wahrnehmen von Formen« (Gombrich 1972, 35).

Einfühlung ins Objekt vollzieht sich in vier Schritten: a. Das körperliche Gefühl und das eigenleibliche Spüren gehen der Wahrnehmung der Architektur voraus, dieses wird b. zum Maß der Gestaltung, was dann c. als Charakter des Objekts identifiziert wird und schließlich d. als dessen Ausdruck wiederum Ausgangspunkt dafür wird, dass der Betrachter sich, in der Vermittlung durch die physiologische Analogie von Objekt und eigenem Körper, psychologisch in das Objekt einfühlen kann. Einfühlung ist, wenn ein »Psychisches sich unmittelbar in körperliche Form umsetzt« (Wölfflin 2007, 102).

Mit der Einfühlung wird die Psychologie zum Thema der Architekturtheorie. Über die Charakterlehre, die Wirkungsästhetik, die Ästhetik des Gefühls oder die Ästhetik des Pittoresken hinaus, die vom architektonischen Objekt auf das Subjekt wirkt, wird die Frage nach dem Übergang von den äußeren Empfindungen, die man noch als rein körperliche Empfindungen bezeichnen kann, zu den inneren Gefühlswerten gestellt. Wölfflins Einfühlungstheorie ist ein Versuch, sich auf das noch weitgehend unbekannte Terrain der Psychologie der Architektur zu begeben, wofür auch der Titel seiner Dissertation *Prolegomena zu einer Psychologie der Architektur* stand. Die Erwartungen waren hoch. Wölfflin hoffte, dass die Psychologie, in Einklang mit der Physiologie, der Kunstgeschichte die Möglichkeit eröffnen würde, »›exakt zu arbeiten‹« (Wölfflin 2007, 103), also eine exakte Wissenschaft zu werden und die »verderbliche Berührung mit der Ästhetik zu vermeiden« (Wölfflin 2007, 103) helfe.

Welch überragende Bedeutung dem Körper in den Einfühlungstheorien zukommt, machte Wölfflin an der Beobachtung fest, dass »der bleibende Nenner bei allem Wechsel« (Wölfflin 2007, 104) eben der Körper ist. Wo wir uns körperlich in die Dinge versetzen, wie in eine Säule, kommt dem Körper die Aufgabe eines Trägers des Unbewussten zu. Das begründet auch die Verbindung von Physiologie und Psychologie oder von Neurophysiologie und Experimentalpsychologie, die für die Einfühlungstheorie leitend waren.

Auf der Grundlage der Physiologie fand mit der Einfühlungstheorie eine Verschiebung des Interesses vom Bewussten zum Unbewussten statt. Damit nahm die Architekturtheorie eines der zentralen Themen der Moderne auf, so wie es von Sigmund Freud (1856–1939) in der *Traumdeutung* (1900) thematisiert wurde. »Das Unbewußte muß [...] als allgemeine Basis des psychischen Lebens angenommen werden.« (Freud 2000, 580) Das Unbewusste und gerade nicht das Bewusste liegt leitend allen menschlichen Erfahrungen zugrunde.

Diese Annahme griff Sigfried Giedion (1888–1968) in *Bauen in Frankreich: Bauen in Eisen – Bauen in Eisenbeton* (1928) mit der Feststellung auf, dass die Konstruktion im 19. Jahrhundert die

»Rolle des Unterbewußseins« eingenommen habe. Die Stahlskelettbauten führten mit ihrer Verkleidung in Stein nach außen das »alte Pathos weiter; unterirdisch, hinter Fassaden verborgen, bildet sich [mit dem Stahlskelett] die Basis unseres ganzen heutigen Seins« (Giedion 2000, 3). Es zeigt sich hier der aufklärerische Impuls der Moderne. Mit dem Aufsuchen, Bestimmen und Zur-Sichtbarkeit-Bringen des Unbewussten war für Giedion die Aufklärung des Menschen über sich selbst das zentrale Motiv und Merkmal für Modernität.

In seinem Buch stellte sich Giedion in die Tradition der zu dieser Zeit bereits weithin überwunden geglaubten Einfühlungstheorien. So wies er darauf hin, dass die Physiologen gezeigt hätten, »wie Körperbau und Wesen eines Menschen in untrennbarem Zusammenhang stehen. Die Wissenschaft leitet aus gewissen Körpertypen bestimmte Charakter ab.« (Giedion 2000, 3) Giedions Konzeption, das Unbewusste am Verhältnis von Konstruktion und Fassadenhülle im Sinne von »historisierenden Masken« (Giedion 2000, 3) festzumachen, erscheint allerdings selbst für die damalige Zeit reduktiv. Sie musste auch 1928 schon als überwunden gelten. Mit August Schmarsow (1853–1936), Edmund Husserl (1859–1938) und Ernst Cassirer (1874–1945) einerseits, den Architekten Louis Sullivan (1856–1924), Adolf Loos (1870–1933) und Frank Lloyd Wright (1867–1959) andererseits war nämlich der Raum als Medium des Unbewussten inzwischen zum Thema geworden. Den Übergang von Konstruktion und Hülle zu Raum und Volumen vollzog Giedion dann 1941 in seinem Buch *Raum Zeit Architektur*.

Physiognomie und Anthropomorphismus

Die Einfühlungstheorien stehen in einer Entwicklungslinie mit der Lehre der Physiognomie und des Anthropomorphismus.

Wölfflin sprach vom »anthropomorphe[n] Auffassen der räumlichen Gebilde« (Wölfflin 2007, 74). Damit verband sich das Bewusstsein, dass die Einfühlungstheorien vorerst das letzte Glied in einer langen Kette von Konzeptionen der Architektur darstellten, die über den Anthropomorphismus bis zurück in die Antike reichte und darüber hinaus ihre Anfänge in den Formen mythisch-religiöser Objektbeseelung hatte. Die Klassifizierung der dorischen, ionischen und korinthischen Säulenordnung als männliche, weibliche und kindliche Ordnungen, wie sie bei Vitruv beschrieben wurden, sind dabei schon die aufgeklärten Formen des »pantheistischen Naturkult[s]« (R. Vischer 2007, 59), auf den Vischer die Einfühlung genealogisch zurückgeführt hatte.

Wölfflin sprach darüber hinaus auch von der »physiognomische[n] Analogie« (Wölfflin 2007, 96), die der Einfühlung zugrunde liegt. Damit stellte er die Einfühlungstheorie auch in die Traditionslinie von Johann Caspar Lavater (1724–1801). Lavaters *Physiognomische Fragmente, zur Beförderung der Menschenkenntnis und Menschenliebe* (1775) wurden zu ihrer Zeit intensiv diskutiert. Physiognomie ist die Lehre von der Übereinstimmung von innen und außen, das heißt von der inneren Wesensart einer Sache, eines Dings oder eines Lebewesens, die an der äußeren Gestalt ablesbar ist.

Lavater ging es um die Aufstellung einer Grammatik der menschlichen Eigenschaften, wie sie an der Form und Gestalt einer Person ablesbar sind. Wölfflin übertrug dies in die Architektur und sprach von der Physiognomie der Fassaden, die – neben Masse, Proportionen und Materialität – den Gebäuden ihren Charakter geben. So wirkten die durch Kranzgesimse tief verschatteten Fenster im Palazzo Pitti wie Augen, »als wären die Brauen zusammengezogen und den Augen als schützendes Überdach gleichsam vorgeschoben« (Wölfflin 2007, 97). Für Wölfflin zeigte sich, dass über den Anthropomorphismus hinaus die Physiognomie und damit die Psychologie Grundlage architektonischer Gestaltung ist. Sichtbar wird auch, dass die Gestalttheorie, die sich in der ersten Hälfte des 20. Jahrhunderts entwickelte und mit Namen wie Max Wertheimer (1880–1943), Wolfgang Köhler (1887–1967), Kurt Koffka (1886–1941) und Kurt Lewin (1890–1947) verbunden ist, in einer Entwicklungslinie mit dem Anthropomorphismus, der Physiognomie und der Einfühlungstheorie steht.

Die Einfühlungstheorien blieben in der Entwicklung der modernen Architektur nicht ohne Nachhall. Sie liegen auch Louis Sullivans (1856–1924) Diktum »form ever follows function« (Sullivan 1896, 408) zugrunde. Es verbinden sich darin die Einfühlungstheorien mit dem amerikanischen Transzendentalismus. Sullivan sah in *form ever follows function* eine Gesetzlichkeit der Natur. Er war der Überzeugung, dass in der äußeren Form und Erscheinung von Pflanzen, Tieren und Menschen deren physiologische und psychische Eigenschaften zur Sichtbarkeit und Erkennbarkeit kommen. »Ob wir an den im Flug gleitenden Adler, [...] das schwer sich abmühende Zugpferd, den majestätischen Schwan, die weit ihre Äste breitende Eiche [...] denken, immer folgt die Form der Funktion.« (Sullivan 1999, 144) In Analogie zur Natur sah er in der Übertragung des inneren Gehalts in die äußere Form und damit in die Sichtbarkeit das zentrale Gestaltungsmerkmal der Architektur. Sullivans Funktionsbegriff erschöpfte sich also nicht in der Frage nach Zweckhaftigkeit und Gebrauch, sondern verweist auf die emotionalen, psychologischen und physiologischen Potenzen einer Sache.

Analog zur Einheit von Funktion und Form sprach Wölfflin von der Einheit von Stoff und Formkraft. Er orientierte sich dabei an Aristoteles' Prinzip des Hylemorphismus (s. Kap. 7 A), das besagt, dass Stoff und Materie immer nur als Form erscheinen können. Es gibt keinen Stoff und kein Material ohne Form, wobei das Material nicht in jede beliebige Form gebracht werden kann und gleichzeitig die Form nicht völlig durch das Material festgelegt ist. Es besteht dagegen immer ein »Überschuss der Formkraft« (Wölfflin 2007, 101). Die Freiheitsgrade bei der Formfindung sind letztlich der Grund, weshalb Gestaltung überhaupt möglich ist. Und es ist der Überschuss an Formkraft, durch den Architektur, so Wölfflin, einfühlend oder vorausfühlend und analog zum Körpergefühl, ausdrucksfähig wird. Der Überschuss an Formkraft ist die Voraussetzung, dass »Psychisches sich unmittelbar in körperliche[r] Form« (Wölfflin 2007, 102) ausdrückt.

Moderne zwischen Abstraktion und Einfühlung

Wilhelm Worringer (1881–1965) machte den entscheidenden Schritt im Konzept der Einfühlung, indem er in *Abstraktion und Einfühlung* (1908) dem Begriff Einfühlung den der Abstraktion entgegenstellte. Worringer kritisierte die nur positive Bestimmung der Einfühlung. Mit ihr lasse sich nur ein Teil der Kunst- oder Architekturerfahrung beschreiben. Mit *Abstraktion und Einfühlung* legte er so die Grundlage für die Beschreibung der Geschichte als Pendelbewegung zwischen zwei konträren, aber komplementären Polen. So erweiterte er die Einfühlungstheorie zu einer umfassenden Kulturtheorie, die nun unterschiedliche Kunstformen wie das allgemeine »Kunstwollen der Naturvölker, [...] aller primitiven Kunstepochen und [...] gewisser entwickelter orientalischer Kulturvölker« (Worringer 2007, 131) genauso einschloss wie Kunst, Kunstgewerbe, Alltagspraktiken und nicht zuletzt religiöse Rituale.

Wie unterscheidet sich nun der Abstraktionsdrang vom Einfühlungsdrang? Der Einfühlungsdrang ist positiv konnotiert, er setzt ein »glückliches pantheistisches Vertraulichkeitsverhältnis zwischen dem Menschen und den Außenerscheinungen« (Worringer 2007, 131) der Welt voraus. Bedingung dafür ist, dass der

Mensch sich in Harmonie mit der Natur befindet. Worringer stellte damit die Einfühlungstheorie in die Traditionslinie der Aufklärung und der Kunstgeschichte des 18. Jahrhunderts, wie sie von Johann Joachim Winckelmann (1717–68) begründet worden war. Winckelmann sah in der idealen Natur und dem milden Klima Griechenlands die Grundlage für die Blüte der griechischen Kunst und Kultur in der Antike. Natur und Klima ermöglichten ein auf Einfühlung gründendes Schönheitsideal. Winckelmann hatte dies auf die Formel von der »edlen Einfalt und stillen Größe« (Winckelmann 1995, 22) gebracht.

Der Abstraktionsdrang war dagegen ungleich aufregender, weil er seinen Ursprung in einer existenziellen Verunsicherung des Menschen hat. Der Mensch, dem die Natur weniger günstig ist, indem sie ihm fremd bleibt und ihm gar feindlich gegenübersteht, sucht Zuflucht in klaren, geometrischen Figuren. Er verspürt den Drang, »den Dingen der Außenwelt ihre Willkür und Unklarheit im Weltbild zu nehmen, ihnen einen Notwendigkeitswert und Gesetzmäßigkeitswert zu geben« (Worringer 2007, 133). In den geometrischen Gegenständen des Alltags und der Architektur verschafft er sich eine den eigenen intellektuellen Fähigkeiten gemäß zu kontrollierende und zu erklärende Welt und sucht die Schönheit »im lebensverneinenden Anorganischen, im Kristallinischen [...] in aller abstrakten Gesetzmäßigkeit und Notwendigkeit« (Worringer 2007, 124). Das zeige sich zum Beispiel in der »tote[n] Form einer Pyramide« oder im geometrischen Stil der archaischen Phase der ägyptischen Kultur.

Der Abstraktionsdrang findet sich demnach bei den Naturvölkern, er steht »am Anfang jeder Kunst und bleibt bei gewissen auf hoher Kulturstufe stehenden Völkern der herrschende« (Worringer 2007, 131), während er bei den Griechen – unter dem günstigen Klima Griechenlands – langsam abflaute und dem Einfühlungsdrang Platz machte.

Beide aber, Abstraktions- wie Einfühlungsdrang, entspringen dem, was Alois Riegl (1858–1905) als »Kunstwollen« bezeichnet hat. Die abstrakte Kunst kommt, so Worringer, nicht aus einer Haltung der Verweigerung. Sie ist, wie die Einfühlung, Instinktschöpfung und entsteht aus elementarer Notwendigkeit sowie »ohne Dazwischenkunft des Intellekts« (Worringer 2007, 18). Die Kunst ist eben nie einfach »Auseinandersetzung des Menschen mit der Natur« (Worringer 2007, 129). Sie befriedigt vielmehr »jederzeit ein tiefes psychisches Bedürfnis« (Worringer 2007, 129), das von der Nähe zur und der Harmonie mit der Natur, aber auch von der Entfremdung und Distanz zu ihr geprägt sein kann.

Die eigentliche Brisanz entwickelte *Abstraktion und Einfühlung* in Hinsicht auf die moderne Architektur. Die weißen, ornamentlosen kubischen Kompositionen von Neuer Sachlichkeit, Esprit Nouveau, De Stijl oder der Architektur von Adolf Loos ließen sich mit Worringers These nun psychologisch erklären. Sie waren alles andere als verarmt, seelen- und phantasielos, sondern im Gegenteil aufs Äußerste mit psychischer Energie aufgeladen. Die moderne Architektur ist Reaktion auf die Entfremdung des Menschen von sich und der Natur durch Industrialisierung, Mechanisierung, Massenkultur und seit 1914 durch den ersten industriellen Krieg. Unter diesem Blickwinkel erscheint dann die moderne Architektur auch als weniger elitär, intellektuell und keineswegs nur als ein »Produkt der Überlegung und der Berechnung«, sondern als Resultat der spezifischen »psychologischen Entstehungsbedingungen« (Worringer 2007, 134) ihrer Zeit.

Gleichwohl kann der Abstraktionsdrang, wo er anfänglich von Intuition und instinktivem Drang zum »Ding an sich« geleitet ist, durchaus abstumpfen und der Instinkt durch zunehmende technische und wissenschaftliche Beherrschung der Natur abgeschwächt werden. »Was vorher Instinkt war, ist nun letztes Erkenntnisprodukt.« Das ist der Fall der Moderne, »vom Hochmut des Wissens herabgeschleudert, steht der Mensch nun wieder ebenso verloren und hilflos dem Weltbild gegenüber wie der primitive Mensch« (Worringer 2007, 133).

Als *Abstraktion und Einfühlung* 1908 erschienen war, stand Worringer auf der Seite der expressionistischen Architektur, die ihm von der Rückkehr des Einfühlungsdrangs motiviert schien und in der er die Erneuerung der Kultur nach Historismus und Jugendstil erkannte. Der Expressionismus blieb aber eine Zeiterscheinung mit wenig nachhaltiger Durchschlagskraft. Seine eigentliche Bestätigung fand Worringers Theorie von Abstraktion und Einfühlung jedoch nach 1918, als sich die Architektur auf der Seite der Abstraktion wiederfand. Folgt man Worringers These, so konnte infolge der Kriegsereignisse die Entfremdung des Menschen nur in die Sachlichkeit führen, in die abstrakten, geometrischen und weißen Volumen der klassischen Moderne, aber immer mit der Möglichkeit, dass in anderen, glücklicheren Zeiten die Bewegung umschlagen und wieder in Richtung Einfühlungsdrang führen kann.

5. Ornament

A Ornament: Kampfplatz der Theorie

Die Ornamente gehören zum Aufregendsten und Unverstandensten der Architektur – und zugleich zu ihrem Notwendigsten. Für die Klärung von Genealogie und Stellenwert des Ornaments wird man, ob man will oder nicht, immer wieder zu Vitruv zurückkehren – und das, obwohl Vitruv in den *Zehn Büchern über Architektur* die Wörter *ornamentum* oder *ornamenta* gerade fünfmal gebrauchte. Jedoch verwendete er die Begriffe in der Kombination von »epistylia et ornamenta« oder »Gebälk und Ornament«. Und das hat es in sich. Denn eigentlich spricht man nicht von Gebälk und Ornament, sondern von Gebälk und Säule. Zusammen bilden sie jenes Grundprinzip, in der das Tragen und Lasten und damit diejenigen Eigenschaften zum Thema werden, die ein wesentliches Element der Architektur ausmachen: die Überwindung der Schwerkraft. In Säule und Gebälk, so Arthur Schopenhauer (1788–1860) in *Die Welt als Wille und Vorstellung* (1819), sind Stütze und Last vollkommen getrennt, »wodurch die gegenseitige Wirkung beider und ihr Verhältnis zu einander augenfällig wird« (Schopenhauer 1990 [2], 527). Indem nun Vitruv das Ornament mit der Säule gleichsetzte, definierte er die Säule als das bedeutendste Ornament und verallgemeinerte umgekehrt das Ornament zu jenem Gestaltungsprinzip, durch das die Konzeption der Architektur in die Sichtbarkeit treten kann. Das erklärt die Faszination, die die Architekten über Jahrhunderte den Säulenordnungen entgegenbrachten. Das galt bis ins 19. Jahrhundert. Erst im Übergang von der klassischen Definition der Architektur als »Kunst körperlicher Massen« (Wölfflin 1888, 63) zu ihrer modernen Definition als »Raumgestalterin« (Schmarsow 2007, 107) büßte das Thema von Tragen und Lasten seinen privilegierten Status ein und mit ihm das System von Gebälk und Säule. Dies markiert die Krise des Ornaments, in der sich nichts weniger als die Krise der Architektur zeigt. Im Übergang zur Moderne wurde das Ornament zum Kampfplatz der Rekonzeptualisierung der Architektur und damit zum Kampfplatz der Theorie.

Genealogie des Ornaments

Wollte man, zu Beginn, schon eine Definition für das Ornament wagen, die ihm über seine in der Zeit wechselnden Erscheinungsformen hinaus gerecht wird, so als dasjenige architektonische Element, durch das das Nichtsichtbare, welches andernfalls unerkannt bliebe, zur Sichtbarkeit kommt. Das Ornament überträgt die Konzeption der Architektur in die sinnliche Erfahrbarkeit. Das Ornament ist das, was zwischen Geist und den Sinnen oder zwischen Sinn und Sinnlichkeit vermittelt.

Dem soll im Folgenden Evidenz verliehen werden, erst im Rückgriff auf Vitruv, dann durch eine Aktualisierung im Kontext heutiger Praxis. Mit Bezug auf die Säulenordnungen präsentierte Vitruv gleich drei Herleitungen: a. eine *naturalistisch-kulturalistische*, b. eine *anthropomorphe* und c. eine *konstruktiv-genetische Konzeption.* Sie lassen sich den drei Bereichen der Ästhetik, der Anthropologie und der Erkenntnistheorie zuordnen, auf deren Grundlage die Architektur in ihren komplexen Relationen (s. Kap. 1 A) beschrieben werden kann.

Um die *naturalistisch-kulturalistische Konzeption* des Ornaments zu erläutern, erzählt Vitruv die Geschichte der Entdeckung des korinthischen Kapitells (Vitruv, 4.1). Es war in Korinth ein Mädchen früh verstorben. Als Grabbeigabe legte die Amme verschiedene Lieblingsgegenstände der Toten in einen Korb, stellte diesen auf das Grab und bedeckte ihn mit einer Steinplatte. Im Frühjahr schlug unter dem Korb eine Bärenklau- oder Akanthuspflanze aus. Sie trieb ihre Blätter unter dem Korb hervor, die diesen nach und nach überwucherten. Kallimachos, der berühmte Architekt der Antike, kam eines Tages vorbei und sah den von der Akanthuspflanze umrankten Korb. In der Verbindung von Artefakt und Natur erkannte er eine besondere symbolische Kraft. Kallimachos übernahm die Figur und machte sie zum Kapitell der korinthischen Säulenordnung.

Gegen diese Erzählung Vitruvs gab es aber Einwände. Der Kunsthistoriker Alois Riegl (1858–1905) etwa äußerte in seiner Schrift *Stilfragen* (1893), es sei nicht vorstellbar, dass mit der Akanthuspflanze einfach das »erste beste Unkraut zum künstlerischen Motiv« (Riegl 1893, XV) und zu einem der beständigsten Ornamente erhoben werden konnte. Stattdessen stünden am Anfang aller ornamentalen Formen die ägyptischen »plastischen, beziehungsweise plastisch gedachten Palmetten« (Riegl 1893, XV). Sie seien aus der stilisierenden Nachahmung eines Palmenblatts entstanden. Das Akanthusblattmotiv, das »wichtigste von allen Pflanzenornamenten« (Riegl 1893, XV), habe sich daraus erst später entwickelt.

Historisch mag das richtig sein. Kallimachos ging es aber nicht um die Architektur als eine die Natur nachahmende Kunstform. Er erkannte dagegen in der Figur von Korb und Akanthuspflanze eine besondere symbolische Form dafür, dass die Architektur, im Gegensatz zu Kunst, Malerei, Skulptur oder Tanz, eben eine Erfindung ist, die ihr Vorbild gerade nicht in der Natur hat.

Als eine konstruktive Praxis entwickelt sie ihre Gesetze und Prinzipien aus sich heraus. Erst ist das Artefakt, erst ist der Korb, dann wird er von der Natur ein- und zurückgeholt, indem diese ihn »zum Material ihrer Formung« (Simmel 1997.2, 126) macht. Das zeigt sich im korinthischen Kapitell. In ihm stehen beide, Architektur und Natur, in einem idealen Gleichgewicht. Das macht die besondere symbolische Kraft des korinthischen Kapitells aus.

Für die ionische Säule argumentierte Vitruv auf *anthropomorpher Grundlage*. Bei der Errichtung des Diana-Tempels hätten die ionischen Baumeister entsprechend der weiblichen Gottheit, die im Tempel verehrt wurde, »die frauliche Schlankheit auf die Säule« übertragen. Am Kapitell brachten sie »rechts und links Voluten an, die wie gekräuselte Haarlocken bei der Frauenfrisur vorhingen [...] und an dem ganzen Säulenschaft ließen sie Streifen [Kanneluren] herabgehen, wie bei Frauengewändern Gewandfalten üblich sind« (Vitruv, 4.1). Vitruv spricht auch von »fraulicher Zierlichkeit, fraulichem Schmuck und fraulichem Ebenmaß« (Vitruv, 4.1).

Vitruv erweiterte das Argument auch auf den dorischen Tempel, bei dem in der »Säule die Proportion, die Stärke und die Anmut des männlichen Körpers« (Vitruv, 4.1) nachgebildet seien. Daher sind in der dorischen Säule die Proportionen gedrungener. Sie ist weniger elegant, es fehlt hier auch das Bild des Gewands, sie ist nackt. Aufgrund der Analogie zum Menschen kann man in beiden Fällen, der ionischen und der dorischen Säulenordnung, von einer anthropomorphen Konzeption des Ornaments sprechen.

Vitruvs dritte Erzählung präsentiert eine *konstruktiv-genetische Konzeption*. Grundlage dafür waren der griechische Tempel im Übergang von der Konstruktion in Holz zur Konstruktion in Stein und die Fragestellung, was dieser Wechsel für die Sichtbarmachung von Konstruktion und Konzeption des Gebäudes bedeutet. Wie das auch heute bei Gebäuden aus Holz oft der Fall ist, ragten im Tempel aus Holz die Balken der Decken- und Dachkonstruktion über die äußere Begrenzungswand hinaus. Im Dachüberstand kommen Decken- und Dachbalken zusammen, die Architektur zeigt hier ihre Konzeption und Konstruktion.

Um den Eindruck eines solitären Gebäudes nicht zu stören, musste jedoch für die Tempel in Stein die Forderung gelten, dass die Konstruktionen für Decken und Dach, die weiterhin aus Holz ausgeführt wurden, hinter der steinernen Fassade verdeckt würden. Das stellte die Architektur vor ein grundlegendes Problem. Mit der Fassade aus Stein entzog sich der Tempel der Erkennbarkeit seiner konzeptuellen und konstruktiven Logik. Es bestand die Gefahr, dass das Gebäude als Artefakt in seiner Logik nicht mehr nachvollziehbar war, dass es sich nicht mehr erklärte und abstrakt würde.

Giambattista Piranesi, Konstruktion eines Tempels (18. Jhd.)

Wie Vitruv feststellte, hatten daher »die Künstler beim Bau von Tempeln in Stein und Marmor [die hölzernen Konstruktionselemente] in Steinmetzarbeit nachgeahmt« (Vitruv, 4.2). Es entstand unter anderem das Metopen- und Triglyphenfries des Gebälks, also des horizontalen Balkens über den Säulen. Die Triglyphe oder der Dreischlitz besteht aus einer Steinplatte mit drei Kerben. Diese ist dort platziert, wo dahinter ein Deckenbalken liegt. Die Triglyphe ist demnach ein Zeichen, das den unsichtbaren Deckenbalken stellvertretend sichtbar macht. Das Feld zwischen den Triglyphen wird als Metope bezeichnet, es zeigt den leeren Raum zwischen den Balken an.

Zusammen bilden sie das Triglyphen- und Metopenfries, das um den ganzen Tempel herumgeführt wird und Lage und Konstruktion der Decke sichtbar macht. Darüber hinaus gibt es noch andere Ornamente wie zum Beispiel die Mutuli, die stellvertretend für die Dachsparren stehen, und den Zahnschnitt, der die Lattung der Dachkonstruktion in Stein nachbildet.

Vitruv kommt zu dem Schluss: »So glaubten sie [die Handwerker], daß das, was in Wirklichkeit [am Holzbau] nicht entstehen kann, auch nicht, wenn es an den Nachbildungen [am Steinbau] gemacht ist, seine Berechtigung haben kann. [...] und erkannten nur das an, dessen Ausführung bei Erörterungen als der Wirklichkeit entsprechend begründet werden kann.« (Vitruv, 4.2) Die Ornamente verweisen auf die »Wirklichkeit«, sie müssen aus der Logik des Gebäudes heraus begründet sein, alles andere hat keine Berechtigung. Sie haben ihren Platz nur an jenen Stellen, wo es etwas über das Gebäude zu sagen gibt. Alle anderen Flächen bleiben leer.

Die Ornamente sind also Zeichen, die die Konzeption und das Gemachtsein des Gebäudes kommunizieren und sinnlich erfahrbar machen. Als *Tertium comparationis* vermitteln sie zwischen den Sinnen und dem Verstand. Ohne Ornamente blieben die Gebäude abstrakt und in ihrer Konzeption unverstanden. Das akzeptieren wir bei Dingen der Natur, die so sind, wie sie sind. Wir fragen nicht weiter danach. Wir akzeptieren es aber nicht oder nur in eingeschränktem Maße bei den Werken der Menschen.

Bon goût, caractère und poésie

Im Laufe des 18. Jahrhunderts kristallisierten sich dann in der Architekturtheorie zwei Positionen heraus, zwischen denen die Definition und die Praxis des Ornaments oszillierten. Unter dem Einfluss der Aufklärung entwickelte sich mit dem Klassizismus einerseits eine auf Vitruv zurückgehende normative und rationale Ästhetik und mit der französischen Charakterlehre andererseits eine subjektivistische Ästhetik, die sich ebenfalls auf Vitruv bezog, aber dessen Definition des Ornaments umdeutete.

An beider Anfang steht die Schrift *Traité d'architecture* (1714). In ihr forderte Sébastien Le Clerc (1637–1714) freie und individuelle Verfügbarkeit über die Ornamente und Proportionen. Unter dem Begriff der *arbiträren Schönheit* – im Unterschied zur *normativen Schönheit* – hatte zuvor schon Claude Perrault (1613–88) im Kontext des französischen Akademiestreits, der *Querelle des Anciens et des Modernes*, die Lockerung der strengen Gesetze für die Ornamente postuliert. Die Forderung war, dass es dem Architekten situationsabhängig und in gewissen Grenzen erlaubt sein solle, seinen eigenen Vorstellungen und Vorlieben zu folgen. Die französische Akademie legte daraufhin 1734 mit *ordonnance*, *proportio*, *convenance* und *bon goût* die neuen Leitbegriffe fest.

Der *bon goût* wurde dann später von Germain Boffrand (1667–1754) durch *caractère* ersetzt. Damit erhielt der Ornamentbegriff eine starke ausdrucksästhetische Erweiterung, woraus der Begriff der *architecture parlante* entstand, also die Bezeichnung einer sich ausdrückenden oder über sich und ihre Konzeption sprechenden Architektur. Prägend wurde diese für die Revolutionsarchitekten Claude-Nicolas Ledoux (1736–1806), Étienne-Louis Boullée (1728–99) und Jean-Jacques Lequeu (1757–1826), wie zum Beispiel in Ledoux' Entwurf eines kugelförmigen Hauses für einen Gärtner oder des Hauses eines Wasserdirektors, in dessen Mitte eine Quelle entspringt.

Damit setzte eine Entwicklung ein hin zu einer freieren Verwendung von Ornamenten, wie sie aus dem Spätbarock und dem Rokoko bekannt ist. Gegen Mitte des 18. Jahrhunderts zeigen sich aber wieder vermehrt Bestrebungen, die Architektur auf ihre klassischen Grundprinzipien zurückzuführen. Dafür steht der Klassizismus. Die Protagonisten sind im französischen Kontext Marc-Antoine Laugier (1713–69), Étienne-Louis Boullée (1728–99) und Marie-Joseph Peyre (1730–85), im Kontext der deutschen Klassik Johann Joachim Winckelmann (1717–68), Karl Philipp Moritz (1756–93) und nicht zuletzt Johann Wolfgang von Goethe (1749–1832).

Exemplarisch für den Klassizismus steht Moritz' Theorie des Ornaments. In seinen *Vorbegriffen zu einer Theorie der Ornamente* (1793) plädierte Moritz für die Rückführung des Ornaments auf seine Grundlagen. Als Beispiel führte er, im Rückbezug auf Vitruv, die Wülste der Säulenbasis an. Sie seien die »sichtbare Spur des Drucks« (Moritz 1997, 1004) von oben und machten die statischen Bedingungen der Architektur und damit das »Wesen der Sache« sinnlich erfahrbar. In ihnen könne der Betrachter »die Sache selbst gleichsam wiedererkennen und wiederfinden« (Moritz 1997, 1004). Mittels der Wülste der Säulenbasis erzähle die Architektur etwas über sich, wie das Material den Kräften von oben eine Gegenkraft von unten entgegensetzt, bis beide Kräfte im Gleichgewicht sind und das Gebäude sicher steht.

Charakteristisch für die Zeit des Idealismus und der Frühromantik – und damit über den Klassizismus hinaus – war dann, im Gegensatz zum *caractère* der französischen Architekturtheorie, die Forderung nach einer Öffnung der Ornamente als Medium der Bildung. Wie Moritz hob auch Goethe den Bildungscharakter der Architektur hervor und knüpfte hierfür an das fiktionale, wirkungsästhetische Moment des Ornaments an. Dieses solle den »gebildeten Geist bis zum Erstaunen und Entzücken« (Goethe 1982.12, 36) erheben. Dabei verstand Goethe, mit Bezug auf Vitruv, unter Fiktion die Übertragung von »Eigenschaften eines Materials zum Schein auf das andere, wie z.B. bei allen Säulenordnungen die Holzbaukunst nachgeahmt ist« (Goethe 1982.12, 36). Mit dem Zum-Schein-Sein oder Als-ob – und damit gerade nicht mit der Gotik, sondern mit dem Klassizismus – verband sich für Goethe die poetische Dimension der Architektur und damit die Erweiterung des Bauens zur Baukunst. Baukunst ist die poetische Erweiterung des Bauens mittels der über die Materialität hinaus auf anderes verweisenden, wirkungsästhetischen und als solcher bildenden Kraft des Ornaments.

In diesem Sinne vollzog Karl Friedrich Schinkel (1781–1841) den Schritt hin zu einer aus dem klassizistischen Dogma befreiten poetischen Konzeption der Architektur. Mit dem Begriff der Metamorphose, den Goethe an seinen Naturbeobachtungen und mithilfe der aufkommenden Naturwissenschaften geschärft hatte, dynamisierte Schinkel die normative Ästhetik des Klassizismus, ohne jedoch ganz mit ihr zu brechen. Er ersetzte den Charakter durch die Idee, an die Stelle des Geschmacks trat das Gefühl.

Beispielhaft steht dafür die Neue Wache (1818) in Berlin, der erste öffentliche Auftrag nach dem Ende der Koalitions- und Befreiungskriege gegen Napoleon zwischen 1813 und 1815. Schinkel ersetzte im Architrav des Pronaos die Triglyphen mit Engelsfiguren. Das ist im ersten Moment befremdend und war es auch für Schinkels Zeitgenossen. Mit Blick auf die klassizistische Ornamenttheorie kehrte aber Schinkel damit die Wirkungsrichtung des Ornaments um. Während die Triglyphe in ihrer klassischen Definition indexikalisch auf Konstruktion und Konzeption der Architektur verweist, öffnen sich die Engel in ideeller Bezugnahme nach außen. Sie sind jetzt quasi ein politisches Argument, indem sie zur Einhaltung des Friedens mahnen. Als Maler und Szenograph löste Schinkel das Triglyphen- und Metopenfries aus seinem Bezug auf die Konstruktion und die innere Logik des Gebäudes und öffnete es für poetisch-idealistische Inhalte.

Semper: Die doppelte Polung des Ornaments

Um die Mitte des 19. Jahrhunderts wurde das Ornament erneut zum Anlass theoretischer Debatten. Es wurde zu nichts weniger als zum Kampfplatz der Theorie der Moderne und sollte diesen Status lange bis in die 1920er Jahre behalten. Auslöser dafür waren die neuen maschinellen Produktionsverfahren, die neuen Baumaterialien wie Stahl und Glas, aber auch die zunehmende Kenntnis der außereuropäischen Kulturen, die auf der Weltausstellung in London von 1851 erstmals in einer umfassenden Gesamtschau präsentiert wurden.

Indem sie Kunst, Kunsthandwerk und Industrieproduktion nebeneinander präsentierte, spitzte die Weltausstellung in London die Spannung zwischen Kunst, Handwerk und Maschinenproduktion zu. Denn in ihrer Perfektion, so Gottfried Semper (1803–79), beschäme die Maschinenproduktion geradezu die Menschen in ihrer beschränkten Geschicklichkeit. Günther Anders sollte in *Die Antiquiertheit des Menschen* (1956) für diesen Sachverhalt von der *prometheischen Scham* und dem Minderwertigkeitskomplex des Menschen vor der »›beschämend‹ hohen Qualität« (Anders 1994, 23) der Maschinenproduktion sprechen.

Aber nicht nur der Mensch kapituliere vor der Maschine, so Semper, auch das Material. Denn »der härteste Porphyr und Granit schneidet sich wie Kreide, poliert sich wie Wachs, [...] Kautschuk und Guttapercha [Gummi] wird vulkanisiert und zu täuschenden Nachahmungen der Schnitzwerke in Holz, Metall und Stein benutzt« (Semper 1966.2, 31). Die Maschine vernichte die natürlichen Eigenschaften des Materials, das somit aufhöre, es selbst zu sein.

Grundlage für die architektonische Gestaltung ist, das war Sempers tiefste Überzeugung, dass das Material sich mit seinem Eigensinn in den Entwurfsprozess einbringt, indem es den Ideen des Architekten einen Widerstand entgegensetzt. Architektur entsteht im wechselseitigen Austausch zwischen Idee und Material. So bringt sich der Stein mit seiner Festigkeit und Oberflächenbeschaffenheit in die Architektur ein, das Holz mit seiner Biegesteifigkeit und seiner haptischen Anmut oder der Beton mit seiner Druckfestigkeit und seiner Oberflächenqualität. Semper empfand die Vernichtung der Materialeigenschaften durch die Maschine als direkten Angriff auf die Architektur.

Auf der Grundlage der neuen Erkenntnisse über das Kunsthandwerk, die die ethnographischen Ausstellungen der Londoner Weltausstellung erstmals ermöglichten, reagierte Semper darauf mit umfassenden Untersuchungen zur Genealogie des Ornaments. In dem Vortrag *Über Baustile* postulierte er die grundlegende Erkenntnis, dass das Ornament keine Erfindung sei. Es sei der Stil – wobei *Stil* durch *Ornament* ersetzt werden kann – die »Übereinstimmung einer Kunsterscheinung mit ihrer Entstehungsgeschichte, mit allen Vorbedingungen und Umstanden ihres Werdens« (Semper 1966.1, 107).

Das Ornament, so führte Semper aus, leite sich aus der Logik der komplexen Prozesse des Gedacht- und Gemachtseins der Gegenstände ab, denn »vom stilistischen Standpunkte aus betrachtet tritt sie [die Kunsterscheinung] uns nicht als etwas Absolutes, sondern als ein Resultat entgegen« (Semper 1966.1, 107). Das zeigte Semper an Textilien und Kleidungsstücken. »Überall finden wir bei den Naturvölkern von unverdorbenem Gefühle die Manifestierung der Grundgesetze des Stiles auch in ihrer textilen Kunstäußerung.« (Semper 1966.4, 93) Als Beispiel dienten ihm die Native Americans und die Art und Weise, wie diese verschiedene Stoff- oder Lederstücke zu größeren Flächen zusammennähen. Er sprach von der »struktiven Bedeutung der Naht« (Semper 1860, 77).

Das technisch Notwendige wie die Naht ist Ausgangspunkt für die Ornamente. »Die Naht ist wohl ein Nothbehelf, der erfunden ward, um Stücke homogener Art, und zwar Flächen, zu einem Ganzen zu verbinden.« (Semper 1860, 78) Nähte sind in erster Linie rein funktionaler Art. Irgendwann aber genügte der reine Zweck den Handwerkern nicht mehr. Sie fingen an, die Nähte mit komplizierten Stichen auszugestalten. Aus den funktionalen Kreuzstichen wurden erst Muster und dann, aufgeladen mit symbolischer Bedeutung, Ornamente.

Ornamente sind demnach »bedungen durch die Art der Bearbeitung der Stoffe« (Semper 1860, 177). Sie machen das Gemachtsein der Dinge zum Thema, indem sie es symbolisch überhöhen. Die Herstellungsverfahren werden zu Techniken des Stils, »nichts darf versteckt werden. Überall sind die zusammenhaltenden fungierenden Teile die Gegenstände reichster ornamentaler Verzierung« (Semper 1966.4, 93). Ornamente sind demnach jene Elemente, mit denen sich der Mensch die Dinge über ihre reine Technizität hinaus sinn- und sinnenhaft im Kontext der eigenen Lebenswelt zu eigen macht.

Mit Semper liegt der Fokus nicht mehr, platonisch verengt, auf dem Ornament als zeichenhaftes Ding, sondern vielmehr, aristotelisch geweitet, auf dem Ornament als Resultat eines Prozesses der Herstellung. Das Ornament besitzt dabei eine doppelte Ausrichtung, einerseits auf die konstruktiv-materiellen Verfahren der Herstellung des Artefakts, andererseits auf dessen symbolisch-kulturelle Überhöhung. Auch Semper konzipierte das Ornament als ein vermittelndes Drittes, das an der Schnittfläche zwischen beiden seinen Ort hat. Er unterschied daher eine »struktiv-technische« von einer »struktiv-symbolischen« (Semper 1860, 220) Seite des Ornaments. Es zeigt sich die *doppelte Polung des Ornaments.*

Dass Sempers Ornamenttheorie immer auch Züge einer Charakterlehre besitzt, zeigt sich dort, wo er keinen Unterschied zwischen Ornament und Schmuck machte. Denn »wo der Mensch schmückt, hebt er nur mit mehr oder weniger bewusstem Thun eine Naturgesetzlichkeit an dem Gegenstande, den er ziert, deutlicher hervor« (Semper 1987, 6). Das Ornament dient dazu, ein Verborgenes, in diesem Falle den Charakter einer Person, der sich nicht durch die natürliche Gestalt zeigt, zur Sichtbarkeit und zum Ausdruck zu bringen.

Arts and Craft und Gothic Revival

Als Reaktion auf die Entstehung des Industriearbeiterproletariats und der Massengesellschaft entwickelten sich im England des 19. Jahrhunderts verschiedene Reformbewegungen. Die Reform der Architektur und des Kunstgewerbes stand im Zeichen der sozialen, ökonomischen und hygienischen Missstände in den Industriestädten. In sozialethischer Neuausrichtung fand nun eine ideologische Aufladung des Ornaments statt, deren Kehrseite seine inhaltliche Entleerung war.

Auf der Seite der Architektur entwickelte sich das Gothic Revival mit seinen zwei ungleichen Hauptvertretern Augustus W. Pugin (1812–52) und John Ruskin (1819–1900). Auf der Seite des

Kunstgewerbes entstand die Arts-and-Crafts-Bewegung mit William Morris (1834–96) und Christopher Dresser (1834–1904). Mit ihren jüngeren Vertretern wie Charles Voysey (1857–1941), William R. Lethaby (1857–1931) und Mackay H.B. Scott (1865–1945) reichte der Einfluss der Arts-and-Crafts-Bewegung, im Gegensatz zum Gothic Revival, bis weit in die Moderne des 20. Jahrhunderts hinein.

Für die Arts-and-Crafts-Bewegung war Owen Jones' (1809–74) *The Grammar of Ornament* (1856) richtungsweisend. Wie Semper war auch Jones von den ethnologischen Ausstellungen auf der Londoner Weltausstellung 1851 beeinflusst und erkannte in den Ornamenten die Grundelemente einer universellen Sprache der Architektur. Auf zahlreichen farbigen Tafeln stellte er siebenunddreißig »Propositionen« einer Grammatik der Ornamente auf, angefangen von den »Ornamenten der wilden Stämme« über die ägyptischen, assyrischen, pompejianischen, byzantischen, maurischen und chinesischen Ornamenten bis zu den »Blättern und Blumen nach der Natur«. Seine Klassifikation der Ornamente folgt dabei keiner Einteilung in Stile oder Epochen, sondern den Gesetzen, die auch »in der Natur die Vertheilung der Form reguliren« (Jones 1997, 4).

Arts and Crafts und Gothic Revival verband die Ablehnung der griechischen Klassik. Für die Protagonisten des Gothic Revival war nicht die Klassik, sondern die Gotik die höchste Errungenschaft der Architektur, der Klassizismus dagegen nichts als »die barbarischste Art des Bauens« (Pugin 1973, 3). Pugin lehnte den Klassizismus aus genau den Gründen ab, die ihn für andere so attraktiv erscheinen ließen, nämlich gerade wegen der Spannung zwischen Ornament und Konstruktion, aus der das »poetische Ausdrucksvermögen« (Frampton 1993.1, 2) der klassischen Architektur resultiert. Dem Prinzip von Gebälk und Säule oder Lasten und Tragen stellte Pugin die Einheit von Konstruktion und ästhetischer Erscheinung des gotischen Spitzbogens entgegen, da die »Architektur des Spitzbogens die Konstruktion nicht versteckt, sondern verschönert« (Pugin 1973, 3).

Nach Pugin soll das Ornament mit der Konstruktion verschmelzen. Im Gegensatz zur Trennung von Tragen und Lasten soll in den Strebe- und Spitzbögen die Konstruktion ornamental und das Ornament konstruktiv werden. Dabei folgen die gotischen Ornamente wie Maßwerk, Krabbe oder Kreuzblume weniger der konstruktiven Logik, sondern resultieren unmittelbar aus den handwerklichen Bearbeitungsweisen des steinernen Materials. Die Ornamente sind hier keine vermittelnden Zeichen zwischen Sichtbarem und Unsichtbarem, sie entstehen nicht aus einer technisch-konstruktiven Funktion und auch nicht an den Rändern wie Sempers Nähte. Mit den Ornamenten, die außerhalb der technisch-konstruktiven Verfahren stehen, propagierten Arts and Crafts und Gothic Revival die Rückkehr zu einer von den Einflüssen der Maschine befreiten Form des Handwerks.

Gegen die Entfremdung des Menschen von sich und seinen Werken durch die Maschine erschien das Handwerk der Maschinenarbeit als moralisch überlegen. Die mittelalterliche Bauhütte war das Ideal, wobei sich bei Pugin die sozialreformerischen Ansätze mit einem christlichen Fundamentalismus überlagerten. Für Ruskin stand eher die moralisch erhebende Erziehung im Vordergrund, wobei, in säkularer Ausrichtung, die Ornamente »Ausdruck der Freude des Menschen am Werk Gottes« (Ruskin 1960, 37) waren.

Die Orientierung auf die Gotik förderte eine Sensibilisierung gleichsam für den Übergang von der Architektur der Masse zu einer Architektur der Linie, der schlanken Stützen und der Transparenz der Eisenkonstruktionen. Wie in den steinernen Spitz- und Strebebögen der Gotik löste sich auch in den Eisenkonstruktionen der Gegensatz von Tragen und Lasten auf. Damit deuten sich für die moderne Architektur zwei Entwicklungslinien an. 1. aus dem Gothic Revival heraus die angelsächsische Entwicklung, die die strukturelle Auflösung der Masse in die Linien verfolgte und aus der sich in einer langfristigen Perspektive die High-Tech-Architektur entwickelte, wie sie aus der zweiten Hälfte des 20. Jahrhunderts mit Richard Rogers (1933–2021), Lord Norman Foster (*1935) oder Nicholas Grimshaw (*1939) bekannt ist, und 2. die kontinentaleuropäische Linie, die über Semper, Schmarsow und Giedion die Ablösung der Masse durch die Fläche verfolgte. Damit verband sich das Zurückdrängen der Tektonik durch das Paradigma des Raums. Dieses führte schließlich zur Entwicklung der modernen kubistischen und weißen Architektur nach 1918, wie sie sich in De Stijl, Bauhaus, Neuer Sachlichkeit und Konstruktivismus mit ihren Protagonisten Gerrit Rietveld (1888–1964), Theo van Doesburg (1883–1931), Walter Gropius (1883–1969) und Le Corbusier (1887–1965) zeigte.

B Statuswandel des Ornaments

Die Regelmäßigkeit, mit der die Debatten um das Ornament allein im 20. Jahrhundert – in Moderne, Postmoderne und im digitalen Zeitalter – zurückkehrten, deutet darauf hin, dass das Ornament weit mehr ist als ein Oberflächenphänomen. Vielmehr waren die Debatten »Ausdruck eines Krisenbewusstseins« und »Zeichen eines Umbruchs« (Raulet/Schmidt 1993, 7), und zwar nicht nur Ausdruck einer Krise der Architektur, sondern Indikator eines umfassenden Strukturwandels, der als Krise der Kultur erfahren wird. Das zeigt sich in der Moderne besonders am Übergang von den handwerklichen zu den industriellen Herstellungsverfahren. Die Moderne hatte, so lässt sich postulieren, ihre

Konzeption an dem geschärft, was sie angeblich abschaffen wollte, nämlich am Ornament. Erst im mitunter aggressiven Ton der Debatten hatte sie sich selbst ernst zu nehmen begonnen, und erst in der Rekonzeptualisierung des Ornaments zeigte sich die Veränderung ihrer Konzeption. In diesem Sinne hatte Adolf Loos (1870–1933) konsequent die Ornamenttheorie zu einer Kulturtheorie der Moderne erweitert. Daran knüpfte dann Theodor W. Adorno (1903–69) in seinem Vortrag *Funktionalismus heute* (1965) an und zeigte, wie im Ornament selbst die innere Spannung der Architektur zwischen Sachlichkeit und Sinnlichkeit, Ratio und Affekt, Autonomie und Zwecken hervortritt. Charakteristisch ist, dass im Maschinenzeitalter gerade die technischen Dinge, als Funktion der Entwicklungsdynamik der Moderne selbst, einem Statuswandel unterworfen sind. Was heute funktional ist, kann, nach Adorno, morgen in sein Gegenteil umschlagen. Im Sinne einer negativen Ästhetik skizzierte Adorno für das Ornament eine umgekehrte symbolische Reihe. Ornament ist, was als technisch Avanciertes erst »Symbol, dann Ornament, endlich überflüssig« (Adorno 1998.2, 382) wird und als Veraltetes und »organisch Giftiges«, weil die weitere Entwicklung Hemmendes, schließlich abgeschafft werden muss.

Neue Ornamentik

Im Allgemeinen wird die Moderne in eine pauschale Gegnerschaft zum Ornament gebracht. Richtig daran ist, dass sie die Ornamente der historischen Stile ablehnte, nicht aber das Ornament an sich. Das hatte Walter Gropius (1883–1969) auf die paradoxe Formel gebracht: »Vorwärts zur Tradition! Das Ornament ist tot! Lang lebe das Ornament!« (Gropius 1988, 169) Es zeigt sich im Ornament die spezifische Dialektik der Moderne, dass sie gleichzeitig ein Neuanfang und eine Wiedergeburt oder, wie Henry van de Velde (1863–1957) formulierte, eine »Renaissance« (van de Velde 1901, 7) ist. Die Moderne hatte erst noch, so die Überzeugung ihrer Protagonisten, eine eigene Tradition zu begründen, in Zukunftsorientierung, eben vorwärts blickend, mitsamt ihren symbolischen Formen, ihrem Bilderkanon und den dazu gehörenden Ornamenten.

So kreisen auch die Äußerungen von Hermann Muthesius (1861–1927), Ludwig Mies van der Rohe (1886–1969), Erich Mendelsohn (1887–1953), van de Velde und Gropius wie magisch um ein Thema: die Wiedergewinnung der Architektur als symbolische Form in einer auf Maschinenproduktion und neuen Materialien gründenden modernen Massengesellschaft. Der Bildersturm der künstlerischen Avantgarden und eine übereilte Abschaffung der Ornamente, vor allem nach 1918, bargen die Gefahr der Entleerung und Entwertung der Architektur. Der Kunsthistoriker Hans Sedlmayr (1896–1984) sprach in diesem Zusammenhang auch von einem »Verlust der Mitte« (Sedlmayr 1948). Latent war dahinter stets der Nihilismus präsent, der im immer wieder vorgebrachten Vorwurf des Funktionalismus mitschwingt.

Die Protagonisten der Moderne waren sich dabei über zwei Dinge einig: dass sich durch die Verschiebung von den handwerklichen zu den maschinellen Produktionsverfahren nämlich einerseits die Voraussetzungen für das Ornament grundlegend geändert hatten, dass sich aber andererseits die Situation an der Schwelle zur Moderne nicht prinzipiell von der anderer Zeiten unterschied. So merkte Otto Wagner (1841–1918) in *Die Baukunst unserer Zeit* an: »Jeder neue Stil ist allmählich aus dem früheren dadurch entstanden, dass neue Konstruktionen, neue Materialien, neue menschliche Aufgaben und Anschauungen eine Änderung oder Neubildung der bestehenden Formen erforderten.« (Wagner 1902, 49) Es sei ein Grundprinzip, dass die Baukunst und mit ihr das Ornament »aus der Konstruction entstanden und [diese] sukzessive zur Kunstform geworden« (Wagner 1902, 98) seien.

Mit den veränderten Konstruktionsverfahren musste sich auch das Ornament verändern. Hier setzten die Debatten um das Ornament am Übergang zur Moderne an. Dieses Motiv lag auch van de Veldes Forderung eines »rationalen Ornaments« (van de Velde 1910.1, 75) im Sinne einer »vernunftgemäßen Schönheit« (van de Velde 1910.1, 94) zugrunde. Wie er mit Bezug auf Gustav Theodor Fechners (1801–87) *Vorschule der Ästhetik* (1876) feststellte, appelliert das Ornament nicht weniger an die Vernunft als an die Sinnlichkeit, wir sehen weniger »mit dem sinnlichen, aber mit einem geistigen Auge« (van de Velde 1910.1, 94). Die neue Ornamentik entsteht aus dem Gegenstand, »mit dem sie verbunden bleibt [...] Das Ornament wird ein Organ und weigert sich, nur etwas Aufgeklebtes zu sein.« (van de Velde 1978, 357)

Wie die »Architektur unserer Zeit ihren Ursprung der Eisenkonstruktion« (van de Velde 1910.2, 70) verdankt, so auch das neue Ornament. Es sind die dünnen Profile des Eisens, die einen Übergang in der Konzeption der Architektur von der Masse zur »neuen Linie« bewirkten. Das ist der Ausgangspunkt für das Linienornament im Jugendstil. Das neue Linienornament wird, wie auch die historischen Ornamente, »aus der Anschauung eines Kräftespiels heraus geboren«, es kommt in ihm die der »konstruktiven Linie innewohnende Kraft« (van de Velde 1910.2, 71) zur Sichtbarkeit.

Im Jugendstil wurde so die geschwungene, dynamische und organische Linie zum Medium, um die innere Spannung der Dinge zur Sichtbarkeit und Erkennbarkeit zu bringen. Organik heißt hier aber nicht Natur oder Naturähnlichkeit, sondern dass die Dinge sich dynamisch aus der den Prozessen innewohnenden Logik heraus entwickeln. Frank Lloyd Wright sprach auch von der »Integrität« (Wright 1963, 47) der organischen Architektur. Es schließen sich dabei Abstraktion und Organik keineswegs aus. Im Gegenteil, Organik ist ja nicht mimetische Nachahmung, sondern Übertragung der inneren Prinzipien in architektonische, wahrnehmbare Form und gründet daher von sich aus in einem Prozess der Abstraktion.

Die Analogie zwischen der Linearität der Eisenkonstruktionen und der Linearität von Pflanzenstängeln und Stielen bot sich für die neuen Ornamente an, sie lag irgendwie auf der Hand. Weiter meint sie aber nichts. Dennoch stehen die neuen Ornamente in der Traditionslinie des klassischen Ornaments, nicht formal, sondern konzeptuell. Sie stehen, wie van de Velde anmerkte, in der Tradition der »Baumeister der griechischen Tempel [...] Die Anschwellung der Säule, die unmerkliche Konvexität der Linie des Stylobat, die Kannelüren, die Neigung der Säulen geben uns Auskunft über dies Raffinement.« (van de Velde 1910.2, 71) Der moderne Architekt müsse für das Linienornament in derselben Richtung suchen wie die Baumeister der Antike. Unabhängig vom jeweiligen Material und der jeweiligen Zeit liegen die Bedingungen für das Ornament in den Produktionsbedingungen und ihrer Sichtbarmachung mittels Architektur.

Gleichzeitig eröffnete sich mit dem Linienornament eine neue Dimension, es kam mit der freien Linie ein imaginäres und poetisches Moment in die Architektur. Dabei löste sich das Linienornament nach und nach aus der Bindung an Konstruktion und Material und konnte so zum Objekt freier künstlerischer Inspiration werden. Das geschah mit den wuchernden Linienornamenten von Victor Horta (1861–1947) oder Joseph Maria Olbrich (1867–1908). Olbrich war der Architekt des Wiener Secessionsgebäudes (1897) und der Darmstädter Künstlerkolonie. Vor allem in seinem eigenen Haus in Darmstadt entwickelten die Pflanzenornamente eine exzessive Eigendynamik. Wild wuchernd, ins Groteske umschlagend, überziehen sie das Haus mitsamt allen Einrichtungsgegenständen, seien es Teelöffel oder der Briefkasten, nichts blieb von Olbrichs Ringen mit dem *horror vacui* verschont.

Loos: Evolution der Kultur

Adolf Loos (1870–1933) nimmt in den Debatten um das Ornament eine besondere Stellung ein, nicht zuletzt wegen seines vielfach missverstandenen Aufsatzes *Ornament und Verbrechen* (1908). Seine Position lässt sich aber nicht, wie ihm immer wieder unterstellt wird, auf eine generelle Gegnerschaft zum Ornament reduzieren. Loos lehnte das Ornament nicht pauschal ab, es ging ihm dagegen um das »entfernen des ornaments aus dem gebrauchsgegenstande« (Loos 1962, 277) – um nicht mehr, aber auch nicht weniger.

Gegenüber seinen Zeitgenossen zeichnet Loos aus, dass er in seiner Theorie des Ornaments keinen Bezug auf die Maschine nahm. Umgekehrt war für ihn das Ornament aber auch keine Frage allein der Ästhetik. Seine Ornamenttheorie konzipierte er dagegen als Theorie der Kultur. Loos verfolgte drei Argumentationslinien: 1. In *evolutionstheoretischer Perspektive*, auf der Grundlage von Charles Darwins (1809–82) Evolutionstheorie, sah er das Ornament als Teil der *phylogenetischen Entwicklung* des Menschen. Davon unterschied er 2. eine *psychoanalytische Perspektive*, auf Grundlage von Sigmund Freuds (1856–1939) Psychoanalyse, mit der er das Ornament in die *psychologische Entwicklungslinie* des Menschen stellte, und 3. die *kulturgeschichtliche Perspektive der Intellektualisierung der Wahrnehmung*.

Die Intellektualisierung der Wahrnehmung thematisierte Loos gleich zu Beginn von *Ornament und Verbrechen*. »Wenn der mensch geboren wird, sind seine sinneseindrücke gleich denen eines neugeborenen hundes. Seine kindheit durchläuft alle wandlungen, die der geschichte der menschheit entsprechen. Mit zwei jahren sieht er wie ein papua, mit vier jahren wie ein germane, mit sechs jahren wie Sokrates, mit acht jahren wie Voltaire.« (Loos 1962, 276) Für seine eigene Zeit ergänzte Loos noch die slowakische Bäuerin und den Schuster, auf die als letzte Stufe der moderne Großstädter folgt. Als Teil der kulturgeschichtlichen Entwicklungslinie skizzierte Loos hier einen Prozess der Intellektualisierung der Wahrnehmung.

Darüber hinaus sah Loos das Ornament eingebettet in die *phylogenetische oder gattungsspezifische Entwicklungsgeschichte* des Menschen. Ihm zufolge entstand das erste Ornament als Tattoo. Bei dieser Annahme bezog er sich auf Owen Jones (1809–74) und sein Buch *Grammatik der Ornamente* (1856). Unter dem Einfluss der ersten Weltausstellung in London 1851 präsentierte das Buch eine Sammlung von Ornamenten der unterschiedlichsten Weltkulturen. Darin führte Jones die Ursprünge des Ornaments auf die Technik der Tätowierung zurück, so wie sie bei manchen Völkern damals noch praktiziert werde. Dahinter stand die Überzeugung, dass der moderne Mensch in den »wilden Stämmen« einer frühen Stufe seiner eigenen Entwicklungsgeschichte gegenüberstehe.

»Der drang, sein gesicht und alles, was einem erreichbar ist, zu ornamentieren, ist der uranfang der bildenden Kunst. Es ist das lallen der malerei« (Loos 1962, 276 f.), so Loos. Im Laufe der phylogenetischen Entwicklung des Menschen habe sich das Tattoo vom menschlichen Körper gelöst und sei, jetzt als Ornament, den unterschiedlichen Artefakten und Geräten appliziert worden. Dieses sei in der Folge selber nach und nach durch die Kunst abgelöst worden, die komplexere Gefühle und Inhalte zur Darstellung bringen kann. Der moderne Mensch habe die Kunst, er benötige das Ornament nicht mehr, um sich auszudrücken. Weil es zu schematisch und zu einfach ist, muss er das Ornament nun ablehnen und geht »nach des tages last und mühen zu Beethoven oder in den Tristan« (Loos 1962, 287).

Das eigentliche Problem für Loos bestand darin, dass der moderne Mensch, der abends die neunte Symphonie von Beethoven hört und sich anschließend hinsetzt, »um ein tapetenmuster zu zeichnen, entweder ein hochstapler oder ein degenerierter« (Loos 1962, 287) sein müsse. Für Loos ist das Regression auf eine schon überwundene Entwicklungsstufe. Die Zeichner von Tapetenmustern – das sind für Loos die Jugendstilarchitekten – kehren die Entwicklungslogik der Natur mutwillig um. So wird das Ornament zum Verbrechen. Was in frühen Entwicklungsstadien der Menschheit »natürlich ist, das ist beim modernen menschen eine degenerationserscheinung« (Loos 1962, 277).

Loos' Ornamenttheorie verdankt ihre stärksten Impulse aber der Psychoanalyse Freuds. Mit ihr erweiterte Loos die Ornamenttheorie zu einer allgemeinen Kulturtheorie und knüpfte dabei an Freuds Theorie der Triebsublimierung und -verdrängung an. 1900 war Sigmund Freuds *Traumdeutung* erschienen. In dem späteren Aufsatz *Das Unbehagen in der Kultur* (1930) untermauerte Freud seine Annahme, dass Triebsublimierung wie auch Triebverdrängung ein »hervorstechender Zug der Kulturentwicklung« (Freud 1993, 92) sei. Darauf nahm Loos Bezug, indem er das Ornament als Medium der Triebsublimierung konzeptualisierte. »Das erste ornament, das geboren wurde, das kreuz, war erotischen ursprungs.« Das Ornament sei »das erste kunstwerk, die erste künstlerische tat, die der erste künstler, um seine überschüssigkeiten loszuwerden, an die wand schmierte. Ein horizontaler strich: das liegende weib. Ein vertikaler strich: der sie durchdringende mann. Der mann, der es schuf, empfand denselben drang wie Beethoven, er war in demselben himmel, in dem Beethoven die neunte schuf« (Loos 1962, 277), so Loos' provokante These.

Diese ist aber durchaus ernst zu nehmen. Mittels Ornamenten eignet sich der Handwerker die Artefakte, die er herstellt, wie

Schuhe, Anzüge und Kleider, aber auch Gebäude triebökonomisch im jeweiligen soziokulturellen Kontext an. Ohne die Ornamente wäre die Arbeit des Handwerkers nur etwas Technisches und Funktionales, seine Arbeit bliebe ihm äußerlich. Er würde lediglich ein handwerklich perfektes Objekt herstellen. Durch den ornamentalen Überschuss gelingt es ihm aber, sich das technische Objekt innerhalb der jeweiligen Kultur individuell anzueignen. So wächst den Objekten ein kultureller Mehrwert zu, mittels der Ornamente findet, wie man mit Hans-Georg Gadamer (1900–2002) sagen kann, ein »Zuwachs an Sein« (Gadamer 2006, 246) statt.

Während das Ornament Medium der Triebsublimierung ist, steht die Verdrängung des Ornaments aus dem Gebrauchsgegenstand auf der Seite der Triebverdrängung. Für Freud sind Triebverdrängung und Triebkontrolle Grundlagen für die Bildung von Gemeinschaft. In Gesellschaft und in der Öffentlichkeit unterdrückt der Mensch seine Triebe, er trägt, wie Loos an Freud anknüpft, seine Kleidung wie eine Maske, er zeigt nicht – oder nur mittels Details – sein Innerstes. Dasselbe Prinzip gilt auch für das moderne private Wohnhaus, woraus für dessen Gestaltung entsprechende Prinzipien folgen. So sind Loos' Wohnhäuser wie Haus Scheu (1908) oder Haus Müller (1930) nach außen ornamentlos und maskenhaft weiß, während sich im privaten Inneren vielfältige Ornamente, Kopien von antiken Möbeln, Teppiche und dergleichen finden.

Die Maskenhaftigkeit beschrieb zur selben Zeit auch Georg Simmel (1858–1918) als charakteristisch für den modernen Großstädter. In *Die Großstadt und das Geistesleben* (1903) sprach Simmel vom »intellektualistischen Charakter des großstädtischen Seelenlebens« (Simmel 1995, 117). Mit einem blasierten und maskenhaften Gesichtsausdruck schütze sich der Bewohner der modernen Großstadt vor den vielfältigen und verwirrenden Sinneseindrücken, die auf ihn einwirken. Hinter der Blasiertheit verberge er sein komplexes, »labyrinthisches«, modernes Inneres.

Man sollte es nicht unterschätzen, aber der Ornamentverzicht, die weiße Wand und die einfachen geometrischen Formen sind motiviert von der modernen Sehnsucht nach der Klassik – oder wie Nietzsche feststellte: »Wie einfach waren in Griechenland die Menschen sich selber in ihrer Vorstellung! [...] Wie labyrinthisch aber auch nehmen sich unsere Seelen und unsere Vorstellungen von den Seelen gegen die ihrigen aus!« (Nietzsche 1999.2, 151 f.) Das zeige sich in der griechischen Architektur. Man müsse immer wieder erstaunt sein, »mit wie kleinen Massen die Griechen etwas Erhabenes auszusprechen wissen und auszusprechen lieben« (Nietzsche 1999.2, 151). Das Erhabene im Kleinen, im Gegensatz zum Erhabenen des Historismus, wird dann auch zum Leitmotiv der Moderne.

Was für die privaten Wohnhäuser gilt, gilt aber nicht im selben Maße für Rathäuser, Verwaltungsgebäude, Ministerien, Kirchen oder Museen. Als öffentliche Gebäude sind sie symbolische Bedeutungsträger einer Gemeinschaft und nicht Objekt der individuellen Triebsublimierung oder -verdrängung. Deshalb sind Ornamente angebracht. So entwarf Loos – zur Zeit der Niederschrift von *Ornament und Verbrechen* – ein Kriegsministerium (1908) im klassizistischen Stil und später ein Hochhaus für die Zeitung *Chicago Tribune* (1922) in Form einer überdimensionalen dorischen Säule. Konsequenterweise sind umgekehrt im Haus Goldman & Salatsch (1912), oft auch »Michaelerhaus« oder »Looshaus« genannt, die oberen Geschosse, die dem Wohnen dienen, weiß verputzt und ornamentlos. Das Erd- und Mezzaningeschoss, in denen sich ursprünglich das Bekleidungs- und Schneidergeschäft Goldman & Salatsch und damit eine öffentliche Funktion befand, sind dagegen mit Marmor verkleidet. Vor dem Eingang des Geschäfts stehen, ohne Tragfunktion und damit als Inbegriff des Ornaments, vier dorische Säulen.

Kritische Theorie des Ornaments

Mit direktem Bezug auf Loos' Theorie der Moderne erweiterte Theodor W. Adorno (1903–69) in seinem Vortrag *Funktionalismus heute* (1965) die Ornamenttheorie zu einer *Kritischen Theorie des Ornaments.* Die älteren Ornamenttheorien hätten, so Adorno, »an der allzu schlichten Antithese« (Adorno 1998.2, 378) von Rationalem und Irrationalem, Vernunft und Emotion, Funktion und Ornament gekrankt. Aber Gegensätze schließen sich, wie Adorno fortfährt, nie aus, Notwendiges und Überflüssiges, Zweckhaftes und Zweckfreies lassen sich in den Dingen nicht absolut voneinander trennen.

Die These von Adornos *Kritischer Theorie des Ornaments* ist, dass im Ornament das Funktionale und Symbolische in besonderer Weise aufeinander bezogen sind. »Was gestern funktional war, kann zum Gegenteil werden«, Ornament ist, was erst »Symbol, dann Ornament, endlich überflüssig« (Adorno 1998.2, 382) ist. Wo er von der »geschichtliche[n] Dynamik im Begriff des Ornaments« (Adorno 1998.2, 376) sprach, skizzierte Adorno das, was man als symbolische Reihe des Ornaments bezeichnen kann. Mit ihr brachte er das Ornament in die Perspektive einer umgekehrten Entwicklungslogik von Technik und Maschine.

Am Anfang der Reihe steht das Artefakt, das als technisch Avanciertes ein Versprechen für eine bessere Zukunft enthält. Als ein solches ist es Symbol seiner Zeit. Mit der beschleunigten Entwicklungsdynamik der Moderne aber veraltet das technisch Avancierte und verliert zusammen mit seiner Funktionalität seinen symbolischen Status. Das veraltete technische Artefakt wandelt sich zum Ornament, dessen Funktion nun die mahnende

Erinnerung an das ursprünglich in ihm enthaltene Zukunftsversprechen ist. Man kann von einer Memorialfunktion sprechen. Wo das Ornament dann im nächsten Stadium selbst diese Funktion verliert, wandelt es sich – funktionslos, wie es dann ist – zu etwas Überflüssigem, das die Entwicklung hemmt und deshalb abgeschafft werden muss.

In Umkehrung seiner klassischen Konzeption hat das Ornament nun seinen gar nicht mehr so mythischen Ursprung in einem sachlichen, ja technischen Objekt. Ohne dass dieses sich verändert, allein aus der Entwicklungsdynamik der Moderne, wandelt sich das positiv besetzte Symbol zum Ornament. Hier wird das Verbindende wie auch das Trennende zu den älteren Ornamenttheorien sichtbar. Bei Gottfried Semper ist das Ornament auch als »Resultierende« konzipiert, aber als Resultierende eines Herstellungsprozesses durch den Handwerker. Adorno zeigt dann, wie im Maschinenzeitalter das Ornament allein eine Funktion der fortschreitenden Zeit und des ihm immanenten Entwicklungspotenzials ist, was das technisch avancierte Objekt vom anfänglichen Symbol in ein Ornament transformiert.

Hier zeigt sich das kritische Potenzial des Ornaments. Die Memorialfunktion des Ornaments besteht nicht im nostalgischen, sondern im kritischen Rückbezug auf die Vergangenheit. Das Ornament erinnert an das im technischen Gehalt des Objekts einstmals enthaltene Versprechen auf Fortschritt und Emanzipation. Wie zum Beispiel im Eiffelturm oder Centre Pompidou: Beide Gebäude wurden mit den jeweils fortgeschrittenen Technologien und als Symbole des Glaubens an die Zukunft erbaut, der Eiffelturm 1889 zur Hundertjahrfeier der Französischen Revolution, das Centre Pompidou 1977 als Zeichen des Modernisierungs- und Aufbruchswillens der französischen Nation. Beide Gebäude sind im digitalen Zeitalter in die Jahre gekommen, mit ihrer jeweiligen Maschinenästhetik besetzen sie in der symbolischen Reihe heute die Stelle des Ornaments, insofern sie nur noch an das vormals mit ihnen verbundene Zukunftsversprechen erinnern.

In einem zweiten Schritt werden die Ornamente selbst zum Objekt der Kritik. Das geschieht immer dann, wenn sie selbst in ihrer ornamentalen Funktion nicht mehr zwischen der gelebten Gegenwart und der einst versprochenen, jetzt aber vergangenen Zukunft vermitteln können. Das war der Fall mit den klassischen Ornamenten gegen Ende des 19. Jahrhunderts. Die Kritik der Protagonisten der Moderne an ihnen war so viel wie »Kritik an dem, was [endgültig] seinen funktionalen und symbolischen Sinn verloren hat und als verwesend Organisches, Giftiges übrig« (Adorno 1998.2, 376 f.) geblieben ist. Dies galt für die Ornamente von Gotik, Barock oder Klassizismus. Zu weit lag ihre Zeit als Funktionales und Symbolisches zurück, als dass die Gegenwartspraxis der Moderne in ihrem Namen noch auf Defizite hätte kritisch befragt werden können. Daher die Aversion der Moderne gegen sie, nicht aus ästhetischem Kalkül, sondern aus ihrer doppelten Funktionslosigkeit heraus, die sie in den Augen der Moderne zu einem verwesend Organischen, Giftigen, die Entwicklung Hemmenden werden ließ, das eben nur noch abgeschafft werden konnte.

Überschuss an Form

Adornos Erkenntnis war, dass kein Objekt in der Rationalität seiner Zwecke aufgeht. Selbst dem sachlichsten Objekt ist ein »illusionäre[s] Moment an der Zweckmäßigkeit als Selbstzweck« (Adorno 1998.2, 379) eingeschrieben. Es gibt keine praktische Form, »die nicht neben ihrer Angemessenheit an den Gebrauch, auch Symbol wäre« (Adorno 1998.2, 382). So sachlich wie auch immer konzipiert, besitzt jedes Objekt einen Überschuss an Form, durch den es als Traumhaftes, Illusionäres und Irrationales zum »Ausdruck« oder »kollektiven Bild der Epoche« (Adorno 1998.2, 381) werden kann.

Dass die Funktion nicht ohne Rest in der Form aufgeht, tritt oft erst hervor, wenn aus der zeitlichen Distanz der Schein der Sachlichkeit von der Form abgefallen ist. So war Wolfgang Pfleiderer, wie er in einer Schrift zur Werkbundausstellung mit dem Titel *Die Form ohne Ornament* (1924) feststellte, von der sachlichen Notwendigkeit der Form eines Hammers überzeugt: »Das Größenverhältnis des Hammerkopfes zum Stiel, die Form des Kopfes mit seiner Zuspitzung am einen Ende, die Form des Stiels, der sich nach oben verjüngt und im Querschnitt oval ist: da ist nichts Willkürliches, nichts Überflüssiges, nichts Spielerisches; da ist strenge Notwendigkeit in jeder Linie; das schließt sich alles zusammen zum reinen, vollkommenen Abbild des Zweckes.« (Pfleiderer 1924, 6) Seither hat sich mit den veränderten Herstellungsverfahren, neuen Materialien (Stahl, Kunststoffe etc.) und internationalen Märkten auch die Form der Hämmer ausdifferenziert. Hämmer werden heute in den Baumärkten in den unterschiedlichsten Formen angeboten. Das lässt den Überschuss an Form des vor hundert Jahren noch so sachlichen wie einfachen Hammers hervortreten.

Heute erkennen wir in den ergonomisch gestalteten, in ihrer Form scheinbar zwingend notwendigen Gebrauchsgegenständen der 1970er Jahre, wie zum Beispiel an Scheren mit ihren aufwendig gestalteten Griffen, die oft unbewussten und dennoch prägenden stilistischen Vorlieben ihrer Zeit. Die Wiederentdeckung des Überschusses an Form, der das Potenzial für die freie Gestaltung überhaupt in sich birgt, wurde dann zu einem der treibenden Motive der Postmoderne. Im Überschuss an Form ließ man die Dinge wieder Geschichten erzählen, so fragwürdig die Geschichten, die da erzählt wurden, selbst zum Teil auch waren.

Dafür steht das Design der Gruppe *Memphis*, die 1980 von Ettore Sottsass (1917–2007), Michele De Lucchi (*1951) und Matteo Thun (*1952) gegründet wurde.

In der Rückschau zeigt sich, was sich einst als zweckmäßig ausgab, der Überschuss an Form als ornamentaler Überschuss und, wie man mit Abstand erkennen muss, als Stil einer Zeit. Mit Lambert Wiesing (*1963) kann man feststellen: »Es gibt kein Artefakt ohne Stil.« (Wiesing 2005, 126) Das lässt sich besonders gut an Maschinen wie etwa Automobilen zeigen, die mit ihrem Anspruch auf technische Avanciertheit oft Symbole ihrer Zeit sind. Als 1963 der erste Porsche 911 auf den Markt kam, hatte im Design alles technisch-funktional bedingt zu sein, so jedenfalls musste es den Zeitgenossen erscheinen. Was sich aber als notwendig ausgab, wird heute als ornamentaler Überschuss an Form erkennbar. Ein Vergleich des Porschemodells mit dem Ligne-Claire-Stil (Wiesing 2005, 126) des belgischen Zeichners Hergé, der seine Figuren mit einer schwarzen Umrisslinie zeichnete, kann, wie Wiesing vorführt, die Augen öffnen. Die Chromleisten des Porsches tun Ähnliches wie die Linien des Comiczeichners. Sie rahmen alle technischen Details wie Scheinwerfer, Lufteinlässe oder Fenster ein. Dasselbe gilt für die verchromten Stoßstangen. Aus der zeitlichen Distanz zeigt sich in ihnen der zeittypische ornamentale Überschuss an Form, mithin der Stil im Design.

Als Ornament wird sichtbar, was, »in einer vorgegebenen Sprache eines Materialbereichs, noch als notwendig sich auswies«, aber seinen formalen Überschuss zu erkennen gibt, sobald es »in jener Sprache, dem, was man gemeinhin Stil nennt, nicht mehr sich legitimiert« (Adorno 1998.2, 376). So erscheinen heute die experimentellen Pavillons von Achim Menges (*1975) durch und durch aus der Notwendigkeit der parametrischen Entwurfsverfahren, den eingesetzten Technologien und Robotern heraus entwickelt zu sein. Alles gibt sich, wie beim Porsche 911, als sei es aus den Verfahren heraus motiviert. Was dagegen in ihnen an ornamentalem Überschuss an Form und mithin Stil enthalten ist, bleibt vorerst unerkannt.

Das ist es, was das Ornament vom Muster unterscheidet. Muster können geometrischer, freier oder bildhaft-ikonischer Natur sein wie das Blattmuster einer Jugendstiltapete, der Moiré-Effekt eines Pavillons von Jun Aoki oder der Tarnanstrich eines Kriegsschiffs. Pop-Art- und Op-Art-Elemente, wie sie Teil der Architektur der 1970er Jahre waren, gehören auch dazu. Es ist charakteristisch für das Muster, dass es als reines Wahrnehmungsphänomen seinen Status nicht ändert, es steht außerhalb der Entwicklungsdynamik der Kultur und bleibt sich gleich.

6. Sprache

A Stil

Stil ist ein schwieriger Begriff, weil Stil nur im Plural denkbar ist, und umso mehr, als mit Bazon Brock (*1936) festgestellt werden muss, »daß Stile nicht gemacht werden, sondern entstehen« (Brock 1986.2, 61). Diese Beobachtung korrespondiert mit Adolf Loos' (1870–1933) Überzeugung, dass – als Träger von Stil – Ornamente nicht erfunden werden können. Dies doch getan zu haben sei das Grundübel und Verbrechen von Jugendstil und Wiener Secession gewesen und habe deren Stillosigkeit offenbart. Stile sind am Ende immer das Resultat von stilprägenden Kräften, von denen man nicht wissen kann, wie sie genau wirken. Die Schwierigkeit ist, dass ihre Gesetze nur im Nachhinein formuliert werden können, nicht aber im Prozess des Entstehens selbst, während Theorie und umso mehr eine Theorie des Stilwandels »sich gerade auch prospektiv bewähren müßte« (Brock 1986.2, 61). Da die Architektur hinsichtlich der Konzeption im Entwurf, der Herstellung im Bauprozess und der Aneignung im Gebrauch aus Prozessen besteht, ist sie zu jedem Zeitpunkt immer auch Arbeit am Stil. Jede architektonische Tätigkeit ist stilbildend. Den Stil verbessern heißt dabei, mit Friedrich Nietzsche, »den Gedanken verbessern, und gar Nichts weiter!« (Nietzsche 1999.1, 610) Dieses »gar Nichts weiter« aber macht gerade die Stile aus. Sie sind das Medium, in dem Erkenntnis möglich wird, wie sie auch das Medium sind, durch das die solchermaßen gewonnene Erkenntnis kommuniziert werden kann. Auch die Schönheit des Stils ist Resultat eines Erkenntnisprozesses, was umgekehrt zugleich heißt, dass die Stile nicht einfach abgeschafft werden können. Das wirft auch ein neues Licht auf die Frage der Stillosigkeit. Stillosigkeit ist weder denkbar noch praktizierbar. Eine Theorie des Stils hätte darauf zu reagieren, dass in den Arten und Weisen des Gedacht-, Gemacht- und Gebrauchtwerdens der Architektur der Keim zum Stil liegt und in ihrer Veränderung jener zum Stilwandel.

Stil und Stile

Stil ist weit mehr als ästhetisches Beiwerk. Unter Stil lässt sich ein spezifischer Habitus des Denkens, Machens und Handelns verstehen. Zweierlei kann damit gemeint sein, einerseits die individuelle Form des Denkens, Machens und Handelns, die man auch als Individualstil bezeichnen kann, und andererseits das verbindliche Regelwerk, dem sich eine größere Anzahl von Akteuren in ihrem Denken, Machen und Handeln verpflichtet fühlt. Man kann hier vom Kollektivstil sprechen wie vom Barockstil oder vom Stil der Gotik. Diese Stile können gleichzeitig auch ganzen Epochen den Namen geben, in denen ein bestimmter Habitus und eine bestimmte Form, als deren Ausdruck diese Stile verstanden werden können, prägend sind. In seltenen Fällen können auch Individualstile diese Funktion übernehmen, wie dies zum Beispiel bei der Makart-Zeit der Fall ist, die nach dem Maler Hans Makart (1840–1884) benannt ist, oder bei der nach dem Architekten Karl Friedrich Schinkel (1781–1841) benannten Schinkel-Zeit.

Individual- und Kollektivstil stehen zueinander in Beziehung, der Individualstil setzt sogar die »Konstruktion eines Kollektiv-

bzw. ›Zeitstils‹ voraus, im Verhältnis zu dem dieser dann als je besondere Ausprägung bzw. individuelle Abweichung erscheint« (Rosenberg 2003, 642). Nach Georg Simmel (1858–1918) ist der »Stil ein Allgemeinheitsprinzip [...], das sich mit dem Individualitätsprinzip entweder mischt oder es verdrängt oder vertritt« (Simmel 1997.1, 376). Dabei sind beide reziprok aufeinander bezogen, so dass, wenn man avantgardistisch gewendet vom Stilbruch spricht, das Neue an dasjenige gebunden bleibt, mit dem es scheinbar gebrochen hat.

Auffallend ist, dass die heutigen Diskussionen die Frage des Stils zu vermeiden suchen. Hier artikuliert sich eines der Klischees, das in der Moderne einen Epochenschnitt sehen möchte, mit dem, im Gegensatz zum Klassizismus des 18. Jahrhunderts, die Architektur nicht allein von den Manierismen des Historismus, sondern vom Stil schlechthin befreit werden sollte. Gleichzeitig muss man nüchtern feststellen, dass gerade das, was nicht ausgesprochen werden soll, als Unterdrücktes im Unbewussten arbeitet, dass man also gerade in der verhinderten Rede vom Stil »zwangsläufig den wichtigsten Motor der Gestaltung ahnen muss« (Moravánsky 2003, 7).

Für den Klassizismus stand immer die »Vielzahl an Stilen für eine Vielzahl an Fehlern« (Brückle 2003, 674), die entgegen Nietzsches Erkenntnis den Gedanken eher verunklaren. Stil kann erkenntnisfördernd, in seiner Abwesenheit aber auch hemmend sein. Stil kann aber auch ein Medium der Dissimulation, des Verdeckens und Enthüllens sowie Spiel mit dem Rätselcharakter und Geheimnis sein. Das ist sowohl in der stilistischen Vielfalt wie auch in der stilistischen Einheit möglich, wie sich an der Architektur der großen Architekten Carlo Scarpa (1906–1978) und Ludwig Mies van der Rohe (1886–1969) zeigt.

Dennoch ist der Stil das »umfassende Moment, durch welches Kunst Sprache wird« (Adorno 1998.1, 305), wie Theodor W. Adorno (1903–1969) in der *Ästhetischen Theorie* schrieb. Das gilt nicht weniger für die Architektur. Ohne die Anwendung des Stils durch die Autoren, in der jeweiligen individuellen Interpretation der Regeln, bliebe die Sprache lediglich ein Regelwerk, normativ und tot. Das ist die Position der modernen Modernekritiker der 1960er Jahre, nach der die Architekten der Moderne mit den Stilen die Grundlagen der Sprache aufgegeben hätten, aber wegen des Mangels an Ersatz in den Schemata dessen gefangen geblieben seien, was sie gerade abzuschaffen gehofft hätten, also in Stilen, vor allem im Klassizismus.

Das war die Position von Bruno Zevi (1918–2000) in *The Modern Language of Architecture* (1978): »Die meisten Leute, die heute mit dem Entwerfen und dem Bauen zu tun haben, können kaum mehr als stammeln«, konstatierte Zevi, »sie wissen nicht, wie man spricht.« (Zevi 1978, 3) Zevi war der Meinung, dass die Moderne ihr stilistisches Potenzial noch nicht ausreichend entwickelt habe, sie habe sich nicht wirklich vom klassizistischen Erbe gelöst, was sie daran gehindert habe, zu einer eigenen Sprache zu finden.

Maschine als Vernichter des Stils

Gleichwohl wäre es eine starke Verkürzung, die Frage des Stils allein auf der Seite des Architekten und des individuellen Ausdrucks von Gedanken und Ideen zu sehen. Hier setzte Gottfried Semper (1803–1879) an. In *Über Baustile* (1869) stellte er dazu fest, dass Stil die »Übereinstimmung einer Kunsterscheinung mit ihrer Entstehungsgeschichte [ist], mit allen Vorbedingungen und Umständen ihres Werdens« (Semper 1966.1, 107). Die Stile sind Resultat der Herstellungsprozesse. »Vom stilistischen Standpunkt aus betrachtet«, so Semper, tritt die Architektur »uns nicht als etwas Absolutes, sondern als ein Resultat entgegen. Stil ist der

Griffel, das Instrument, dessen sich die Alten zum Schreiben und Zeichnen bedienten, daher ein sehr bezeichnendes Wort für jeden Bezug zwischen der Form und der Geschichte ihrer Entstehung« (Semper 1966.1, 107).

Stil ist ein Gemachtes, das seinen Ursprung in den Prozessen des Gedacht- und Gemachtwerdens der Architektur hat, im Akt des Zeichnens mit dem Griffel, in der Entstehung der Gedanken beim Zeichnen, aber auch im Akt des Bauens mit einem spezifischen Material. Stil ist also vom Material nicht unabhängig, vielmehr bringt das Material seinen Eigensinn stilbildend ein. Semper ging von einer gegenseitigen Abhängigkeit von Material und Stil aus und meinte damit nichts anderes, als dass im Stil das Material Mitspracherecht an der Gestaltung hat, ja dieses ständig einfordert und auch durchsetzt. Er formulierte dies, lange bevor der Begriff »Agency« aufkam und mit der Actor-Network-Theory den Dingen eine aktive Gestaltungskraft zugestanden wurde.

In diesem Sinne war es die Maschine, in der Semper den großen Vernichter des Stils sah. Semper beobachtete, dass die Maschine die Tendenz hat, sich über das Material hinwegzusetzen und dieses gar zu vernichten. Denn mit der Maschine schneidet sich »der härteste Porphyr und Granit [...] wie Kreide, poliert sich wie Wachs, das Elfenbein wird weich gemacht« (Semper 1966.2, 32). Die größere Gefahr für den Stil geht weniger vom Menschen als von der Maschine aus, denn sie vernichtet die Eigenschaften des Materials, vernichtet so nichts weniger als die Grundlage des Stils und damit die Ausdrucksfähigkeit des Architekten.

Mit der Stilfrage steht immer alles auf dem Spiel. Der Historiker Aloys Hirt (1759–1837) hatte dies in seiner Schrift *Baukunst nach den Grundsätzen der Alten* (1809) in großer Klarheit formuliert. Die Architektur begründe sich, bei aller Innovation, immer auch historisch. Sie sei »nicht unsre Erfindung, sondern als ein Erbgut von andern Völkern auf uns gekommen« (Hirt 1809, III). Als Artefakt ist die Architektur ein Resultat nicht nur der unmittelbaren Herstellungsprozesse, sondern auch der eigenen Entwicklungsgeschichte. Stil ist nie Erfindung, insofern jedes konstruktive Detail, so nebensächlich es auch sein mag, einen historischen Index in sich trägt. Und dieser historische Index ist der Stil.

Deswegen war der Historismus für das 19. Jahrhundert von so zentraler Bedeutung. Als historische Indexe waren die Stile symbolische Form und Ausdruck der historischen Legitimation des zu politischem Selbstbewusstsein gekommenen Bürgertums. Paradoxerweise standen gerade die neuen Materialien Eisen und Glas für den ökonomischen Aufstieg und die politische Emanzipation des Bürgertums, während sie sich gleichzeitig dem Bedürfnis nach Stil zu entziehen schienen. Das Eisen, das in flüssigem Zustand verarbeitet wird und in jede beliebige Form gegossen werden kann, stand außerhalb des überlieferten Verständnisses von Stil. »Als konstruktiver Stoff seiner Natur entsprechend in schwachen Stäben und zum Teil in Drähten angewendet«, so Semper, entziehe sich das Eisen »dem Auge umso mehr [...], je vollkommener die Konstruktion ist« (Semper 1966.3, 22). Es entzieht sich dadurch aber nicht nur dem Auge, sondern auch der Geschichte und damit der Entwicklungslogik der Architektur.

Wer hätte dann noch im ausgehenden 19. Jahrhundert mutwillig die historischen Stile über Bord werfen wollen! Man konnte auf sie erst einmal nicht verzichten. Und damit ist das Problem benannt, mit dem die Architekten im Übergang zur Moderne rangen, dass man nämlich, so berechtigt deren Abschaffung auch gewesen sein mochte, die historischen Stile nicht einfach loswerden konnte. Dazu musste erst, in einem langen Ablöseprozess, an die Stelle der alten Stile ein neuer Stil, das heißt eine neue Sprache mit zeitgenössischen Codes treten.

Henry van de Velde (1863–1957), Direktor der Weimarer Kunstgewerbeschule, die dem Bauhaus vorausging, war daher auf der Suche nach den »Vorzeichen eines neuen Stils« (van de Velde 1907, 23). Stile können nicht erfunden werden, daher konnte man nur nach den Vorzeichen des Stilwandels suchen. Dieser neue Stil sollte eben nicht auf »phantastische[r], sentimentalische[r] Schaffens- und Denkungsart« (van de Velde 1907, 2) gründen, so van de Veldes Kritik am Jugendstil, sondern allein auf »logischer, vernünftiger Konzeption« (van de Velde 1907, 2). Der neue Stil konnte sich nur auf der Grundlage von neuen Formen der Konstruktion entwickeln.

Das Bewusstsein für die Verbindung von Stil und Herstellungsverfahren, das heißt von Stil und Konstruktion, zeigt sich am *Programm des Staatlichen Bauhauses in Weimar*, das 1919, zum Zeitpunkt der Gründung des Bauhauses, das »Entwerfen von Ornamenten« (Gropius 1981 [1], 49) noch als Teil der Lehre aufführte. Erst mit der konstruktivistischen Wende des Bauhauses 1923 ersetzte Walter Gropius (1883–1969) das Entwerfen von Ornamenten durch eine »neue Werkgesinnung«. Voraussetzung für eine Sprache der Moderne war das Bekenntnis zur »entschlossenen Berücksichtigung aller modernen Herstellungsmethoden, Konstruktionen und Materialien« (Gropius 1981 [2], 90).

Sempers Bekleidungstheorie

Bezeichnend für die Situation der Architektur in der ersten Hälfte des 19. Jahrhunderts war, dass die Frage des Stils eher durch den Polychromiestreit aufgeworfen wurde als durch die neuen Technologien. Die Frage war, ob die griechischen Tempel farbig bemalt oder monochrom, in der Materialität des Steins, gewesen seien. Seit der Befreiung Griechenlands und der Krönung von Otto I. von Bayern zum griechischen König 1832 waren die klassischen Stätten der Antike für Bauforscher, Archäologen und Architekten leichter zugänglich. Infolgedessen wurden bei den Reisen der Archäologen und Architekten mehr und mehr Fragmente von Tempeln mit deutlichen Spuren von Farbresten entdeckt.

Dies stellte das Idealbild der klassischen Architektur infrage, obwohl schon Johann Joachim Winckelmann (1717–68) in seinen *Anmerkungen über die Baukunst der Alten* (1762) die Verwendung von Farben an den Tempeln bekannt war. »Etliche Gebäude wurden röthlich, andere grünlich angestrichen« (Winkelmann 1762, 63), berichtete Winckelmann, auch im Tempel der Pallas zu Plateäa war »die Mauer am Eingange vielmals bemahlet« (Winckelmann 1762, 63). Innerhalb von Winckelmanns Modell von Aufstieg und Fall der Kunst der Antike gehörte die Farbigkeit allerdings nicht dem Höhepunkt, sondern der absteigenden Linie der Kultur an.

Für die Befürworter der Polychromie wie Antoine Quatremère de Quincy (1755–1849), Jakob Ignaz Hittorff (1792–1867) oder Gottfried Semper (1803–1879) war der Polychromiestreit von großer Aktualität und keineswegs nur von historischer Bedeutung. Aktualität bekam das Thema durch die neuen Konstruktionsformen in Eisen, die die Tektonik (s. Kap. 7 A), das heißt die Idee von Kernform und Kunstform und damit die des Stils, infrage stellten. Die Polychromie in Gestalt des farblichen Überzugs über das konstruktive Material gab Semper den Anstoß zur Formulierung seiner Theorie der Bekleidung, seines wohl bedeutendsten, bis heute nachwirkenden Beitrags zur Architekturtheorie.

Für Semper entstanden die ersten Häuser als Holzgerüste, bei denen die Flächen dazwischen durch Flechtwerk unterschiedlicher Materialität ausgefacht wurden. Anschauliches Beispiel war für ihn die *karaibische Hütte*, die er 1851 in London auf der Weltausstellung gesehen hatte. Getrieben vom universalistischen Anspruch seiner Architekturtheorie glaubte er, in der *karaibischen Hütte* dem Urprinzip des Bauens schlechthin gegenüberzustehen. In einer späteren Entwicklungsphase wurden Semper zufolge dann Teppiche oder Stoffe benutzt, die man über das Traggerüst hängte und so einen Wandabschluss herstellte, der einen Innen- von einem Außenraum trennte. Dafür prägte Semper den Begriff »Teppichwand« (Semper 1860, 320).

Das Prinzip der Teppichwand hatte, so Semper, »auf den Stil der Baukunst und der anderen Künste zu allen Zeiten und bei allen Völkern grossen Einfluss« (Semper 1860, 95). Für Semper hieß das, dass in der Architektur die Tragstruktur hinter der Oberflächenwirkung der Wand zurückstehen muss und dort nur bildhaft und ornamental zur Sichtbarkeit kommen kann. Oberfläche oder Bekleidung sind die eigentlichen Elemente, mit denen architektonische Wirkung erzielt wird. Die Gestaltungsmittel der Wand müssen daher in jeder Zeit, mehr oder weniger explizit, einen Bezug zum ursprünglichen Flechten und Weben herstellen. Die Muster, die aus dem Flechten resultieren, werden dabei nach und nach zu Ornamenten und Stilfiguren überhöht. Semper hielt daran fest, dass die Behandlung der Wand auch seiner Zeit noch in einer Traditionslinie der »Teppichwand« und damit des ursprünglichen Webens stehe, so hauchdünn diese Bindung auch geworden sein mochte.

Sempers Bekleidungstheorie lässt sich auf die Analogie von Gebäude und menschlichem Körper zurückführen, wie sie prägend für die Renaissance war. Nach Leon Battista Alberti (1404–72) sollten Gebäude wie »jeder Körper aus bestimmten, ihm zugehörigen Gliedern« (Alberti 1975, IX.5) bestehen. Die einzelnen Teile der Gebäude sollten in Analogie zum menschlichen Körper harmonisch so angeordnet werden, dass sie den Gesetzen des Ebenmaßes folgen. Aber der menschliche Körper konnte, im Gegensatz zur Antike, im christlichen Kontext nicht nackt, sondern nur bekleidet dargestellt werden. So ist bei Antonio Averlino (1400–1469), genannt Filarete, auch der Erbauer der Urhütte nicht nackt – wie bei Vitruv –, sondern bekleidet. Er ist kein anderer als Adam nach der Vertreibung aus dem Paradies.

Im Unterschied zur Antike trat in der Renaissance neben die Körpermetapher die Bekleidungsmetapher. In seinem *Architekturtraktat* (1464) hatte daher Filarete schon konsequent die Fassade mit der Bekleidung verglichen. Während das menschliche Skelett der Konstruktion entspricht, hat die Fassade ihr Äquivalent in der Bekleidung. Entsprechend der Kleiderordnung einer jeden Zeit kam damit der Fassade die zusätzliche Funktion zu, den gesellschaftlichen Status des Bauherrn oder Besitzers zur Sichtbarkeit zu bringen.

An die Analogie von Gebäude und menschlichem Körper knüpfte selbst die Moderne an. Ludwig Mies van der Rohe (1886–1969) beschrieb den Skelettbau als eine Architektur aus »Haut und Knochen« (Mies van der Rohe 1986.2, 303). Und auch Le Corbusier verwies in seinen *Feststellungen zu Architektur und Städtebau* auf die Analogie zwischen Haus, Körper und Automobil. Auf der einen Seite ein »Skelett zum Tragen, Muskeln zum Handeln, Eingeweide zur Ernährung« (Le Corbusier 1987, 119), auf der anderen Seite »ein Chassis, eine Karosserie, ein Motor mit seinen Zu- und Ableitungen« (Le Corbusier 1987, 119). Diese Analogie diente ihm als Modell für die Einheit von Tragstruktur, technischem Ausbau und Fassade.

Semper strich indes den anthropologischen Begründungszusammenhang der Renaissance und unterstellte die Bekleidungstheorie allein dem konstruktiven Prinzip. Dies wurde zum Anlass des Vorwurfs des Materialismus, der ihm immer wieder gemacht wurde. Schwerer wiegt jedoch die Tatsache, dass Semper die Wand auf Kosten der Konstruktion favorisierte und dies sich hemmend auf die Entwicklung des Bauens mit Eisen und Glas auswirkte, besonders im deutschsprachigen Raum. Dass das Bauen in Eisen und Glas die Notwendigkeit der Begründung einer neuen Tradition mit sich führte, dafür muss man Semper aber zumindest eine Ahnung unterstellen, auch wenn diese aus seiner Sicht eher eine Befürchtung gewesen sein mag.

Der Einfluss der Semper'schen Bekleidungstheorie auf die folgenden Generationen von Architekten zeigt sich eindrucksvoll bei Otto Wagner (1841–1918). Mit seinem Leitsatz, dass »jede Bauform aus der Konstruktion entstanden und sukzessive zur Kunstform geworden« (Wagner 1914, 60) sei, folgte Wagner der Semper'schen Linie – zum Teil bis zum Selbstwiderspruch. Das manifestierte sich im Majolikahaus (1898) in Wien. Das Majolikahaus ist ein großstädtisches Mietshaus an der linken Wienzeile, mit dem Wagner neue Wohnungstypen entwickelte, die ihn auch dazu veranlassten, in der Fassade nicht mehr den Gestaltungsprinzipien des Historismus zu folgen, jedoch gleichzeitig an Sempers Bekleidungstheorie festzuhalten.

Nach Fritz Schumacher war das Majolikahaus »im Verhältnis zu früheren Epochen [...] aus dem Nichts der Traditionslosigkeit« (Schumacher 1991, 77) entstanden. Schumacher folgte mit diesem Urteil dem Klischee, dass die Moderne mit der Tradition gebrochen habe. Das war aber nicht Wagners Idee der Entwicklung der modernen Architektur. Bei aller Innovation wollte Wagner am Bekleidungsprinzip festhalten und machte den Schein von Bekleidung, der dem Bekleidungsprinzip immer anhaftet, zum Thema der Fassadengestaltung. Dazu dünnte er das Bekleidungsprinzip bis zum Äußersten aus. Die Fassade besteht aus Kacheln mit floralen Motiven, die – vorhangartig und schleierartig durchsichtig – vom Dachgesims herab über die Fassade herunterzufallen scheinen. Ganz im Sinne der Wiener Secession sind die klassischen Ornamente und damit die Verweise in die Geschichte durch pflanzliche Motive ersetzt. Indem die unteren Geschosse vom Schleiermotiv unbedeckt blieben, wird der Effekt des Vorhangs einerseits verstärkt, andererseits aber auch der umgekehrte Eindruck erweckt, als ob sich soeben ein Theatervorhang hebe. Darunter kommen dann, als gut inszenierter Theatereffekt, die neuen Bedingungen für die Architektur der Moderne in Form einer rationalen, rasterförmigen und ornamentlosen Lochfassade zum Vorschein.

Die Umkehrung der klassischen Ordnung

Die Überwindung der historischen Stile konnte nicht als radikaler Bruch mit den Sprachcodes, sondern nur als deren Ablösung durch neue Sprachcodes stattfinden. Zehn Jahre nach dem Majolikahaus zog Adolf Loos (1870–1933) mit Haus Scheu (1908) die Konsequenzen. Mit der glatten, weißen Fassade verzichtete er auf alle klassischen wie auch auf alle floralen Stilmittel. Dabei ließ er jedoch nicht einfach die Versatzstücke der historischen Stile weg. Im Gegenteil entwickelte er ein neues Modell für die Sprache der Moderne, indem er die Ikonizität, wie sie in den historistischen Fassaden vorherrscht, durch die Indexikalität der architektonischen Zeichen ersetzte.

Im Falle von Haus Scheu kann man von einer sprechenden Architektur oder *architecture parlante* sprechen. Dafür benutzte Loos Fenster von unterschiedlichem Format, so dass ein jedes indexikalisch auf eine spezifische Art der Nutzung dahinter wie Wohn-, Schlaf- oder Esszimmer, Küche, Bad oder Treppenhaus verweist. Im Sinne einer Minimalsprache wird so die Fassade in eine kausale Beziehung zum Programm des Gebäudes gesetzt, was nach außen indexikalisch lesbar wird. Die Fassade wird quasi zum Text, der eine Geschichte erzählt, die aber nicht mehr die der Konstruktion oder der Historie ist, sondern der konzeptu-

Peter Behrens, AEG Turbinenfabrik in Berlin (1909)

ellen Logik des Gebäudes folgt. Auch die stufenweise Abtreppung des Gebäudevolumens erzählt die Geschichte der räumlichen Organisation des Hauses.

Der eigentliche Übergang zur modernen Architektur vollzog sich aber nicht im Wohnungs-, sondern im Industriebau. Auf der einen Seite der Schwelle stand Peter Behrens (1868–1940) mit der AEG-Turbinenhalle in Berlin (1909). Obwohl es sich um einen Industriebau handelte, hielt Behrens dort an der klassischen Sprache der Architektur fest, aber in der Übertragung der Gestaltungsprinzipien von Stein auf das neue Material Stahl. Auf der anderen Seite standen Walter Gropius (1883–1969) und Adolf Meyer (1881–1929) mit dem Fagus-Werk (1911). Dieses entwarfen sie in unmittelbarem Bezug auf die Turbinenhalle, aber in Umkehrung von deren Gestaltungsprinzipien. Wo Behrens noch zögerte, überschritten sie die Schwelle zur Moderne. In der Inver-

Walter Gropius und Adolf Meyer, Fagus-Werk in Alfeld (1911)

sion der noch klassischen Gestaltungsprinzipien der Turbinenhalle entwickelten sie das Vokabular der modernen Architektur.

Für die Turbinenhalle knüpfte Behrens an Vitruvs große Erzählung der Entstehung des klassischen Stils an. Vitruv zeigte anhand des Tempels, wie der klassische Stil in der Übertragung der Prinzipien des Bauens in Holz auf das Bauen in Stein entstand. Mit der Turbinenhalle verfolgte Behrens, in einer vielleicht etwas zu simplen Analogie, eine weitere Übertragung, nunmehr der Prinzipien des Bauens in Stein auf das Bauen in Stahl und Glas.

Befremdlich für heute, machte Behrens den Tempel zum Ausgangspunkt seines Industriebaus. Entsprechend den Bedingungen des Bauens mit Stahl variierte er die Grundmotive aber doch so, dass sie weiterhin erkennbar blieben. So fanden die Säulen des Tempels ihre Entsprechung in den vor der Fassade frei stehenden Stahlstützen. Entsprechend dem statischen Prinzip wurden die Stahlstützen nach unten V-förmig zulaufend ausgebildet. Man kann darin eine Analogie zur Entasis oder mittigen Schwellung der klassischen Säule sehen. Beide Male zeigt sich in den Formen der Stützen das statische Modell, denen das Tragwerk folgt. Die Stahlstützen stehen dazu noch auf zylinderförmigen, beweglichen Auflagern. Auch das ist baukonstruktiv begründet und kann in einer analogen Beziehung zur wulstartigen Figur der klassischen Säulenbasis gesehen werden.

Im Unterschied aber zum Tempel ließ Behrens in der Turbinenhalle das Interkolumnium, also den Raum zwischen den Stützen, nicht frei, sondern schloss es mit einer Glaswand, die an der Innenseite der V-förmigen Stützen anschließt, so dass der Eindruck entsteht, die Stützen würden dennoch frei vor der Fassade stehen. So ergibt sich eine den Säulenkolonnaden analoge Reihung der Stahlstützen. Zudem behandelte Behrens auch die Stirnseite der Turbinenhalle in Analogie zum Tympanon oder Giebelfeld des griechischen Tempels. Während der Tympanon des Tempels entsprechend der Dachkonstruktion dahinter dreieckig ist, besteht das Giebelfeld in der Turbinenhalle entsprechend den die Halle überspannenden Dreigelenkbögen aus einem ebensolchen kreisförmigen Vieleck.

An einer Stelle aber verweigerte sich Behrens der sich aus den neuen Materialien ergebenden Konsequenz. Die Gebäudeecken führte er als steinerne, monumental wirkende Eckrisalite aus. Die Entscheidung für eine gläserne Ecke, die aus der Logik des gläsernen Interkolumniums hätte resultieren müssen, traf Behrens nicht. Er war noch nicht bereit, die Idee der Architektur als Monumentalbaukunst zur Gänze aufzugeben. Dennoch fügte er in die steinerne Masse der Eckrisalite horizontale Messingbänder ein. Diese dienen als zeichenhafte Hinweise darauf, dass die geschlossene Ecke keine tragende Funktion hat, dass sie nur der ästhetischen Wirkung und damit dem Schein nach massiv ist.

Gropius und Meyer nahmen mit dem Fagus-Werk auf die AEG-Turbinenhalle Bezug, allerdings in Umkehrung der gestalterischen Logik. Sie rückten die Stützen ins Innere des Gebäudes und hoben dadurch das Bild eines Tempels auf. Was übrig blieb, war das gläserne Interkolumnium, das jetzt ein großes gläsernes und rechteckiges Volumen ausbildete, welches die Erscheinung des Gebäudes prägt. Es blieb aber nicht dabei. Denn in der Achse der Stützen wird die Glasfassade durch V-förmige, vertikale Schlitze unterbrochen. Diese sind in den ockerfarbenen Klinkern des Sockels ausgeführt. Sie sind Zeichen, die einerseits, analog zur Triglyphe, die Stellung der Stützen dahinter im Gebäude anzeigen. Andererseits können sie, wo die Schlitze sich V-förmig nach oben vertiefen, auch als negativer Abdruck und imaginäre Spur der abwesenden V-förmigen Stahlstützen der Turbinenhalle gelesen werden. Sie haben also eine Zeichenbeziehung ins Innere des Gebäudes und dessen Konstruktion, wie sie auch eine Zeichenbeziehung auf ein anderes, abwesendes Gebäude, eben die AEG-Turbinenhalle haben.

Nach außen erscheint das Gebäude nun reduziert auf einen im Rhythmus der Fassadenschlitze unterbrochenen, scharfkantigen Kubus. Der Verzicht auf das Zeigen der Tragstruktur und die Betonung des scheinbar schwerelosen, gläsernen Volumens erweisen sich als Verfahren architektonischer Abstraktion. Konsequenterweise führten dann Gropius und Meyer, im Gegensatz zu Behrens, die Glasfassade um die Ecke. Es entstand die erste verglaste Ecke der modernen Architektur.

Im Übergang von der Turbinenhalle zum Fagus-Werk kann man dem Werden der Sprache der modernen Architektur zuschauen. Tatsächlich folgten die Architekten auch an anderen Stellen – im Bereich des Sockels oder des Eingangsbereichs – dem Prinzip der Inversion der klassischen Gestaltungsprinzipien. Damit lässt sich feststellen, dass die Moderne in Bezug auf Sprache und Stil nicht Tabula rasa macht, schon überhaupt nicht in ihren Anfängen. In der Negation bleibt sie den Prinzipien der Klassik verbunden, löst sich aber nach und nach daraus.

Das zeigt sich in den weiteren Projekten Gropius' wie dem Werkstattflügel des Bauhausgebäudes (1926) in Dessau, in dem sich die klassischen Referenzen verlieren. Übrig bleibt eine Sprache der modernen Architektur, die 1932 im Zusammenhang mit der ersten Ausstellung moderner europäischer Architektur in New York von Henry-Russell Hitchcock (1903–87) und Philip Johnson (1906–2005) als *International Style* bezeichnet wurde. Die Kritiker und Kommentatoren waren irritiert. Mit der Bezeichnung als Stil befürchteten sie eine Verengung der Sprache der Moderne schon im Moment ihres Entstehens auf einen ästhetizistischen und manieristischen Stil.

Die Entwicklung der Sprache der modernen Architektur vollzog sich, wie man jetzt feststellen kann, in drei Schritten. Erst hielt man, in Ermangelung eines alternativen Modells, mit Neorenaissance, Neogotik oder Neobarock an den klassischen Stilen fest und nahm dabei die Herauslösung der Stile aus ihrer ursprünglich kausalen Verknüpfung mit den sozialen, materiellen und konstruktiven Grundlagen ihrer Entstehungszeit in Kauf. Das ging mit einer dogmatischen Verhärtung der Gestaltungsprinzipien einher. Im zweiten Schritt fand eine Enthistorisierung der historischen Stile durch die Verwendung von floralen Motiven und Ornamenten statt. Dies führte zur Wiener Secession und zum Jugendstil. In einem dritten Schritt entwickelte sich dann, anfänglich aus der Inversion der klassischen Elemente, die Sprache der modernen Architektur.

B Rhetorik

Mit dem *linguistic turn* oder der sprachwissenschaftlichen Wende, die sich in den 1960er Jahren in den Geisteswissenschaften vollzog, kehrte die Rhetorik oder die Kunst der Beredsamkeit in die Architektur zurück. Neben den einzelnen Zeichen wie Türklinke, Fenster oder Dach entstand eine neue Aufmerksamkeit für den besonderen Zeichencharakter der Architektur, also dafür, dass die Architektur nicht aus einzelnen Zeichen besteht, sondern dass sie immer als komplexes Bild mit nicht weniger komplexen, zuweilen verwirrenden und widersprüchlichen Bedeutungen wahrgenommen wird. Damit rückten die verschiedenen Bildverfahren ins Zentrum, wie sie in den Wort- und Sinnfiguren der Rhetorik – Metapher, Allegorie und Metonymie einer-seits, Katachrese, Synekdoche und Analogie andererseits – beschrieben sind. Die Rückkehr der Rhetorik bedeutete eine Verschiebung innerhalb der Konzeption von Architektur, die Klarheit der Bilder trat nun zugunsten der Intensität ihrer Wirkung zurück. Grundlage dieser Entwicklung war eine neue Sensibilität dafür, dass die Architektur mit Material, Form, Oberflächenbehandlung, Farbwirkung, Figur und Kontext durch eine Vielzahl einander überlagernder Zeichenebenen geprägt ist, die in immer neuen Ordnungen in Beziehung zueinander treten. Wo dabei die Hierarchie der Zeichen sich in ständigem Umbau befindet, sind auch die Bedeutungen ständigen Transformationen unterworfen. In der Linguistik spricht man vom *floating signifier* oder vom flottierenden Signifikanten. Jacques Derrida (1930–2004) sprach von der »Struktur der Substitution«

oder der »Supplementarität« (Derrida 1983, 281). In der Architektur stehen dafür rhetorische Verfahren wie a. Mehrfachkodierung (Charles Jencks), b. Thematisierung (Oswalt Mathias Ungers) oder c. Textualität (Peter Eisenman). Mit ihnen kommt das spezifisch rhetorische Potenzial der Architektur in den Fokus.

Metapher, Allegorie, Metonymie

Mit der Rhetorik und der Sprachlichkeit kehrte die Architekturtheorie zu den Grundlagen der Architektur zurück. Die Rhetorik hatte in der Antike einen hohen Stellenwert und gehörte neben Logik und Grammatik zum Trivium der freien Künste. Sie selbst ist wiederum unterteilt in *rhetorica* (Theorie der Rede) und *oratoria* (Praxis der Rede), hat also einen theoretischen und einen praktischen Teil, wobei praktisch bedeutet, dass sie handlungsorientiert und wirkungsästhetisch ausgerichtet ist. Die Verbindung von Theorie und Praxis oder Konzeption und Ausführung verschaffte der Rhetorik ihre leitende Funktion in der Architekturtheorie.

Die Architekturtheorie der Antike, so wie sie durch Vitruvs *Zehn Bücher über Architektur* übermittelt ist, orientierte sich am Schema der klassischen Rede mit seinen fünf Bearbeitungsphasen 1. *inventio* (Erfindung), 2. *dispositio* (Gliederung), 3. *memoria* (Memorieren), 4. *elocutio* (sprachliche Darstellung) und 5. *pronuntiatio* (Vortrag). Entsprechend den spezifischen Eigenschaften der Architektur wandelte Vitruv das Redeschema indes ab. Anstelle von fünf Bearbeitungsphasen der Rede formulierte er sechs: 1. Maßordnung (*ordinatio*), 2. passende Anordnung (*dispositio*), 3. maßgerechte Erscheinung (*eurythmia*), 4. harmonische Übereinstimmung (*symmetria*), 5. fehlerfreie Erscheinung (*decorum*) und 6. zweckmäßige Einteilung (*distributio*).

Für die Architektur konnte *memoria*, also das Auswendiglernen der Rede, leicht entfallen, während *elocutio*, also die sprachliche Darstellung, bei Vitruv in *eurythmia* und *symmetria* aufging. Und *pronuntiatio*, also der Vortrag der Rede vor einem Publikum, fand bei Vitruv seine Entsprechung im *decorum* oder der fehlerfreien Erscheinung in der Architektur. *Decorum* ist daher nicht zu verwechseln mit Ornament oder dem heutigen Begriff Dekor.

Aussagekräftig für das Architekturverständnis Vitruvs ist, dass dieser die *inventio* (Erfindung), die in der klassischen Rhetorik noch an erster Stelle stand, nicht zu den Bearbeitungsphasen der Architektur zählte. Dies kann als Zeichen verstanden werden, dass die Architektur für ihn nicht so sehr eine Kunst als vielmehr eine praktische Tätigkeit war. Gebäude entstehen nach Vitruv weniger als Erfindung denn auf allgemeinen Regeln aufbauend und daraus resultierenden Überlegungen zu Konstruktion und Materialität. Diese wiederum werden von Überlegungen zu Klarheit (*perspicuitas*) und Angemessenheit (*aptum*) geleitet. Das Entwerfen als Erfindung, gar als künstlerische Erfindung des Architekten, ist eine Neuerung des 15. Jahrhunderts. Die Antike kannte dieses schöpferische Moment nicht. Selbst *eurythmia*, *symmetria* und *decorum* waren für Vitruv Elemente, die der richtigen Konstruktion dienten, sie waren mehr operative und konstruktive als ästhetische Begriffe.

Vitruv ging zwar auf die Bearbeitungsphasen der Rede ein, die rhetorischen Bedeutungsfiguren oder Tropen fanden bei ihm aber keine Erwähnung. Das ist erstaunlich, insofern einerseits Vitruv die Architekturtheorie und das Schreiben über die Architektur als Literatur verstand, für die die Tropen bedeutende Stilelemente sind, aber auch weil andererseits die Tropen durchaus ihre Anwendung in der Architektur der Antike hatten. Erhöhte Aufmerksamkeit wurde den Tropen in der Architektur dennoch erst mit dem 15. Jahrhundert zuteil. Zu den wichtigen Tropen zählen a. *Metapher* (Bildübertragung aufgrund von Ähnlichkeit), b. *Allegorie* (erweiterte Metapher) und c. *Metonymie* (Bildertausch durch Verwandtschaft). Daneben spielen d. *Katachrese* (Bildbruch), e. *Synekdoche* (Bildersetzung) und f. *Analogie* (Verhältnisschluss) in der Architektur eine nicht weniger bedeutende Rolle.

Die Tropen erweitern die Architektur bildhaft, suggestiv und lassen diese auf inspirierende Art und Weise über sich hinausweisen. Einerseits dienen sie der Beschreibung von komplexen Zusammenhängen, die sich der sprachlichen Fassung durch Begriffe entziehen, ihre Bedeutung besteht andererseits aber auch darin, dass sie Mittel zur Erzielung besonderer Wirkungen sind. Wenn Vitruv auf die Tropen nicht eingeht, ist dies ein weiterer Hinweis darauf, dass es ihm in der Architektur nicht um den persönlichen Ausdruck des Architekten ging. Und trotzdem sind Metapher und Allegorie auch der antiken Architektur bekannt, wenngleich sie nur in standardisierter Form vorkommen, zum Beispiel im anthropomorphen Bezug der dorischen, ionischen und korinthischen Säulenordnungen, die auch nur in den großen symbolischen Gebäuden, nicht aber in der Architektur des Alltags zur Anwendung kamen.

Eine Bildübertragung aufgrund von Ähnlichkeit (Metapher) liegt vor, wenn man zum Beispiel von einem Haus als modernistischer Kiste oder Schuhkarton spricht oder wenn ein Hochhaus in London aufgrund seiner besonderen Form als *The Gherkin* oder *Die Gurke* bezeichnet wird. Um eine Metapher handelt es sich auch, wenn Vitruv die Kanneluren einer Säule als Übertragungen der Falten eines Gewands in Stein und die Voluten des ionischen Kapitells als stilisierte Haare einer Frau beschreibt. Und Bildertausch durch Verwandtschaft (Metonymie) liegt dann vor, wenn man mittels Übertragung aus dem Feld der Psychologie von einem *selbstbewussten Gebäude* oder einem *ernst dreinblickenden Gebäude* spricht.

Metaphern werden oft auch in ironisch-kritischer Absicht eingesetzt wie im Fall des Olympiastadions in Peking von Herzog de Meuron, das mit der Metapher des Vogelnests bezeichnet wurde. Das ist nicht nur ein suggestives Bild, sondern kann auch als kritischer Kommentar zu der fragwürdigen und umstrittenen, weil materialaufwendigen Konstruktion verstanden werden. Mehr auf der ironischen Seite ist dagegen das Bild der *schwangeren Auster* angesiedelt, wie im Volksmund das Berliner Kongresszentrum von Hugh Stubbins (1912–2006) genannt wird. Es handelt sich um eine Bildübertragung aufgrund formaler Ähnlichkeit zwischen den Schalen einer Auster und der bogenförmigen Konstruktion des Gebäudes.

Die Verbindung von Auster und dem Epitheton *schwanger* folgt dagegen dem Modell der Katachrese. Die Katachrese zeichnet aus, dass in ihr nicht zusammengehörige Wörter oder Bilder mehr oder weniger gewaltsam in eine Einheit gezwungen werden, was mit der Intention geschieht, etwas Komplexes oder Außergewöhnliches beschreib- und kommunizierbar zu machen. Die schwangere Auster war eine Metapher für die mit der Demokratie *schwanger* gehende deutsche Nachkriegsgesellschaft, umso mehr, als das Gebäude ein Geschenk des amerikanischen Volks an die Stadt Berlin war.

Jencks und Mehrfachkodierung

Mit *Die Sprache der postmodernen Architektur* (1978) von Charles Jencks (1939–2019) und *Learning from Las Vegas* (1978) von Robert Venturi, Denise Scott Brown und Steven Izenour erschienen die zwei einflussreichsten Bücher zur Architekturtheorie der Postmoderne. Obwohl beide Schriften für eine Architektur als vielfältiger Bedeutungsträger plädieren, unterscheiden sie sich in den Verfahren. Für Venturi, Scott Brown und Izenour war die Architektur ein intellektuelles und abstraktes Spiel der Zeichen. Sie standen mehr auf der Seite der Zeichentheorie, Jencks dagegen mehr auf der Seite der Bilder und der Rhetorik, das heißt auf der Seite einer auf Wirkung ausgerichteten populären Ästhetik.

Mehrfachkodierung bezeichnet eine Strategie absichtlich ambivalenter Bedeutungssetzung durch den Architekten, die mehrdeutige Interpretationen durch den Betrachter oder Benutzer ermöglicht. Die Interpretationen sollen zwischen verschiedenen Möglichkeiten oszillieren, so dass man nicht mehr sagen kann: So ist es gemeint, diese Sache bedeutet das oder das. Dahinter steht Jencks' Überzeugung, dass Architektur nie wörtlich, sondern stets metaphorisch, also anhand von Bildübertragungen interpretiert wird. Jedes Gebäude werde »unweigerlich in Verbindung mit einem anderen Bauwerk oder einem ähnlichen Objekt, kurz, als Metapher« (Jencks 1978, 40) betrachtet. Je ungewohnter das Gebäude in seiner Erscheinung, umso mehr versuche der Betrachter, es sich mittels Metaphern vertraut zu machen und anzueignen.

Metaphern werden aber auch gebraucht, um suggestive Bilder zu finden, und damit das Neue und Besondere, das sich der konventionellen Klassifizierung entzieht, überhaupt erst benennbar zu machen. Jencks führt das Beispiel von Bürogebäuden aus diagonalen Betongitterrastern an, die in den 1950er Jahren aufgekommen waren. Sie seien so ungewöhnlich gewesen, dass sie zwar mit einem gewissen Befremden, aber doch wohlwollend mit Käsereiben assoziiert wurden. Natürlich können Gebäude auch unverhohlen pejorative Metaphern evozieren wie im Falle des berühmten Hauses am Michaeler Platz (1912) von Adolf Loos (1870–1933). Wegen seiner damals ungewöhnlich schmucklosen

Lochfassade aus gleichförmigen Fenstern wurde es in einer zeitgenössischen Karikatur mit einem gerasterten Kanaldeckel verglichen und verunglimpft.

Ob Gebäude mit positiven oder negativen Metaphern belegt werden, ist, so Jencks, für die Theorie nicht von Bedeutung. Jede Bildung von Metaphern wirke belebend und enthalte darüber hinaus in der Differenz ein kritisches Potenzial wie im Falle der schwangeren Auster, des Vogelnests oder des Kanaldeckels. Problematisch wird es, wenn ein Gebäude seinen metaphorischen Bildcharakter verliert, wenn die Metapher wie eine Münze, deren Prägung bis zur Unkenntlichkeit abgegriffen ist, nur noch als abgenutzte Marke übrig bleibt und so die Kraft zur Inspiration verliert. Dann verwandelt sich die einst lebendige Metapher in ein totes Klischee, es wird »die kreative Metapher von gestern durch ständige Anwendung heute zum konventionellen Wort« (Jencks 1978, 52). Das ist Jencks' Vorwurf an die Moderne, dass sie die Kraft verloren habe, Bilder hervorzurufen, mit denen die Gebäude sinnlich-emotional angeeignet werden können.

Das Problem der Moderne sei, dass die Architekten die Sensibilität für die Bilder und die Techniken der Bildübertragung verloren hätten, wodurch der Architektur sowohl die symbolische Bedeutung wie die emotionale Bezugsmöglichkeit abhandengekommen sei und was sie der Gefahr ausgesetzt habe, zur Karikatur zu werden. Beispielhaft stehen Jencks dafür die Gebäude auf dem Campus des Illinois Institute of Technology von Ludwig Mies van der Rohe (1886–1969). Es gibt dort ein großes, alles überragendes Gebäude, dessen Fassade symmetrisch, durch Stahlstützen rhythmisch gegliedert und durch ein Bandfenster nach oben abgeschlossen ist. Unmittelbar daneben steht ein eleganter zylindrischer Turm. Der historischen Logik der Architektur folgend, müsste das, wie Jencks anmerkte, zu der Schlussfolgerung führen, dass dies die Kirche des Campus ist, dreischiffig, mit einem klaren Säulenrhythmus, einem hohen Kirchenraum mit Obergadenfenstern, wie in einer romanischen Kirche, und einem frei stehenden Campanile. Es ist ironischerweise die Heizzentrale.

Damit ist das Spiel der semantischen Verwechslungen aber noch nicht abgeschlossen, insofern es ein kleineres Gebäude auf dem Campus gibt, das wie ein typisches Funktionsgebäude für technische Zwecke aussieht. Die einfache Fassadengestaltung lässt vermuten, dass es sich um die Heizzentrale handeln muss. Tatsächlich aber ist es die Kapelle des Campus. Mit unbeabsichtigter Komik schlage die Zeichenhaftigkeit von Mies van der Rohes Architektur wie ein Vexierbild ins Gegenteil um. Jencks bezeichnete die Architektur von Mies van der Rohe, immerhin einer der einflussreichsten Architekten der Moderne, als »universale Sprache der Verwirrung« (Jencks 1978, 16).

Als Theoretiker der Postmoderne plädierte Jencks daher für eine populäre Mehrfachkodierung der Architektur. Diese schaffe die Möglichkeit zu einem steten Fluss von vielfältigen Bildübertragungen. Mehrfachkodierung sei aber keineswegs etwas Ungewöhnliches und Neues in der Architektur. Sie gehöre ganz elementar zu ihr, für positive Beispiele müsse man aber hinter die Moderne auf den Jugendstil zurückgehen. Seine »große metaphorische Reichweite, seine geschriebenen Zeichen und seine Vulgarität« machten den Jugendstil für Jencks zum Vorbild. Radikal forderte er daher für die Architektur der Postmoderne die volle »Stufenleiter des architektonischen Ausdrucks« (Jencks 1978, 62), das »Ungereimte« und die »dreckige« Metapher eingeschlossen. Zudem plädierte er für einen »radikalen Eklektizismus« (Jencks 1978, 128). Mit dem ästhetischen Populismus, seiner emotionalen Intensität, mit Parodie und Pastiche war dieser radikale Eklektizismus das genaue Gegenprogramm zur abstrakten, bildlosen Moderne.

In *Morphologie. City Metaphors* (1982) und *Die Thematisierung der Architektur* (1983) entwickelte Oswalt Mathias Ungers (1926–2007) eine Theorie der architektonischen Metapher. Diese zeichnet aus, dass Ungers sich dafür nicht auf die postmoderne Rückkehr der Rhetorik berief, sondern durch diese hindurch und hinter sie zurück bis zur Rhetorik der Antike ausgriff. Das Spezifische von Ungers' Position ist, dass er die Metapher nicht – wie Jencks die Mehrfachkodierung – ans Ende des Entwurfsprozesses stellte, sondern an dessen Anfang.

Nach Ungers sind Metaphern nicht Resultat, sondern Ausgangspunkt für die architektonische Imagination und Inspiration. In ihnen ist alles enthalten, was leitend ist für den Entwurf und die Architektur, in ihnen sind »Text und Bild, Materialität und Bedeutung, Zeichenhaftigkeit und Geschichtlichkeit« (Horn/Weinberg 1998, 7) in einer gemeinsamen Figur vereint. Die Kunst des Architekten besteht dann darin, dieses Potenzial zu entfalten. Für Ungers verband sich damit die Hoffnung, von den »rein pragmatischen Denkansätzen zu einer mehr kreativeren Methode des Denkens« (Ungers 1982, 14) zu kommen.

Ungers sah in der Metapher einen Träger von Bedeutung *und* Struktur. Bei den Metaphern geht es ihm zufolge nicht um ein *Anders-sagen* im Sinne pluraler Bildverfahren, sondern um ein *Anders-machen*. Neben der Bedeutungsebene des Wissen-Was ist in der Metapher immer auch ein Verfahren oder ein Wissen-Wie enthalten. Im Sinne des Wissen-Wie sprach Ungers von der Thematisierung der Architektur, wobei er unter Thematisierung den Prozess des Entwerfens verstand, in dem sich aus der Metapher die architektonische Idee entwickelt.

Was das für das Entwerfen genauer bedeutet, zeigte Ungers in *Morphologie. City Metaphors* (1982). Dort stellte er jeweils zwei Bilder vergleichend nebeneinander, das eine aus der Architektur, das andere aus einer anderen Bildwelt: ein Flugzeug und der Stadtplan von Brasilia (mit seiner vogelartigen Struktur); ein Spinnennetz und der fächerförmige Plan einer Stadt (es könnte Karlsruhe sein); oder ein Donut und eine in konzentrischen Kreisen angelegte Stadt (wie zum Beispiel Moskau). Zur Metapher werden der Donut, das Flugzeug und das Spinnennetz durch das Verfahren der strukturalen Analogie. Dieses ermöglicht es, dass das außerarchitektonische Objekt zur Metapher der Architektur und strukturgebend für den Entwurf werden kann. Bliebe es bei der schlichten Bildanalogie des Donuts, so wäre dies eine simple, empörend naive Vorstellung von Architektur.

Die architektonische Imagination entsteht dann nach Ungers im Übergang von der Struktur zur Bedeutung, von der Syntax zur Semantik. Dementsprechend liegt dem Entwurfsprozess eine morphologische Transformation der Metapher zugrunde, in der sich, bei Erhalt der Struktur, nach und nach der metaphorische Charakter verliert und an seine Stelle die architektonische Idee tritt.

Ihre suggestivste Ausformulierung fand die Thematisierung durch Ungers im Deutschen Architekturmuseum (1984) in Frankfurt am Main. Sein Ausgangspunkt war die russische Matroschka oder die Metapher der Puppe in der Puppe, aus der sich die architektonische Idee des Hauses im Haus entwickelte. Die Idee des Hauses im Haus stellt ja nichts weniger infrage als das konstituierende Prinzip der Architektur, wonach die Architektur sich dadurch auszeichnet, dass sie ein Innen von einem Außen trennt. Mit dem Haus im Haus wird dieser Grundsatz aufgehoben. Tritt man aus dem inneren Haus, so tritt man nicht in einen Außenraum, sondern ohne Übergang in einen anderen Innenraum, nämlich den Innenraum des größeren Hauses.

Der Übergang von der Metapher zur architektonischen Idee findet statt, wo Ungers die Aufhebung der Dialektik von innen und außen erweiterte und die Suspendierung auch der anderen, die Architektur konstituierenden Gegensätze zum Thema machte. Ungers behandelte auch die Außen- und Innenseite der Wände und nicht weniger die Decken und Böden gleich. Sie sind weiß und erscheinen materiallos, so dass Außen- und Innenwand, Decke und Boden in ihrer epistemischen Erscheinung nicht mehr unterscheidbar sind. Dazu gehört, dass die Details weitgehend unterdrückt sind und dadurch das Gemachtsein, die konstruktive Logik, nicht mehr nachvollziehbar ist. Das hat den Effekt, dass das Gebäude auf den Status eines Modells zurückfällt, in dem nur die Idee, nicht aber die Art und Weise des Gemachtseins zur Darstellung kommt.

In der Thematisierung der Architektur sah Ungers ein Potenzial zur Rückkehr der Metaphysik in die Architektur. Thematisierung hieß für ihn, »die Umwelt aus der pragmatischen Realität in die metaphysische Welt der Ideen zu transformieren« (Ungers 1983, 10). Wo es keine Hinweise, keine Spuren für das Gemachtsein gibt, suggeriert das Gebäude, dass die Gründe für seine Existenz außerhalb eines profanen Herstellungsprozesses in einer unsichtbaren Kraft liegen müssen. Das Gebäude erhält dadurch etwas Rätselhaftes, es durchdringen sich Rationales und Irrationales, Idealismus und Romantik, Metaphysik und die Ästhetik des Erhabenen, die auf diese Weise eine neue vielbezügliche Einheit bilden.

Textualität und rhetorische Figur

Den radikalsten Schritt einer mit der Rhetorik argumentierenden Architekturtheorie hat Peter Eisenman (*1931) gemacht, indem er die Rhetorik über ihre Tradition hinaus zu einer kritischen

Rhetorik transformierte. Im Gegensatz zu Jencks und Ungers betonte er die strukturellen und syntaktischen Aspekte der Tropen bei gleichzeitiger Unterdrückung ihrer semantischen Funktion oder ihrer Funktion als Bedeutungsträger. Orientiert an Derridas *Grammatologie*, prägte Eisenman dafür den Begriff der Textualität. Die Textualität verbindet sich mit dem Verfahren der syntaktischen »rhetorische[n] Figur«, die Eisenman von der semantisch ausgerichteten »metaphorischen Figur« (Eisenman 1995.1, 103) unterschieden sehen wollte.

Die metaphorische Figur, die Eisenman auch als ästhetisch bezeichnete, ist »sowohl rhetorisch als auch repräsentierend [und] steht für etwas außerhalb Liegendes« (Eisenman 1995.1, 102). Sie gehört in die Klasse der konventionellen Zeichen, also der Zeichen, die für etwas stehen, das sie selbst nicht sind. Daher nannte Eisenman die metaphorische Figur auch »repräsentierend«, sie bezieht sich auf etwas Abwesendes außerhalb der Architektur und verleiht diesem stellvertretend Präsenz. Zu den metaphorischen Figuren gehören Metapher, Allegorie und Metonymie, sie bringen eine abwesende Sache zur Anwesenheit. Durch Umwegigkeit erzeugen sie mittels der Techniken der Bildähnlichkeit, -verschiebung und -ersetzung Bedeutung.

Die von Eisenman bezeichnete rhetorische Figur dagegen ist rhetorisch und nicht repräsentierend. Sie ist syntaktisch oder strukturell und bedeutet nichts, das heißt, dass sie sich auf nichts außerhalb der Architektur bezieht. Sie repräsentiert nichts. Eisenman spricht auch davon, dass die rhetorische Figur die Lücke oder Leerstelle zwischen den Texten ist. Offen und unabgeschlossen, wie sie als Lücke ist, führt die rhetorische Figur eine »Abwesenheit in das *Ist* der Architektur« (Eisenman 1995.1, 102) ein. Eisenman spricht auch vom »Text des Dazwischen« (Eisenman 1995.1, 151), der sich als dritter Text zwischen den Texten verstehen lässt.

Zu den rhetorischen Figuren gehören Katachrese, Synekdoche und Analogie, wobei die Katachrese die Grundlage für die Textualität ist. Katachrese nennt man das Verfahren, bei dem Nichtzusammengehörendes, ja zuweilen geradezu Entgegengesetztes und Widersprüchliches nicht ohne Gewalt in eine Einheit zusammengeführt werden. Ein Beispiel für eine Katachrese ist die Wendung ›*dem Fass die Krone ins Gesicht schlagen*‹. Drei nicht zusammengehörende Redensarten werden hier in eine Einheit gezwungen. Die Bedeutung der neuen Einheit, des resultierenden Satzes, bleibt dabei semantisch unbestimmt. Sie gibt mehr Anlass zu einer Ahnung, als dass sie einen konkreten propositionalen Gehalt hätte.

Mit der Überlagerung der drei englischen Wörter *cat*, *act* und *is* führt Eisenman ein eigenes Beispiel an. Während die Kombination von *cat is* und *act is* noch jeweils Sinn macht, hebt die Katachrese der drei Wörter zu *cactis* jede eindeutige Bedeutung auf. Obwohl es eine Ähnlichkeit mit *cactus* oder Kaktus gibt, bezieht sich *cactis* weder auf die Pflanze noch auf die Katze, auch der Status von *is* ist unbestimmt.

In *cactis* ist die Syntax der Sprache gebrochen, die Bedeutungsgenerierung suspendiert, dieser »Prozeß zerstückelt zuerst und setzt danach die Bruchstücke wie neue Worte anders zusammen« (Eisenman 1995.1, 103). Die Katachrese zeigt sich also als Verfahren der Dekonstruktion, wobei die neue Figur den Verlust der ursprünglichen Bedeutung mit sich führt. Die Figur *cactis* kann dies aber nicht kompensieren, sie bleibt unbestimmt, verschwommen, darin besteht ihre inspirierende Kraft.

Eisenman stellte fest, dass die rhetorische Figur schon immer Teil der architektonischen Praxis gewesen sei, wenn auch oft ihr unterdrückter Teil. Er führte dafür das Beispiel von S. Andrea in Mantua von Leon Battista Alberti (1404–72) an. Die Fassade der Kirche besteht aus der Überlagerung eines Triumphbogenmotivs mit einer klassischen Tempelfassade. Zum ersten Mal wurde hier, so Eisenman, »das Profane – der Triumphbogen des Septimus Severinus, welcher ein Zeichen menschlicher Macht ist – mit dem Heiligen – der Typologie der griechischen Tempelfront – verbunden« (Eisenman 1995.4, 110). Textualität stellt sich ein, wo beide Figuren ihre Abgeschlossenheit und Autonomie verlieren, aber keine in der anderen aufgeht, ebenso wie sich die Legitimationsansprüche »zwischen theozentrischer und anthropozentrischer Welt, [...] zwischen Griechenland und Rom und zeitlich zwischen Gegenwart und Vergangenheit« (Eisenman 1995.3, 157) gegenseitig aufheben.

In S. Andrea findet aber keine einfache Überlagerung von zwei Motiven im Sinne einer Montage oder Collage statt. Das wird im Vergleich mit der Karlskirche in Wien von Johann Bernhard Fischer von Erlach (1656–1723) erkennbar. Fischer von Erlach kombinierte hier Architekturelemente aus den unterschiedlichsten Epochen und Kulturen, etwa ein griechisches Tempelmotiv und eine Renaissancekuppel mit der römischen Trajanssäule und chinesischen Pagodenmotiven. Die Motive sind wohl zu einer Figur verbunden, die einzelnen Motive bleiben aber getrennt, jede für sich ist eine metaphorische Figur, die zusammen wiederum den globalen Herrschaftsanspruch der römisch-katholischen Kirche bezeichnen. Es stellt sich kein dritter, in seiner ganzen Unbestimmtheit offener Text ein, das *cactis* bleibt aus.

Voraussetzung für die Textualität ist dagegen die Überlagerung (Superposition) und Durchdringung (Superimposition) der Figuren. In der Überlagerung durchdringen sich die Figuren, sie werden füreinander durchlässig, verschränken sich ineinander und bilden so den rhetorischen Text oder den Text des Dazwischen. Die resultierende Figur enthält dann palimpsestartig und fragmentarisch Elemente aller Figuren, so dass Eisenmans rhetorische Figur letztlich aus den drei Verfahren der Katachrese,

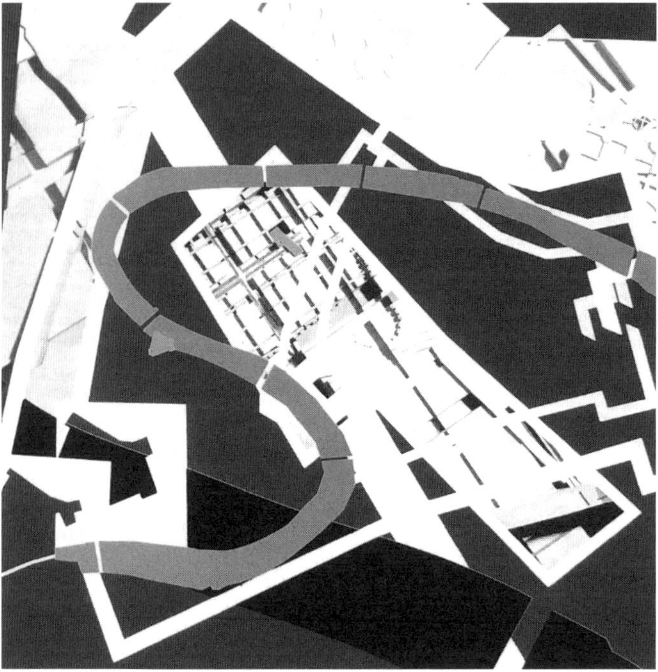

Peter Eisenman, Romeo und Julia-Projekt (1986)

der Synekdoche und der Analogie resultiert. Synekdoche steht dabei für die maßstäbliche Vergrößerung oder Verkleinerung von Figuren oder Plänen, die entsprechend von Analogiebeziehungen überlagert werden, sich im Sinne der Katachrese durchdringen und eine resultierende dritte rhetorische Figur bilden.

Wie das gemeint ist, zeigte Eisenman in dem experimentellen Entwurf *Romeo und Julia* in Verona, der sich auf die Geschichte des berühmten Liebespaars bezieht. Grundlage dafür ist die rhetorische Figur der Analogie. In analogen Verhältnissen stehen zum Beispiel die Stammburgen der Familien Montecchi und Capuletti; die Burgen und ihre Burgmauern auf der einen Seite und die Stadt Verona und ihre Stadtmauern auf der anderen Seite; die Stadtpalais der zwei Familien und die Burgen bzw. die Stadtpalais sowie die Grabmale; der Friedhof und die Stadt Verona etc.

Die rhetorische Figur entsteht dann in der Superposition oder Überlagerung der verschiedenen Pläne, die zuvor entsprechend den analogen Beziehungen zwischen den Burgen, den Stadtpalais, den Grabmalen, des Friedhofs und der Stadt etc. im Maßstab vergrößert oder verkleinert wurden. Es resultiert daraus ein Plan, der die verschiedenen einzelnen Figuren in unterschiedlichen Maßstäben und an unterschiedlichen »Orten« enthält. Eine eindeutige Zuordnung der Figuren zu einem Ort ist nicht mehr möglich. Sie existieren jetzt an unterschiedlichen Orten. Die resultierende, hybride Figur kann als Palimpsest, als Text des Dazwischen oder als dritter Text beschrieben werden.

Eisenmans Verfahren folgt dem postmodernen Aufruf zum Ende der großen Erzählungen oder der Metaerzählung in der Architektur. Die große Erzählung löst sich in einer Struktur vielfältiger, in sich verschränkter, kleinerer Erzählungen auf, die dieselbe Sache mit multiperspektivischem Blick erzählen. Mit dem Text des Dazwischen entwickelte Eisenman eine eigene Poetik der Architektur. Ob mit der Unmöglichkeit der klaren Zuordnung der einzelnen Figuren die Metaphysik der Architektur suspendiert ist, wie Eisenman für sich in Anspruch nahm, sei dahingestellt. Andererseits, so muss festgestellt werden, hat kein anderer Theoretiker so konsequent die Frage nach dem spezifisch Architektonischen von Zeichen, Sprache, Stil und Rhetorik gestellt wie Eisenman.

Für die Rückkehr der Rhetorik lassen sich nun drei verschiedene rhetorische Verfahren benennen. 1. Jencks' Mehrfachkodierung und *radikaler Eklektizismus*, der auf einem konventionellen Begriff der Rhetorik und ihrer semantischen Verfahren gründet. Das innovative Potenzial liegt in der Öffnung für die Populärkultur; 2. Ungers' Thematisierung und *Theorie der Metapher* und ihre Inversion von Semantik und Syntax sowie von Idee und Metapher. Nach der modernistisch-funktionalistischen Verhärtung der Architektur der Moderne zielt Ungers' Theorie der Metapher auf Wiedergewinnung einer bedeutungsvollen Architektur; und zuletzt 3. Peter Eisenmans *rhetorische Figur*, die bei Unterdrückung der semantischen Ebene auf Syntax und Struktur zurückgreift und mit den Verfahren der Textualisierung auf die »Erschütterung der Metaphysik« (Eisenman 1995.4, 112) und damit auf die Erschütterung eindeutiger Bedeutungen setzt.

7. Form

A Tektonik

Als 1852 *Die Tektonik der Griechen* von Carl Bötticher (1806–89) erschien, war das Buch weit mehr als die Summe der wissenschaftlichen Erkenntnis über die klassische und klassizistische Architektur. Es war darin das ganze Konfliktpotenzial an der Wende zum modernen Bauen angelegt. Mit der Tektonik versicherte sich die Architektur ihrer Grundlagen zu einem Zeitpunkt, als diese schon wankten. Es ist ein oft zu beobachtender Reflex, dass Disziplinen auf Verunsicherung mit Verwissenschaftlichung und Theoriebildung reagieren. Der Begriff Tektonik wurde zum Oppositionsbegriff gegen die Tendenzen der Abstraktion, besonders im Übergang vom Paradigma der Tektonik zum Paradigma des Raums, und das Buch war so sehr »Sprachlehre« der klassizistischen Baukunst wie in seiner Dogmatik zugleich deren »Fessel« (Klinkott 1993, 38). Denn zur selben Zeit wie Böttichers Schrift war Crystal Palace für die erste Weltausstellung 1851 in London entstanden, das erste große Gebäude aus Eisen und Glas, das als Architektur ernst genommen werden musste, weil es nicht wie die bisherigen Eisenkonstruktionen – zum Beispiel das Tropenhaus in Kew Gardens (1849) – nur Gewächshaus war. Gleichwohl konnte sich die Tektonik als Grundbegriff erst mit der *Tektonik der Griechen* etablieren. Als Grundbegriff zeichnet sie aus, dass sie die verschiedenen, sich widersprechenden Prinzipien der Architektur in einem Begriff vereinigt. Im Zentrum steht dabei die Frage nach der Morphogenese oder Formwerdung, wie sie schon Aristoteles als Stoff-Form-Relation oder Hylemorphismus thematisiert hatte. Zugleich ging Bötticher mit der Tektonik über Aristoteles hinaus, indem er den Hylemorphismus den Fragen der Bedeutung und des Ausdrucks öffnete. Er selbst sprach von einem »versinnlichenden Begriff« (Bötticher 1852, XV), Kenneth Frampton (*1930) später von dessen »poetischem Ausdrucksvermögen« (Frampton 1993.1, 2).

Hylemorphismus: Stoff-Form

Grundlegend für die Erscheinung aller materiellen Dinge ist die nur scheinbar triviale Erkenntnis, dass Materie oder Stoff nicht ohne Form oder Gestalt sein können. Stoff kann sich nie ohne Form zeigen, wenn auch in sehr unterschiedlichen Formen. Lehm kann in kubischer Form als Backstein, Stahl als Stahlträger und Stein in Form einer Säule erscheinen. Wie an der Kreuzstütze im Barcelona-Pavillon (1929) von Ludwig Mies van der Rohe (1886–1969) oder einer klassischen Säule sichtbar ist, ist einerseits die konstruktive Verwendung des Stoffes grundlegend für die Formgebung, andererseits aber geht die Form immer über die konstruktive Funktion hinaus und ist als solche Träger von Bedeutung und Ausdruck.

Erst durch die Form wird der Stoff zu etwas Konkretem, denn zuvor ist er nur der »Möglichkeit nach ein bestimmtes Etwas« (Aristoteles 1995.1, 1042a). In diesem Stadium besitzt der Stoff ein noch nicht erkanntes architektonisches Potenzial wie etwa der Lehm oder das Erz in ihrem Rohzustand. Alles ist also Form (morphê), gleichsam gebunden an Stoff (hylê). Der philosophische Begriff dafür ist *Hylemorphismus.* Aristoteles (384–322 v.

Chr.) hat dieses Phänomen erstmals in seiner *Metaphysik* als Relation von Stoff und Form beschrieben, den Begriff Hylemorphismus aber nicht verwendet. Dieser wurde erst im 19. Jahrhundert geprägt.

Daran knüpfte Arthur Schopenhauer (1788–1860) an, als er feststellte, dass der Stein im Steinbruch nur die Eigenschaft zeigt, den Berg herunterrollen zu wollen. Erst in Form der Säule, so Schopenhauer, kann der Stein zeigen, was er kann, nämlich der Schwerkraft (Schwere) Widerstand (Starrheit) leisten und große Lasten tragen. In der Säule und eben nicht im Steinbruch oder im Gebirge zeigt sich der »Kampf zwischen Schwere und Starrheit« (Schopenhauer 1985, 125). So werden auch erst im Doppel-T-Träger und nicht schon im Eisenerz die Eigenschaften des Stahls erkennbar.

Die Stoff-Form-Relation stellt die nicht hintergehbare Grundlage aller Dinge und aller Gestaltung dar. Sie ist nach Aristoteles das »Zugrundeliegende«, durch das das Wesen der Dinge bestimmt ist. Die »Wesen[heit] des Dinges ist die inwohnende ›Art-Form‹, aus welcher in Verbindung mit der Materie das konkrete Wesen« (Aristoteles 1995.1, 1037a) entsteht. Es bedarf also der Form, um die dem Stoff immanenten Eigenschaften wirksam werden zu lassen. Erst im Herstellungsprozess und damit in ihrer Materialisierung kann sich das Wesen der Dinge zeigen. Aristoteles geht es dabei weniger darum, wie die Dinge sind, als wie sie werden, es geht ihm weniger um eine Dingontologie als um die Wissensprozesse, das heißt um eine erkenntnistheoretische oder epistemologische Position.

Hier zeigt sich ein Unterschied zwischen Aristoteles und seinem Lehrer Platon (428/27–348/47 v. Chr.), der die Ideen- oder Zweiweltenlehre des Letzteren betrifft. Diese besagt, dass es eine Welt der Ideen und eine Welt der materiellen Dinge gibt. Die Ideen können nur geistig in der Vorstellung existieren, als

Ideales müssen sie immateriell bleiben, weil durch ihre Realisierung in einem Material die Ideen kompromittiert würden. Denn jedes Material habe einen Eigensinn, mit dem es den Ideen zu einem gewissen Grad widerstehe. Das Material ist widerständig gegen seine Vereinnahmung durch die Ideen. Arnold Gehlen (1904–76) sprach hier auch von einem »Sachwiderstand der Dinge« (Gehlen 2016, 289) oder, insofern die Ideen nur in der Sprache existieren, von der »Materialdünne« (Gehlen 2016, 288) der Worte. Da das Material sich mit seinen Eigenschaften in die Gestaltung der Ideen einbringt, gehen diese nie ganz in der materiellen Form auf, denn dann wären sie nicht mehr reine Ideen.

Aristoteles' Interesse galt dagegen dem Prozess der Realisierung und dem Wissen-Wie, das vermittelnd zwischen das »Dasein« (Stoff) und das »Wassein« (Form) tritt. Es geht ihm um das Werden, um die »Wesenheitsveränderungen« (Aristoteles 1995.1, 1042b) und allgemein um das Gemachtwerden der Dinge, denn das »Werdende muss werden, indem sich dabei dasjenige, woraus es wird, verändert« (Aristoteles 1995.1, 1033a). Der Hylemorphismus besitzt daher für die Artefakte und die Architektur besondere Relevanz. Drei Punkte lassen sich festhalten:

1. Dem Hylemorphismus liegt ein *Überschuss an Form* (Kap. 5 B) zugrunde. Aristoteles gibt das Beispiel einer »Bildsäule« oder Statue. Mittels Formung durch den Künstler kann der Stoff, das Erz, zu einer Statue Platons oder eines anderen berühmten Philosophen werden. Der Stoff enthält demnach gewisse Freiheitsgrade der Gestaltung. Das heißt, dass es nicht nur die Möglichkeit seiner Gestaltung und damit für architektonische Gestaltung gibt, sondern geradezu die Notwendigkeit dazu. Der Mensch kommt gar nicht umhin, die Dinge und damit die Welt zu gestalten. In diesem Sinne ist alles Gestaltung, alles Architektur.

2. Der Hylemorphismus hat, wo es um das Gemachtwerden und das Wissen-Wie geht, eine *erkenntnistheoretische Seite.* Denn

im Akt der formalen Gestaltung bringt der Künstler oder Architekt etwas zur Sichtbarkeit, was ohne ihn unsichtbar und unbekannt bliebe. Gleichzeitig muss der Künstler oder Architekt wissen, ob und wie aus dem Erz eine Statue oder ein Stahlträger werden kann.

3. Drittens enthält der Hylemorphismus ein *Prinzip der Konstruktion.* Denn die quaderförmige Formgebung des Lehms, aus der ein Backstein besteht, zielt ja schon über den einzelnen Backstein hinaus auf die Konstruktion der Wand auf der nächsthöheren Stufe.

Transformation und Morphogenese

Mit Blick auf das Prinzip der Konstruktion bezog sich Aristoteles immer wieder beispielhaft auf die Architektur, das Haus und sein Material. Indem er feststellte, dass das »Wesen ein Prinzip ist und eine Ursache« (Aristoteles 1995.1, 1041a), kam er dem Gedanken der Konstruktion in der Architektur sehr nahe. Das zeigt sich in seiner Feststellung, dass Stein, Ziegel und Holz das Haus dem Vermögen oder dem Prinzip nach bestimmen, »denn jene Dinge sind der Stoff desselben« (Aristoteles 1995.1, 1043a). Wenn aber andere das Haus als »bedeckenden Schutz für Körper und Sachen bezeichnen [...], so meinen sie die Wirklichkeit« und damit die Ursache für das Haussein; »wer aber beides verbindet, der meint das dritte aus diesen beiden hervorgehende Wesen.« (Aristoteles 1995.1, 1043a)

Insofern sie Artefakt ist, betrifft dies die Architektur und die Morphogenese ihrer Entstehung unmittelbar. Denn wo der Backstein Stoff ist für das Haus, geht diesem schon ein Formwerdungs- oder Konstruktionsprozess voraus, nämlich die Morphogenese von Lehm zu Backstein. Der Backstein ist im ersten Schritt mit Blick auf den Lehm Form, während er in Bezug auf das Haus, also in Bezug auf die größere Einheit, in die Position des Stoffes rückt, wo er nur dem Vermögen nach ein Haus ist.

Aristoteles thematisierte allerdings nicht, dass die Architektur, im Unterschied zur Skulptur, nicht aus einem einzigen hylemorphen Prozess entsteht, sondern aus einer Serie morphogenetischer Transformationen. Diese zeichnen sich dadurch aus, dass jedes resultierende Dritte auf der nächsthöheren Maßstabsebene wieder die Position des Stoffs einnehmen kann, um dann dem Prinzip oder »Vermögen nach« zum Ausgangspunkt eines neuen konstruktiven Prozesses zu werden.

Eine Serie morphogenetischer Transformationen könnte so aussehen: Lehm ist auf der untersten Stufe des architektonischen Prozesses Stoff, der in Verbindung mit der rechtwinkligen Form eines Quaders zu einem »individuell bestimmten Etwas«, zu einem Backstein wird: erste hylemorphe Transformation. Der Backstein nimmt dann auf der nächsthöheren Ebene die Position des Stoffes ein, der in Verbindung mit der Form des Verbundmauerwerks ein neues Drittes generiert, nämlich die Wand: zweite hylemorphe Transformation. Die Wand wiederum ist Stoff in Hinblick auf das Vermögen, mit anderen Wänden die Form einer Raumzelle zu bilden: dritte hylemorphe Transformation. Und die Raumzelle ist Stoff, der in der Addition verschiedener Raumzellen wiederum ein neues Drittes generiert, das Haus.

Jedes resultierende Dritte nimmt für den hylemorphen Modellbereich der nächsten Stufe die Position des Stoffs ein. Daraus ergibt sich die generelle Unbestimmtheit oder *ontologische Unschärfe* der Architektur, dass nämlich jedes Element verschiedene Positionen innerhalb der hylemorphen Transformationslogik einnehmen und nicht auf eine von ihnen allein reduziert werden kann. Selbst das Haus ist kein Endpunkt, weil es Stoff ist in Hinblick auf das Vermögen der Bildung einer Stadt.

Der Konstruktionsprozess der Architektur besteht also aus hintereinander geschalteten Modellbereichen. Dabei entwickelt jedes Element erst in Hinblick auf den nächsthöheren Modellbereich seinen architektonischen Wert. In seiner Wesenhaftigkeit ist der Backstein für sich architektonisch wertlos, sein Wert besteht nur hypothetisch. Sein architektonischer Wert zeigt sich erst in der Idee der Mauer, die in ihm dem Prinzip nach enthalten ist, und der architektonische Wert der Mauer zeigt sich in der Idee der Raumzelle, die in ihr dem Vermögen nach angelegt ist.

Es lässt sich festhalten, dass durch die hylemorphe Transformationslogik ein Element wie der Backstein wohl dem Vermögen nach eine architektonische Idee wie die Mauer enthält. Das heißt aber nicht, dass die hylemorphe Transformation etwa auf das Konstruktive beschränkt ist, im Gegenteil, sie zeigt sich als eine architektonische Transformation. Denn jedes Element, wie zum Beispiel der Backstein, wird auf der nächsthöheren Stufe über seine konstruktive Funktion hinaus ein Objekt der sinnlichen Anschauung. Seine sinnliche Wirkung kann der Backstein erst zusammen mit anderen Backsteinen in der Form einer Wand entwickeln, denn in der Wand wird seine kubisch-dreidimensionale Struktur reduziert zur Zweidimensionalität der Wandoberfläche. Es ist die Flächigkeit der Wand, auf der der Backstein erst seine sinnliche Wirkung entfalten kann. Hier deutet sich die Notwendigkeit einer Erweiterung der Stoff-Form-Relation um ein drittes Element an.

Bötticher: Material, Kern- und Kunstform

Für die Architekturtheorie des 19. und 20. Jahrhunderts, besonders im deutschen Kontext, ist Aristoteles so etwas wie der konstante Kontrapunkt. Mit der Unterscheidung einer *struktiv-tech-*

nischen von einer *struktiv-symbolischen Form* (Kap. 5A), mit dem Ornament als dem gemeinsamen Dritten, liegt die Philosophie Aristoteles' zum Beispiel Gottfried Sempers Stil- und Ornamenttheorie zugrunde. Ähnlich argumentierte später Heinrich Wölfflin für die Einfühlungstheorien, als er vom Unterschied von »Stoff und Formkraft« (Wölfflin 2007, 80) sprach. Wölfflin erwähnte namentlich Aristoteles, als er feststellte, es sei die vollkommene Form »die Vollendung dessen, was im Stoff angelegt« (Wölfflin 2007, 82) ist.

Die Grundlage dafür hatte Carl Bötticher (1806–89) gelegt. In *Die Tektonik der Griechen* (1852) griff er mit dem Begriff *Tektonik* zunächst Aristoteles' Prinzip des Hylemorphismus auf. Mit dem Gegensatzpaar von Kernform und Kunstform gab er diesem eine gestalterisch-architektonische Ausrichtung und erweiterte gleichzeitig die aristotelische Stoff-Form-Relation zu einer triadischen Ordnung von Material, Kern- und Kunstform.

Bötticher folgte Aristoteles, insofern erst durch die Form das »inliegende aber in formlosem Zustande ruhende und latente Leben [des Materials] zu einer dynamischen Aeußerung gelöst, zu einer statischen Funktion genöthigt« (Bötticher 1852, XV) werde. Das Material erhält damit eine »höhere Existenz«, weil es nun nicht mehr nur quasi eigenschaftslos als Stoff vorliegt, sondern mittels der konstruktiven Form als »Glied eines idealen Organismus fungirt«, nämlich als konstruktives Glied des Hauses. Bötticher bezeichnete dies als die Kernform.

Die Kernform sei aber auch nur das »mechanisch nothwendige, das statisch fungirende Schema« (Bötticher 1852, XV), sonst nichts. Deshalb bestehe auch für sie die Notwendigkeit zur symbolischen Überhöhung. Damit in der Kernform das Wesen der Konstruktion sichtbar werden könne, müsse ihr ebenfalls »ein ideales Sein verliehen« werden. Bötticher spricht auch von einer Überhöhung zu einer »symbolischen Attribution« durch die

Kunstform. Tektonik ist also die in doppelter Überhöhung über sich hinausweisende Verwandlung von Material in Form, in einem ersten Schritt als konstruktive Kernform wie in einem zweiten Schritt als symbolische Kunstform.

Der Begriff *Tektonik* ist vom griechischen Begriff *tekton* abgeleitet, was so viel wie Zimmermann oder Erbauer meint. Das Verb *tektainomai* bezeichnet die Tätigkeit des Zimmermanns, also die Arbeit mit und die Herstellung von materiellen, dreidimensionalen Dingen. Darauf bezog sich Karl Otfried Müller (1797–1840). In seinem *Handbuch der Archäologie der Kunst* (1830) führte er den Begriff Tektonik erstmals als Fachbegriff für die komplexe Tätigkeit der Herstellung von Dingen ein, unter denen er »Geräthe, Gefäße, Wohnungen und Versammlungsorte der Menschen« (Müller 1830, 10) verstand.

Die Herstellung vollzog sich für Müller dabei im Spannungsfeld der zwei Prinzipien Zweckmäßigkeit und künstlerische Darstellung. Die Tektonik ist diejenige Instanz, über die beide organisch miteinander verbunden werden. Gerade für die Architektonik stand die künstlerische Darstellung ganz im Dienst der »machtvollen Darstellung tiefer Empfindungen« (Müller 1830, 10). Für Müller war die Tektonik in der Architektur mit einem starken wirkungsästhetischen Moment verknüpft. Sie stand noch in der Tradition der Ästhetik des Erhabenen der französischen Revolutionsarchitektur.

Davon war Bötticher abgerückt, in gemäßigter Form sprach er von der Tektonik als einem »versinnlichenden Begriff« im Sinne einer sinnlich vermittelnden, kommunikativen Funktion. Er beschrieb die Tektonik auch als eine »Funktion-erklärende Charakteristik« (Bötticher 1852, XV), die gleichwohl sinnlich vermittle. Damit erhielt die Tektonik eine über die Konstruktion hinausgehende Spannung von Sinn und Sinnlichkeit, die sehr viel später und auf erweiterter wissenschaftlicher Basis Ernst

Cassirer (1874–1945) im Begriffspaar von symbolischer Form und symbolischer Prägnanz thematisieren sollte. Dabei beschreibt die symbolische Prägnanz »die phänomenologisch beschreibbare Facette der symbolischen Aktivität«, während die symbolische Form »auf die semiotische und die soziale Komponente des Symbolisierens« (Paetzold 1993, 46) zielt.

Das heißt aber auch, dass die Kunstform der Kernform nachgeordnet ist. Um ein weiteres Begriffspaar von Aristoteles aufzugreifen, ist die Kernform das Ergon, also die Sache oder Hauptsache, während die Kunstform das Parergon ist oder die Nebensache. Folgt man Jacques Derrida (1930–2004) und seiner Schrift *Die Wahrheit in der Malerei* (1992), so kann das Parergon immer den Sonderstatus des Besonderen beanspruchen, es ist immer auch das »Außergewöhnliche, das Ungewöhnliche, das Außerordentliche« (Derrida 1992, 78).

Das Besondere der Kunstform als Parergon besteht darin, dass sie nicht von der Kernform als Ergon abgelöst werden kann, ohne dass »der innere Mangel des Werks zum Vorschein käme; beziehungsweise, was bezüglich eines Mangels auf dasselbe hinausläuft, nicht zum Vorschein käme« (Derrida 1992, 80). Derrida hat darauf hingewiesen, dass die Kunstform keinesfalls etwas Überflüssiges oder nur Supplement ist, auch wenn Bötticher sie als »decoratio« (Bötticher 1852, XV) bezeichnete. Im Gegenteil, es geschieht mittels der Kunstform, dass quasi von der Oberfläche, von den Rändern und vom vermeintlich Nebensächlichen her die Geschichte des Gebäudes und der Architektur erzählt werden kann.

Derrida gibt das Beispiel der Lukretia in der Darstellung durch Lucas Cranach den Älteren (1472–1553). Der antiken Legende nach brachte sich Lukretia um, um nach einer Vergewaltigung ihre Ehre wiederherzustellen. Der innere Mangel zeigt sich in der fast gänzlich nackten Lukretia. Er wird durch die Parerga neutralisiert, kompensiert und ins Positive gewendet. So wird die Geschichte von Cranach ausschließlich von den Attributen und damit von den Rändern her erzählt, das sind die Haare, das Halsband, der Dolch, der Schleier um die Hüfte und die tänzerische Haltung von Spiel- und Standbein.

Bötticher sprach, ganz im Sinne von Derrida, ebenfalls vom »Mangel« als dem, was nicht aus eigener Kraft erscheinen kann. Nach Aristoteles ist das die Wesenhaftigkeit des Ganzen. Diese bedarf eines Mediums, eben der Kunstform, durch das sie erscheinen kann. Die Kunstform besteht in Hinweisen darauf, sie »versinnlicht aber nicht bloß die eigene Wesenheit des Glieds, sondern auch den Bezug zu den anschließenden Gliedern« (Bötticher 1830, 10). Es wird darin eine andere Facette der Kunstform sichtbar. Denn durch die Kunstform können die einzelnen Elemente der Architektur in ein Kontinuum gestellt werden. Sie besteht aus bildlichen, »jungirenden Symbolen«, die aus den einzelnen Teilen ein Ganzes machen oder einen »einzigen untrennbaren Organismus«. Tektonik fällt hier, losgelöst von der formalen Erscheinung im individuellen Fall, mit Stil in eins. Bötticher spricht auch von der »stilistischen Einheit«.

Die Tektonik zeigt sich so als Verfahren der Sichtbarmachung des inneren »Spiels der Kräfte« (Klinkott 1993, 39) durch das äußere Spiel der Formen. Sie vermag dies z.B. im Spiel der Triglyphe und Metope im Metopen-und-Triglyphenfries des klassischen Tempels, durch das die Lage der nach außen nicht sichtbaren Deckenkonstruktion vermittelt wird. Sie vollzieht dies aber auch als Entasis, die mittige Schwellung der klassischen Säule, die dazu dient, die innere Logik einer Säule ins Bild zu setzen, indem sie die Geschichte erzählt, wie die von oben wirkenden Lasten durch die Säule abgeleitet werden, wie das Material unter Druck steht, wie die Säule diesem aber Widerstand leistet und der Kraft von oben eine gleich große Gegenkraft von unten entgegensetzt. Die verbindende, »jungirende« Funktion der Tektonik zeigt sich dann in der mittels Proportionen erzielten poetischen Einheit von horizontalem Sockel, vertikalen Säulen, Cellawänden und wiederum horizontalem Gebälk mit Traufabschluss.

Es wäre ein Missverständnis, wollte man annehmen, dass die Tektonik auf die klassizistische Architektur beschränkt wäre. Das widerspräche ihrem Status als Grundbegriff. Sie ist genauso Teil der Konzeption des Barcelona-Pavillons (1929), jetzt unter den Bedingungen des Neuen Bauens der 1920er Jahre. Nicht weniger als der griechische Tempel lebt auch der Barcelona-Pavillon von der poetischen Einheit von Sockel, Stützen, Wänden und einer quasi entmaterialisierten Deckenplatte. Beide Male, im griechischen Tempel wie im Barcelona-Pavillon, wird die Geschichte der Architektur vom Parergon, von der Oberfläche her erzählt, das eine Mal von den klassischen Flächenornamenten, das andere Mal von den Oberflächenstrukturen, -figuren und -mustern der Materialien wie des grobporigen Travertins, des blanken Edelstahls, des polierten Marmors und der weiß verputzten Decke.

Freiheit und Poetik der Form

Im Gegensatz zu Müller, dessen Konzeption der Tektonik noch unter dem Einfluss der französischen Revolutionsarchitektur stand, hat Bötticher seinen Platz in der Linie von Aufklärung und Idealismus. Für ihn verband sich mit der Tektonik ein Bildungsauftrag. Denn die Tektonik richtet sich über die »gebildeten Laien« hinaus an die Betrachter und Benutzer ohne architektonische Vorbildung. Mittels einfacher und verständlicher Bildersprache, und keineswegs im Sinne etwa der Ästhetik des Erhabenen vordergründig emotionalisierend, teilt die Tektonik etwas über die Konzeption, das Gedacht- und Gemachtsein des Gebäudes mit.

Als Lehrer an der Berliner Bauakademie stand Bötticher in der Tradition Karl Friedrich Schinkels (1781–1841), in dessen Geist erst »durch die ethische Verpflichtung auf ein Sollen [...] das Können seine kulturelle, humanistische Dimension« (Neumeyer 1993, 55) gewinnt. Und ganz im Sinne von Georg Wilhelm Friedrich Hegel (1770–1831) ist es die sinnliche Erscheinung der Dinge, durch die etwas erst zur Erkennbarkeit kommt. Tektonik zeigt sich als Medium der Erkenntnis und geistiger Freiheit, sie ist mithin demokratisch. Ihre erste reife Ausformulierung erhielt sie mit der Errichtung des Parthenons (447–438 v. Chr.) zur Zeit der Blütezeit der attischen Demokratie.

Hier setzt Kenneth Framptons *Grundlagen der Architektur* (1993.1) an. Im Untertitel heißt das Buch, das eine kritische Reaktion auf Postmoderne und Dekonstruktivismus war, *Studien zur Kultur des Tektonischen*. Hier zeigt sich die Tektonik wieder als Oppositionsbegriff. Das Buch erschien schließlich an der Schwelle zum digitalen Entwerfen Anfang der 1990er Jahre und stand damit im größtmöglichen Gegensatz zur allgemeinen Erregung über das *digital* und *parametric design* jener Jahre.

Bereits in dem Aufsatz *Kritischer Regionalismus* (1983) hatte sich Frampton gegen den »schwammigen und in vielen Fällen reaktionären Revisionismus« (Frampton 1993.2, 151) der Postmoderne und den fortschreitenden Abbau des Projekts der Moderne gewandt. Die Besinnung auf die Tektonik verstand er als einen erneuten *rappel a l'ordre*, motiviert aus der anhaltenden Bedrohung des aufklärerischen Anliegens der Moderne (Kap. 2 B).

Zu einem Oppositionsbegriff wurde die Tektonik, wo die Postmoderne die Ablösung der Kunstform und damit der architektonischen Zeichen von ihren konstruktiven und materiellen Grundlagen vollzog. Die Postmoderne zielte auf die Schwächung der Bindung der Kunstform an die Kernform oder des Parergons an das Ergon bis hin zu deren völliger Ablösung. Ohne indexikalische Bindung an Konzeption und Konstruktion wurden die Zeichen der Architektur zu dem, was man in der postmodernen Linguistik ein unmotiviertes Zeichen, einen *floating signifier* oder ein frei flottierendes Zeichen nennt. Ein solches Zeichen ist an nichts mehr gebunden, austauschbar oder frei kombinierbar. Derrida sprach auch vom »Kette-Sein«, von der »Supplementarität« oder der »Struktur der Substitution« (Derrida 1983, 281).

Wo die *floating signifiers* keinen Bezug mehr auf ein Ergon haben, löst sich selbst das Ergon auf. Alles ist dann Parergon. Denn das Ergon hat kein Medium mehr, durch das es auf sich aufmerksam machen könnte. Das Wesen der Dinge bleibt unthematisiert. Nichts kann jetzt mehr auf den Mangel des Ergons verweisen. Wie Robert Venturi, Denise Scott Brown und Steven Izenour in *Lernen von Las Vegas* (1979) exemplarisch an der modernen amerikanischen Geschäftsstadt gezeigt haben, ist nun alles nur noch Zeichen, die materielle Basis, die Substanz, die Kernform, das heißt das eigentliche Gebäude verschwindet hinter einer Wand von dominanten Zeichen, die keinen Bezug zum Gebäude haben. Venturi, Scott Brown und Izenour sprachen vom »Vorrang des Zeichens vor der Architektur« (Venturi u.a. 1979, 24) und prägten dafür das Bild des »dekorierten Schuppens« (Venutri u.a. 1979, 112). Dabei bezogen sie sich selbst auf historische Beispiele wie den Palazzo Rucellai von Leon Battista Alberti in Florenz oder den Palazzo Ducale in Venedig, was jedoch nur unter Missachtung von deren tektonischen Anliegen möglich war und kaum mehr als eine dürftige Rechtfertigung der belanglosen Behälterarchitektur der amerikanischen Geschäftsstadt darstellte.

Reduziert auf die reine Zeichenhaftigkeit wird die Kunstform zum Instrument von Choreographie und theatralischen Effekten. Dem setzte Frampton die »zwangsläufig erdgebundene Natur« (Frampton 1993.2, 2) der Architektur entgegen, was weniger wörtlich denn als Metapher für die Einheit von Stoff, Kern- und Kunstform gemeint war. Die Architektur sei eben »vielmehr tektonisch und taktil als szenographisch und visuell« (Frampton 1993.1, 2). Die gebaute Architektur sei immer in erster Linie Konstruktion und erst dann Raumgebilde. Wohl schließt das eine das andere nicht aus, aber der Raum ist eine Funktion der Konstruktion, wie Frampton insistiert, und damit dieser nachgeordnet.

Dahinter steht die Überzeugung einer dialektischen Konzeption der Moderne. Wie Frampton mit Berufung auf Manfredo Tafuris und Francesco dal Cos *L'Architettura contemporanea* (1976) zeigt, wird diese aber gerade mit der Missachtung der Tektonik schon in der frühen Moderne aufgegeben. So skizzierte Frampton zwei Strömungen oder Linien innerhalb der modernen Architektur, mit dem Raumparadigma – erstmals formuliert von August Schmarsow 1893 (Kap. 8 B) – als neuralgischem Punkt. Die eine Linie erweiterte die Tektonik durch das Raumparadigma und machte beide zur Grundlage der Dialektik der Moderne. Die andere Linie ist hingegen durch ein avantgardistisches Missverständnis geprägt, denn sie löste die Dialektik von Tektonik und Raum nach der Seite des Raums und damit zugunsten einer ausschließlich szenographischen Raumkonzeption auf.

Als zentraler Grundbegriff zeigt sich die Tektonik, wo sie eine offene, kreative Interpretation der Relation von Kern- und Kunstform in unterschiedlichen Zeiten, verschiedenen kulturellen Kontexten und angesichts von individuellen Sensibilitäten der Architekten ermöglicht. Grundbegriffe öffnen die Architektur der ganzen thematischen Breite und Vielfalt der Architektur. Sie arbeiten den orthodoxen Verengungen, die der Moderne immer wieder vorgeworfen werden, gerade entgegen, indem sie, wie Frampton zeigt, die Ausdifferenzierung der Themen ermöglichen – wie etwa als »text-tile Tektonik« (Frank L. Wright), »neue Monumentalität« (Louis Kahn), »tektonische Metapher« (Jørn Utzon)

SANAA, New Museum of Contemporary Art in Manhattan (2007)

oder »Verherrlichung des Gelenks« (Carlo Scarpa) –, zugleich aber am »klassischen Rationalismus« (Auguste Perret), der dem Begriff der Tektonik zugrunde liegt, festhalten.

Die kritische Frage nach dem Verständnis der Tektonik muss daher historisch tiefer ansetzen. Hinter die Postmoderne und Moderne zurückgehend, wittert Frampton schon bei der Entwicklung des Paradigmas des Raums durch Schmarsow Verrat an der Grundkonzeption der Moderne, ja der Architektur schlechthin. Die Moderne beginne dagegen mit der Tektonik, nicht mit dem Raum. So habe unter anderem Eugène Viollet-le-Duc (1814–79) in seinem Standardwerk *Entretiens sur l'architecture* (1872) kein einziges Mal den Begriff Raum verwendet. Und selbst in der Konzeption von Schmarsow blieb der Raum lange ein kunsthistorischer Begriff, der wenig mit der Auffassung und der Praxis der Architekten zu tun hatte.

Es zeigt sich hier aber auch die Schwäche der Tektonik in ihrem umfassenden Geltungsanspruch, wie er bei Bötticher angelegt war und schon kurz nach dem Erscheinen seines Buches zum Gegenstand der Kritik wurde. So erfuhr, viele Jahre vor Schmarsow, schon in Rudolf Redtenbachers (1840–85) *Tektonik. Principien der künstlerischen Gestaltung der Gebilde und Gefüge von Menschenhand* (1881) die Tektonik eine starke Verengung auf die künstlerische Seite. Lange vor der Postmoderne fand am Ende des 19. Jahrhunderts eine Ablösung der Kunst- von der Kernform statt, allerdings noch ohne die ironische, posthistorische Intention der Postmoderne. Auch Le Corbusiers System *Dom-Ino* gehört in diese Linie. Das System von übereinander gestapelten Deckenplatten und Stützen macht die Architektur zu einem freien, von der Konstruktion abgelösten Spiel abstrakter Flächen, Volumen und Grundrisse. Mit der daraus resultierenden Polarisierung in eine Ingenieursästhetik und, auf der Seite des Architekten, eine Ästhetik des Erhabenen fiel Le Corbusier hinter die Tektonik und ihren aufklärerischen Anspruch zurück.

Gleichwohl war die Tektonik nie ausschließlich an die Konstruktion gebunden. Wie in der hylemorphen Transformationslogik bei Aristoteles angelegt – im Übergang von Lehm, Backstein, Wand –, liegt der Tektonik immer auch ein Gefühl der Komposition, Lagerung oder Stapelung von Gebäudemassen zugrunde, also die Suggestion von Stabilität oder, je nach Intention des Architekten, auch Labilität. Im Sinne der Tektonik waren bei Semper auch große Gebäudemassen ein Kriterium für Monumentalität. Mit dem Schein der Labilität der Gebäudemassen stehen SANAAs New Art Museum (2007) in Manhattan oder das De Rotterdam-Gebäude (2013) von Rem Koolhaas (*1944) ebenfalls in der Traditionslinie der Tektonik.

Historische Vorläufer dafür sind die *Architektone* (1923) von Kasimir Malewitsch (1878–1935) oder der *Baukasten im Großen* (1923) von Walter Gropius (1883–1969), wie er in den Meisterhäusern (1926) in Dessau seinen konkreten Niederschlag fand. Die Meisterhäuser, die aus verschiedenen, gegeneinander verschobenen und übereinander gestapelten Volumen bestehen, sind tektonisch im besten Sinne des Wortes. Es löst sich hier, als Voraussetzung für die Tektonik der Gebäudemassen, das Parergon im Ergon der Volumen auf.

B Das Erhabene

Mit dem Aufkommen des Computers in den 1990er Jahren zeigte sich in der Architektur ein Phänomen eigener Art. Die doppelt gekrümmten, teils verschlungenen, teils stromlinienförmigen Gebäude, die mittels des *computational design* entworfen wurden, entfalten ihre überwältigende Wirkung, ohne dass man ihre Konzeption durchschauen oder gerade weil man sie nicht durchschauen kann. Frank Gehrys Guggenheim Museum (1997) in Bilbao, Peter Eisenmans Mahnmal für die ermordeten Juden Europas (2005) in Berlin oder Zaha Hadids Opernhaus (2010) in Guangzhou scheinen wie von geheimnisvollen Kräften geformt. Die Wirkung dieser Gebäude ist umso gewaltiger, je mehr sie aus ihrem Konzipiert- und Gemachtsein ein Geheimnis machen. Denn wenig davon kommt in ihrer äußeren Gestalt zur Sicht- und Erkennbarkeit. Sie stehen somit einerseits außerhalb der Theorie der Tektonik, wie sie sich im 19. Jahrhundert in der Hinwendung zur griechischen Klassik herausgebildet hatte; schließlich meint Tektonik ja, dass in der äußeren »Kunstform« die innere »Kernform« als die »die Funktion-erklärende Charakteristik« (Bötticher 1852, XV) sichtbar werden soll. Andererseits stehen sie aber auch außerhalb der Raumtheorien, wie sie zur selben Zeit in Reaktion auf die neuen Technologien von Glas und Stahl und in Ablehnung der Theorie der Tektonik entstanden waren. Das *computational design* bildet dagegen eine eigene Kategorie der Ästhetik, insofern sich mit ihm die Erfahrung von Gebäudeformen, -strukturen und -volumen verbindet, die, weil groß und unverstanden, einen überwältigenden und erhabenen Eindruck machen. So kehrt in zeitspezifischer Wendung die ästhetische Kategorie des Erhabenen zurück, jetzt aber in Form des Digital-Erhabenen. Es steht damit das *computational design* in einer Linie der Ästhetik, die ihren Ausgangspunkt in der spätrömischen Lichtmetaphysik des Göttlich-Erhabenen hat, welche sich über das Natürlich-Erhabene der Aufklärung und das Technisch-Erhabene des Maschinenzeitalters zum Postmodern- und Digital-Erhabenen entwickelte.

Vom Natürlich-Erhabenen zum Technisch-Erhabenen

Es entzog sich bisher der Historisierung der Moderne, dass sich gerade auch die moderne Architektur im Spannungsfeld der Ästhetik des Erhabenen entwickelte. Das zeigt sich bei Le Corbusier (1887–1965). In *Vers une architecture* erklärte er: »Zur Erhabenheit fähig, rührt sie [die Architektur] durch ihre Sachlichkeit unsere stärksten Urinstinkte an und wendet sich gleichzeitig durch ihre Abstraktion an unsere höchsten Fähigkeiten.« (Le Corbusier 2001, 37) Mittels Sachlichkeit und Urinstinkten oder Abstraktion und Sinnlichkeit sah Le Corbusier die Aufgabe des modernen Architekten, im Gegensatz zum Ingenieur, in der Erzeugung von erhabenen Gefühlen.

Le Corbusier stellte die Moderne in eine historische Linie mit der Ästhetik des Erhabenen. Charakteristisch für sie ist, wie man mit Immanuel Kant (1724–1804) feststellen kann, der »Übergang von dem Beurteilungsvermögen des Schönen zu dem des Erhabenen« (Kant 1996.2, 164). Ausgangspunkt für die Etablierung der ästhetischen Kategorie des Erhabenen war die empirisch-sensualistische Ästhetik des Pittoresken des Earl of Shaftesbury (1671–1713), von Joseph Addison (1672–1719) und Francis Hutcheson (1694-1746). Die Ästhetik des Pittoresken entwickelte sich im Laufe des 18. Jahrhunderts durch Edmund Burke (1729–97) und Moses Mendelssohn (1729–86), vor allem aber durch Kant in eine in der Moderne vielfältig transformierte »eigenständige ästhetische Urteilsform« (Böhme 1989, 119). Im Gegensatz zum Schönen, das in Kants Definition ohne Interesse, ohne Begriff, ohne Zwecke und allgemein gefallen soll, verbindet sich mit dem Erhabenen das Emotionale, Eruptive, Psychologische und Abgründige, das seinen Grund »bloß in uns« hat.

Kant unterschied zwischen zwei Formen des Erhabenen, dem »Dynamisch-Erhabenen« und dem »Mathematisch-Erhabenen«. Das erste wird durch Ereignisse wie Gewitter, Stürme, Blitz oder Erdbeben ausgelöst. Hier ist es das menschliche *Begehrungsvermögen*, das überwältigt. Mit dem »Mathematisch-Erhabenen« verbinden sich dagegen Dinge, die für das menschliche *Erkenntnisvermögen* zu groß sind. Dazu gehören zum Beispiel das Weltall in seiner Unendlichkeit und der Ozean in seiner Grenzenlosigkeit.

Ursprünglich wurden unter dem Erhabenen nur Phänomene der Natur subsumiert, die der Mensch weder mit dem Verstand noch mit dem Gefühl fassen konnte und die deshalb das »Erkenntnisvermögen« oder das »Begehrungsvermögen« des Menschen übersteigen. Dabei löst das in seinen Ursachen Unerklärbare der Natur im Betrachter eine existenzielle Erschütterung aus, was sich als »Unlust« zeigt. Charakteristisch für das Erhabene ist aber, dass die Unlust in Lust umschlägt. Nach Edmund Burke passiert dies, wenn das als grässlich und bedrohlich empfundene Ereignis in der Natur aus sicherer Distanz, also ästhetisch, betrachtet wird. Er spricht daher vom »delightful horror« und von einer »Art frohem Schrecken« (Burke 1989, 176).

Allein, dass das Ereignis nicht lebensbedrohend ist, genügte Kant als Bedingung für erhabene Gefühle nicht. Nach Kant stellt sich das Gefühl des Erhabenen dagegen ein, wenn der Betrachter, dem unabhängigen menschlichen Verstand folgend und gleichsam gegen die sinnliche Empfindung der Unlust gerichtet, den unerklärbaren Phänomenen eine rationale Erklärung unterschiebt. »Erhaben ist das, was durch seinen Widerstand gegen das Interesse der Sinne unmittelbar gefällt.« (Kant 1996.2, 193) Kant sprach von »Subreption« (Kant 1996.2, 180), mit der der Mensch sich die unverständlichen Vorgänge in der Natur erklärbar zu machen versucht, indem er ihnen, nach eigenem Maß und eigener Vorstellung, eine Logik unterstellt.

Die Technik der Subreption hat, interessanterweise, ihre Vorläufer in der griechischen Mythologie. Mittels der menschenähnlichen Götter schufen sich die Menschen eine ihnen verständliche Welt. Die Menschenähnlichkeit der Götter ermöglichte es ihnen, die unverstandenen Dinge der Welt durch diejenigen Erfahrungen zu erklären, die der Mensch an sich selbst wahrnehmen konnte. So wird die Welt der Götter durch allzu bekannte und allzu menschliche Intrigen und Emotionen, durch Kränkungen, Liebe, Eifersucht und Hass bestimmt und durch diese der Lauf der Dinge in der Welt. Durch solcherlei Übertragung konnte man zum Beispiel Sturm und Unwetter, deren Ursachen man nicht kannte, auf die aufgebrachte Stimmung des Meeresgottes Neptun zurückführen. So wurden die Naturereignisse etwas verständlicher und die Welt etwas weniger fremd.

Folgt man Kant, so kann die Architektur keine erhabenen Empfindungen auslösen. Denn das Gefühl des Erhabenen ist nur gegenüber den unverstandenen Naturphänomenen möglich. Die menschlichen Werke sind dagegen immer innerhalb der menschlichen Vernunft konzipiert. Das »Erhabene an Kunstprodukten (z.B. Gebäuden, Säulen u.s.w.)« (Kant 1996.2, 175) kann es nicht geben. Wie im Falle der Pyramiden von Gizeh oder St. Peter in Rom kann die Architektur, als rational konzipiertes Werk, nur *beinahe* zu groß sein. Die Pyramiden oder St. Peter können noch so »ungeheuer« oder »kolossalisch« (Kant 1996.2, 175) sein, ein Gefühl des Erhabenen lösen sie nicht aus. Hinzu kommt, dass – wegen seiner Bindung an einen Zweck und eine Funktion – das ästhetische Urteil über Architektur nicht frei sein kann, während nach Kant ästhetische Urteile sich ja gerade dadurch auszeichnen, dass sie frei sein sollen. Sie sollen »keinen Zweck des Objekts zum Bestimmungsgrunde haben« (Kant 1996.2, 175).

Um das Erhabene für die Architektur fruchtbar zu machen, musste dessen Konzeption erweitert werden. Ausgangspunkt der Öffnung war das Erkenntnisvermögen, durch das das Erhabene eine *besondere* Affinität zu Rationalität, System und Konstruktion hat, ohne dass es selbst ein Rationales im wissenschaftlichen Sinne ist. Kants ästhetische Kategorie des Erhabenen betraf interessanterweise jene Phänomene der Natur, die zunächst unerklärlich waren, aber im Laufe des 19. Jahrhunderts nach und nach durch die Naturwissenschaften enträtselt wurden. Zum Objekt des naturwissenschaftlichen Erkenntnistriebs wurde geradezu, was die Fähigkeit hatte, Gefühle des Erhabenen auszulösen, und dazu gehörten diejenigen Erscheinungen, die von jeher Erfurcht einflößten wie eben Gewitter und Blitz (Elektrizität), Höhe (Fliegen) und Tiefe (Bergbau), aber auch die unendliche Größe des Himmels oder das mikroskopisch Kleinste. Über das Erhabene besteht in der Moderne eine besondere Beziehung zwischen Ästhetik und (Natur-)Wissenschaft.

Mit der naturwissenschaftlichen Enträtselung und technischen Beherrschung der Natur öffnete sich das Erhabene auch der Architektur, indem nämlich das *Natürlich-Erhabene* mit der ins Übermenschliche gesteigerten Leistungsfähigkeit der technischen Erfindungen wie Dampfmaschine, Eisenbahn, Automobil und Zeppelin eine Wandlung zum *Technisch-Erhabenen* erfuhr. Wie zuvor die Erscheinungen der Natur, so übersteigen auch die großen Ingenieursbauten die Einbildungskraft der meisten Menschen. Auslöser erhabener Gefühle können nun die großen Brückenbauwerke des 19. Jahrhunderts wie die Brücke über den Firth of Forth (1890) in Schottland oder die Brooklyn Bridge in New York ebenso sein wie der Eiffelturm (1889) und später Fernsehtürme oder die Skyline von New York.

Moderne zwischen Sachlichkeit und Erhabenheit

Kants ästhetische Kategorien des Schönen und Erhabenen fanden in der Kunsttheorie der Moderne ihre Entsprechung in dem Vermögen der Einfühlung und der Abstraktion. Das ist das Thema von Wilhelm Worringers (1881–1965) gleichnamigem Buch *Abstraktion und Einfühlung* (1908). Entwickelt am Vorbild von Kants *Kritik der Urteilskraft*, gelang es Worringer, die Moderne in einer historischen Pendelbewegung zwischen den Polen des Einfühlungs- und des Abstraktionsdrangs zu zeigen. Im Gegensatz zum – positiven – Einfühlungsdrang, der sich in der Gestaltung von schönen Dingen artikuliert, findet im Abstraktionsdrang die Entfremdung des Menschen von sich und der Natur ihren gestalterischen Ausdruck.

Die mit der Industrialisierung einsetzende Entfremdung – Fabrikarbeit, Massengesellschaft, Leben in überfüllten Städten und Mietskasernen, aber auch die neue Geschwindigkeit durch Eisenbahn, Automobil und Flugzeug – diente Worringer als Erklärungsmuster für den Rückzug der Moderne zu einfachen Ordnungssystemen und geometrischen Modellen. Maschine und Massengesellschaft, die beide die Entindividualisierung und Entfremdung des Menschen von sich selbst zur Folge hatten, ließen nicht mehr so einfach ein einfühlendes Verhältnis zu den Dingen und der Welt zu. Mit den Abstraktionsverfahren dagegen konnten der verstörenden Komplexität des modernen Lebens einfache, allgemein verständliche, gestalterische Modelle entgegengesetzt werden.

Abstraktion heißt ja gerade nicht Rückzeug oder Reduktion, sondern im Gegenteil Steigerung und Verstärkung der Empfindungen. In dieser Tradition standen der Futurist Antonio Sant' Elia (1888–1916), der Architekt der Sachlichkeit Ludwig Hilberseimer (1885–1967) oder auch Walter Gropius, Begründer des Bauhauses und Architekt des Bauhausgebäudes in Dessau. Hilberseimers Entwurf für die Überbauung der Friedrichstadt (1924) in Berlin mit Hochhausscheiben und tiefen Straßenschluchten ist Ausdruck dieses modernen Technisch-Erhabenen. Das gilt ebenso für Le Corbusiers utopischen Entwurf der Ville Contemporaine (1922). Mit Hochhäusern von sechzig Geschossen wollte Le Corbusier das Zentrum von Paris mit extrem hohen, aber geometrisch klaren Formen überbauen. In der Erzeugung von erhabenen Gefühlen sah er die besondere Aufgabe des modernen Architekten. Mittels Sachlichkeit ziele die Architektur auf die »Erregung der Sinne« und die »Freude des Geistes« (Le Corbusier 2001, 164).

Für Le Corbusier bestand die zentrale Frage darin, wie aus den sachlichen Formen der Ingenieure »Architektur-Empfindungen« (Le Corbusier 2001, 40) werden können. Architektur bedeute »erhabene Empfindungen mathematischer Ordnung« (Le Corbusier 2001, 164). Es sei Aufgabe der Architekten, die »rohe Tatsächlichkeit« (Le Corbusier 2001, 37) der Ingenieure zu sublimieren. Um bei Kants Begriffen zu bleiben, gründet die moderne Architektur erst einmal in der Unlust angesichts der rohen, scharfkantigen und kristallinen Formen und Materialien. Modern im eigentlichen Sinn ist dann aber das erhabene Gefühl, wenn es in einem zweiten Schritt, in der Reflexion über die Konzeption der im ersten Moment abweisenden Formen, zum Umschlag von Unlust in Lust kommt. Für Le Corbusier war genau dieser Umschlag der Gefühle vom Negativen zum Positiven das zentrale Moment moderner Architektur.

In seinem Manifest *Vers une architecture* (1923) zeigte Le Corbusier dies beispielhaft an Getreidesilos aus Kanada und Australien, die so monumental und gewaltig sind, dass sie große, erhabene Empfindungen auslösen; wobei es gerade bei diesen Gebäuden schwerfällt zu verstehen, wo der Übergang von der »rohen Tatsächlichkeit« der Ingenieure zur erhabenen Form der Architekten stattfindet. Tatsächlich gab Le Corbusier diese Unterscheidung später auf, wie zum Beispiel mit dem Kloster von La Tourette (1960) oder an den Regierungsgebäuden in Chandigarh (1951–56). Die einfachen platonischen Formen wie Kubus, Zylinder, Pyramide etc. sollten nun direkt und ohne Umwege über den Ingenieur Ausgangspunkt des Architekturentwurfs sein. Der Architekt steht hier sowohl für die Sachlichkeit wie auch für deren Überhöhung zu erhabene Affekte auslösenden Formen.

Die Gebäudemasse auf den Effekt des Erhabenen hin zu modellieren, das zeichnet die Architektur als »künstlerische Tatsache« und »Phänomen innerer Bewegung« (Le Corbusier 2001, 33) aus. Dazu benannte Le Corbusier auch die Mittel. Es ist das Spiel von Licht und Schatten, denn Architektur ist das »kunstvolle, korrekte und großartige Spiel der unter dem Licht versammelten Baukörper« (Le Corbusier 2001, 38). Durch Licht und

Schatten treten die rohen Tatsächlichkeiten miteinander in Beziehung. Dadurch lösen sie emotionale Effekte im Betrachter und Benutzer aus. Das ist es, was die Baukunst von der Kunst des Ingenieurs unterscheidet: »Architektur ist da, um uns zu ergreifen. [...] Baukunst heißt ›Zusammenhänge‹, heißt ›reine Schöpfung des Geistes‹.« (Le Corbusier 2001, 33)

Le Corbusiers konzipierte das Architektonisch-Erhabene am Vorbild des Technisch-Erhabenen. Dazu setzte er die Architektur dem direkten Vergleich mit Maschinen wie Automobilen, Generatoren, Flugzeugen und Ozeandampfern aus. Die »Konstrukteure der Ozeandampfer machen kühn und wissend Paläste« (Le Corbusier 2001, 78 f.). Im Vergleich zu ihnen schienen Le Corbusier selbst die großen Bauwerke der Geschichte wie Notre-Dame de Paris oder der Arc de Triomphe klein (Le Corbusier 2001, 79). Die Ozeandampfer sind in aller Sachlichkeit durchorganisiert, sie sind Maschinen und Städte zugleich. Mehr als über die Getreidesilos kam über den Umweg des Ozeandampfers das Erhabene, jetzt als Technisch-Erhabenes, in die Architektur.

In *Vers une architecture* vermerkte Le Corbusier dann unter einer Abbildung des Parthenon-Tempels: »Das ist die Maschine, die uns erregt. Wir treten ein in die Unerbittlichkeit der Mechanik.« (Le Corbusier 2001, 159) Diese Formen wecken »unwiderstehliche Empfindungen«. Die Durchbildung der Formen im Marmor sei mit jener strengen Sachlichkeit verwirklicht, »die wir an der Maschine zu üben gelernt« (Le Corbusier 2001, 162) hätten. Es habe ihn die Maschinenästhetik des modernen Zeitalters dafür sensibilisiert, dass die architektonischen Details des Parthenon-Tempels den Eindruck »nackten und polierten Stahls« (Le Corbsuier 2001, 162) machten. Die »unerschütterliche Festigkeit« des Marmors löse »innere Erregung« (Le Corbusier 2001, 156) aus, vergleichbar mit der Erregung, die sich vor einer laufenden, dröhnenden Turbine, einem Bugatti-Motor oder einem

Rennwagen mit 250 PS einstellt – alles Beispiele, die Le Corbusier in seinem Buch aufführt. Sensibilisiert durch das Maschinenzeitalter erkannte Le Corbusier retrospektiv das Technisch-Erhabene im Ältesten und Höchsten, im Parthenon-Tempel, wieder.

Boullée: Bild der Unendlichkeit

Le Corbusiers Technisch-Erhabenes hatte, über die Maschine hinaus, seinen architektonischen Fixpunkt in Étienne-Louis Boullée (1728–99), der neben Claude-Nicolas Ledoux (1736–1806) und Jean-Jacques Lequeu (1757–1826) einer der Architekten war, die von Emil Kaufmann (1891–1953) mit Bezug auf die Französische Revolution als Revolutionsarchitekten bezeichnet wurden. Klaus Jan Philipp (*1957) hat allerdings darauf hingewiesen, dass ihre Entwürfe und Projekte keineswegs in dem Sinne revolutionär waren, »daß sie mit der überlieferten Architektur brechen« (Philipp 1990, 9) wollten. Im Gegenteil stellen sie gerade ein Bindeglied zwischen Klassizismus und Moderne her. Auf die Verbindung zwischen Le Corbusier und Boullée, die bis in den Sprachduktus ihrer Abhandlungen *Vers une architecture* (*Ausblick auf eine Architektur*) (1923) und *Architecture. Essay sur l'art* (*Architektur. Abhandlung über die Kunst*) (1793) reicht, hatte wiederum Kaufmann hingewiesen.

Boullée war der Meinung, dass die Architektur einerseits im »l'horreur des ténèbres«, dem Schrecken der Finsternis, gründen, andererseits in der Wandlung des Schreckens in einen »Hauch himmlischer Empfindung« (Boullée 1987, 153) bestehen solle. Diese bezeichnete Boullée auch als Empfindung des Erhabenen.

An seinem Entwurf für eine Basilika zeigte Boullée, welches für ihn die Prinzipien des Erhabenen in der Architektur sind. Erhaben ist die Darstellung der unendlichen Größe der Natur. Ziel ist es, ein »Bild der Unendlichkeit« (Boullée 1987, 83) der

Natur zu erzeugen. Das Mittel dazu besteht darin, Kuppeln, Säulenhallen und Malereien in den Wölbungen »leicht und schwerelos zu machen, wie es nur überhaupt möglich ist« (Boullée 1987, 82). So könnten lange Säulenreihen, die in perspektivischer Verkürzung wahrgenommen werden, ein Bild des Unendlichen erzeugen. Wo Horizontale und Vertikale ununterscheidbar ineinander übergehen, könne eine Kuppel in geeigneter Ausmalung die Empfindung der Schwerelosigkeit und Grenzenlosigkeit erzeugen. Wie das funktionieren könnte, hat Boullée an seinem Entwurf eines Kenotaphs für Isaac Newton in Form einer Kugel zu zeigen versucht, wenn auch nur im Medium der Zeichnung.

Das Erfahrbarmachen der nicht rational fassbaren, unendlichen Größe der göttlichen Schöpfung im endlichen Rahmen mit den Mitteln des Bauens – das war für Boullée Architektur. »Der Architekt muss die Natur in der Kunst zum Ausdruck bringen.« (Boullée 1987, 65) Ganz nah noch an der Definition des Göttlich-Erhabenen durch den spätrömischen Autor Pseudo-Longinos, sprach Boullée vom »himmlische[n] Bild« (Boullée 1987, 83) der Unendlichkeit. Dieses könne mittels Architektur erzeugt werden, weil diese Disziplin im Gegensatz zu Malerei und Skulptur diejenige Kunst ist, die gerade die Natur nicht nachahmt. Sie steht in einer Beziehung der Analogie zu ihr. Daher Boullées Bekenntnis: »Mit größter Sorgfalt vermeide ich es, Kunst und Natur gegeneinander auszuspielen. Letzterer entlehne ich ihre wertvollen Wirkungen und passe sie der Kunst an; dank dieser Gaben der Natur kann ich die Kunst zur Erhabenheit führen.« (Boullée 1987, 84)

Bei Boullée verschränkt sich das Göttlich-Erhabene der Architektur des Lichts mit dem Natürlich-Erhabenen zu einer Zeit, als sich 1783 mit dem ersten Ballonflug der Brüder Montgolfier der Wandel zum Technisch-Erhabenen schon ankündigte. Boullée assoziierte, wie er schrieb, mit dem Ballonflug eine Erfahrung des

Erhabenen, vergleichbar mit dem Blick von der Spitze eines Berges. Darin scheint die Besteigung des Mont Ventoux nachgewirkt zu haben, wie sie Petrarca (1304–74) für den 26. April 1336 in *Die Besteigung des Mont Ventoux* beschrieben hat. Petrarca schilderte die erhabene Empfindung beim Blick vom Gipfel hinunter auf die Welt. Dabei wandelten sich die wilde Natur zur Landschaft und das Göttlich-Erhabene zum Natürlich-Erhabenen. Es ist der Beginn des Zeitalters des Humanismus.

Boullée führte in seiner Konzeption des Erhabenen exemplarisch drei Bilder zusammen: 1. »Der Feuer und Tod speiende Vulkan ist ein Bild von schrecklicher Schönheit!« 2. Der Mensch auf offener See, nur Himmel und Wasser um sich, biete ein »Schauspiel der Unendlichkeit (immensité)«, und wenn 3. im Ballon der »Mensch so in der Unendlichkeit dahintreibt, in einem Abgrund unermeßlicher Weite, wird er tief erschüttert durch das außergewöhnliche Schauspiel eines nicht faßbaren Raumes« (Boullée 1987, 75). Im Sinne des Technisch-Erhabenen hatten die Ballonflüge damals, wie Adolf Max Vogt (1920–2013) feststellte, einen vergleichbaren Stellenwert wie die »Mondflüge Ende der sechziger Jahre« (Vogt 1987, 22).

Das Erhabene verband sich für Boullée mit Lichteffekten, »die in uns verschiedenartige und gegensätzliche Empfindungen auslösen je nachdem, ob sie strahlend oder düster sind« (Boullée 1987, 80). Das erhabene Gefühl entsteht durch optische Auflösung des architektonischen Raums mittels indirekter Lichtführung. »Dem Auge des Betrachters verborgen, irgendwie geheimnisvoll und ausschließlich in die Kuppel gerichtet, bewirkte dieses Licht den strahlendsten und überraschendsten Eindruck.« (Boullée 1987, 83) In dieser Beschreibung wirkt noch die barocke Lichtmetaphysik nach. Umso mehr zeigt sich Boullée als Übergangsfigur, wo umgekehrt Le Corbusier mit seiner Definition der Architektur als dem »kunstvolle[n], korrekte[n] und großartige[n] Spiel der unter dem Licht versammelten Baukörper« (Le Corbusier 2001, 38) an Boullées »Spiel von Licht und Schatten« (Boullée 1987, 67) ansetzte. In Vermittlung durch Boullées »Darstellung des Nichtdarstellbaren« steht die moderne Architektur mit der spätrömischen Lichtmetaphysik des Pseudo-Longinos in Verbindung.

Boullée wies aber auch darauf hin, dass keineswegs die Größe der Architektur allein genüge, erhabene Gefühle auszulösen. Die schiere Größe kann sogar den gegenteiligen Effekt haben, denn das Erhabene in der Architektur sei letztendlich Sache der Ausgewogenheit und Angemessenheit der Mittel. Mit Bezug auf St. Peter in Rom schreibt Boullée: »In dem Glauben, Großes zu schaffen, hat er [der Architekt] Giganteskes geschaffen.« (Boullée 1987, 73) Ohne das Spiel von Licht und Schatten mindere das allein Gigantische der Säulen die Erfahrung des Erhabenen, so Boullées Kritik an St. Peter in Rom, St. Paul in London und Les Invalides in Paris.

Mit dem Gigantesken beschrieb Boullée den fließenden Übergang zwischen dem Erhabenen und dem Lächerlichen. »Vom Erhabenen zum Lächerlichen ist es nur ein Schritt« – diesen Satz schreibt man gemeinhin Napoleon zu. Beispielhaft kann dafür die Große Halle des Volkes stehen, die Albert Speer (1905–81) für die neue Hauptstadt des »Dritten Reiches« Germania plante. Die Halle wäre maßstabslos, »gigantesk« und ohne sublimierenden Effekt des Lichts gewesen. In der Größe des Gebäudes wäre die Rednertribüne kaum wahrnehmbar gewesen, geschweige denn der Redner. Der Umschlag des vermeintlich Erhabenen ins Lächerliche ist auch das große Thema von Charlie Chaplins (1889–1977) Hitlerparodie *Der große Diktator*.

Das Digital-Erhabene

Mit dem Einzug des Computers in die Architektur vollzog sich seit Anfang der 1990er Jahre eine weitere Verschiebung innerhalb des Konzepts des Erhabenen, dieses Mal vom Technisch-Erhabenen der analogen Maschine zum Technisch-Erhabenen des Computers oder einfach zum Digital-Erhabenen, dessen Logik des Algorithmus sich der Sichtbarkeit und damit der einfachen Nachvollziehbarkeit entzieht. Angesichts der angsterregenden Geschwindigkeit der kaum zu kontrollierenden Algorithmen, die den computergesteuerten Handel an den Aktienmärkten bestimmen, forderte zum Beispiel vor einiger Zeit ein prominenter Kritiker, »die geistige Autonomie über mathematisch-algorithmische Prozesse zurückzugewinnen, die uns definieren, ohne dass man sie durchschaut« (Schirrmacher 2012).

Ähnliches lässt sich für die Architektur feststellen. Projekte wie das Heydar Aliyev Center (2012) in Baku von Zaha Hadid und Jürgen Mayer H.s Sarpi Checkpoint (2011) oder Terra Karavana (2008) in Georgien lassen kaum Zeichen erkennen, mittels derer die Logik der Konzeption und der Konstruktion des Gebäudes kommuniziert würde. Die Schwierigkeit mit dem *computational design* besteht darin, dass es wohl auf präzisen mathematisch-algorithmischen Verfahren gründet, diese aber nicht ins Bild setzt. Es fehlt die Ambivalenz zwischen Sichtbarem und Unsichtbarem, es fehlen der Rätselcharakter oder die Spannung zwischen »Kernform« und »Kunstform« (Bötticher 1852, XV). Sie beeindrucken dagegen durch die völlige Dissimulation ihres Gemachtseins. Sie sind ausschließlich auf Effekte und ebenso starke Affekte aus, wobei ihnen etwas Mystisches und Dämonisches anhaftet, selbst oder gerade dort, wo sie einer strengen technisch-konstruktiven Rationalität entspringen. Aber was hilft es, wenn dieses sich nicht zeigt, wenn die Kommunikation darüber verweigert wird!

In dieser Verweigerung dürfte auch der Grund liegen, weshalb die Architekturen des *computational design* sich bei autoritären Staaten und ihren mit absoluter Macht herrschenden Oligarchen so großer Beliebtheit erfreuen. Dazu gehört besonders das bereits genannte Heydar Alijev Center in Baku in Aserbaidschan von Zaha Hadid. Weil es ein Geheimnis aus der ihm zugrunde liegenden Logik macht, ist dieses Gebäude Metapher für eine ungreifbare Macht und damit symbolische Form der Repräsentation des autoritären Herrschaftssystems.

Passend ist hier jenes Wort von Nietzsche, der in der *Götzen-Dämmerung* die Architektur als außerhalb der Künste stehend und als höchst politisch beschrieben hat. Er spricht dort vom Bauwerk als »Versichtbarung« des Willens zur Macht, Architektur sei »eine Macht-Beredsamkeit in Formen, bald überredend, selbst schmeichelnd, bald bloss befehlend« (Nietzsche 1999, 118 f.). Gerade das Heydar Alijev Center lässt in dieser Hinsicht wenig Spielraum für Interpretationen. Im Sinne des Digital-Erhabenen steht es für die Macht, »die keinen Beweis mehr nöthig hat, die es verschmäht, zu gefallen; [...] die ohne Bewusstsein davon lebt, dass es Widerspruch gegen sie giebt« (Nietzsche 1999.3, 118 f.).

Vor diesem Hintergrund wird schließlich auch der humanistische Gehalt des Mottos »Ed io anche sono pittore« oder »Auch ich bin Maler« (Boullée 1987, 44) erkennbar, das Boullée seinem Essay *Architektur. Abhandlung über die Kunst* vorangestellt hat. Boullée wollte damit nicht die Malerei über die Architektur stellen. Im Gegenteil, nur malerisch lässt sich das Ins-Bild-Setzen der rationalen Grundlagen eines Gebäudes darstellen. Das war für Boullée, den Revolutionsarchitekten, eine humanistisch-aufklärerische Forderung. Das Heydar Alijev Center ist das Gegenteil davon, es wirkt, als sei es allein von einer gewaltigen Kraft, die aus dem Verborgenen zu kommen scheint, geformt.

Eine latente Gefahr des Digital-Erhabenen besteht darin, dass im digitalen Formalismus die Bildwerdung der Architektur misslingt, dass die Formen keine zweiten oder dritten Bilder evozieren, dass sie über das, was man sieht, hinaus auf keine Inhalte deuten. Und so scheitert auch die Subreption. Was sollte man auch dem Heydar Alijev Center an Assoziationen oder logischen Verfahren unterschieben, es gibt keine Anhaltspunkte dafür, an die man anknüpfen könnte. Das heißt aber auch, dass die Transformation der Affekte in ein Moment der Erkenntnis, charakteristisch für das Kant'sche Erhabene, nicht stattfinden kann. Es bleibt bei der Erschütterung oder beim Erstaunen – und nichts mehr.

Beim Guggenheim Museum in Bilbao verhält es sich dagegen anders. Die auch hier scheinbar von unsichtbaren Kräften hervorgebrachten Formen lassen sich immer auch als Bilder lesen, sei es als Schiffs- bzw. Fischmetapher oder anderes, je nach der individuellen Einbildungskraft. Hier sind auch die freien, gekrümmten und gebogenen Figuren stets mit kubischen, streng geometrischen und abstrakten Volumen kombiniert. Einfühlungs- und Abstraktionsdrang, das Schöne und das Erhabene ergänzen sich komplementär. Das setzt sich selbst in der Raumfolge im Inneren fort. Bedeutungsvoll ist auch, dass die gekrümmten und gewellten Formen die ihnen zugrunde liegende rationale Struktur, das heißt ihr Gemachtsein, tatsächlich an manchen Stellen offen zeigen – wie zum Beispiel in der zum Museum gehörenden turmartigen Struktur, die auf ihrer dem Museum zugewandten Seite ohne Verkleidung geblieben ist und so die Tragstruktur, die rationale Ebene hinter der Fassade offenbart.

8. Raum

A Körper

Mitte der 1990er Jahre hat sich die Rede vom *spatial turn* oder von der Raumwende in der Architektur etabliert. Anlass dafür waren einerseits die Debatten um den virtuellen Raum der Computerwelten und andererseits die territoriale Dimension der Globalisierung, durch die das Phänomen Raum neue Aufmerksamkeit erhielt. Das mag verwundern, schließlich lässt sich der Raum von der Architektur nicht trennen, und man sollte annehmen, dass er einer der selbstverständlichen Grundbegriffe der Architektur ist. Ganz so selbstverständlich ist dies aber nicht, auch wenn die Architektur als Baukunst eine Raumkunst ist. Zwar war und ist die Schaffung von Räumen eine der grundlegenden Aufgaben der Architektur, allein »das Bauen gestaltet niemals ›den‹ Raum« (Heidegger 1991, 99), wie Martin Heidegger in *Bauen Wohnen Denken* (1951) feststellte. Denn der Raum ist »kein Gegenüber für den Menschen, er ist weder ein äußerer Gegenstand noch ein inneres Erlebnis« (Heidegger 1991, 97 f.). Dass der Raum selbst voraussetzungslos und darin wiederum Voraussetzung für die Architektur ist, mag ein Grund dafür sein, weshalb er in der Architektur lange Zeit nicht thematisiert wurde. Hinzu kommt, dass seit dem 15. Jahrhundert, mit ihrer Erfindung durch Filippo Brunelleschi (1377–1446), die Perspektive das zentrale Raumparadigma in der Architektur bildete. Das perspektivische Sehen betraf allerdings mehr den städtischen als den architektonischen Raum, da in der Nahbeziehung die Innenräume kein perspektivisches Sehen erlauben. Mit Blick auf den individuellen Betrachter lässt sich der Raum auf drei Ebenen konzeptualisieren, a. in Bezug auf den *Körper* (August Schmarsow, Adolf von Hildebrand, Paul Klopfer), b. in Bezug auf das *Bewusstsein* (Edmund Husserl, Martin Heidegger, Gaston Bachelard, Maurice Merleau-Ponty) und c. in Bezug auf die *Leiberfahrung* (Karlfried Graf von Dürckheim, Friedrich Bollnow, Erwin Straus, Hermann Schmitz). Darüber hinaus lässt sich eine vierte Kategorie, die »Topologie« (Günzel 2007, 21) oder der topologische Raum, benennen, der die sozialen, kulturellen und medialen Aspekte umfasst.

Körper, Raum, Plastik

Zum Thema wurde der architektonische Raum gegen Ende des 19. Jahrhunderts interessanterweise in kunstgeschichtlicher Perspektive. Die Impulse dafür kamen, so verwunderlich das auch klingen mag, nicht aus der Architektur, sondern aus der Kunstgeschichte. Eine Schlüsselstellung nahmen dabei zunächst August Schmarsow (1853–1936), Alois Riegl (1858–1905) und Heinrich Wölfflin (1864–1945) ein, bis sich dann Anfang des 20. Jahrhunderts die Debatten in die Philosophie verlagerten. Es waren Edmund Husserl (1859–1938), Henri Bergson (1859–1941), Martin Heidegger (1898–1976) und Ernst Cassirer (1874–1945), die in bewusstseins- oder leibphänomenologischer Ausrichtung die theoretischen Grundlagen für die modernen Raumtheorien legten.

Auf dieser Basis wurde in den 1920er Jahren der Raum in der Architektur durch Fritz Schumacher (1869–1947), Albert Brinckmann (1881–1951), Herman Sörgel (1885–1952) und Sigfried Giedion (1888–1968) theoriefähig, während gleichzeitig mit dem Konstruktivismus, dem Kubismus und der Neuen Sachlichkeit einige bedeutende Beiträge aus der Praxis heraus entstanden. So wurde der Raum zum zentralen Thema im russischen Konstruktivismus, im Höheren Künstlerisch-Technischen Institut oder *Vchutemas* in Moskau, im Kubismus von *De Stijl* und Le Corbusier, aber auch mit Walter Gropius' *Baukastensystem* und Adolf Loos' *Raumplan*.

Mit dem Diktum »Bauen ist Raumerlebnis« (Finsterlin 1981, 80) stellte Hermann Finsterlin 1924 die *Erlebnisqualität* des Raums in den Vordergrund, während Erich Mendelsohn für die Architektur von einer »eigenen Raumgeschichte« (Mendelsohn 1981, 51) sprach. In Hinblick auf die danach stets präsente Raumthematik konnte Peter Sloterdijk (*1947) zu Recht von den »›Raumrevolutionen des 20. Jahrhunderts« (Sloterdijk 2004, 503) sprechen und Michel Foucault vom »Zeitalter des Raums« (Foucault 2006, 317).

Obwohl der Raum ein der Architektur zugrunde liegendes Apriori ist, kommt der Architektur gerade die Aufgabe zu, die Voraussetzungen zu schaffen, dass Räume überhaupt entstehen, in denen die unterschiedlichen menschlichen Sozialisierungsprozesse stattfinden können. Das meinte Heidegger, als er feststellte, dass das Bauen »eher ein Stiften und Fügen von Räumen« (Heidegger 1991, 99) sei, während es selbst doch schon immer im Raum gegründet sei. Fritz Schumacher (1869–1947) etwa sprach, die kunst- und architekturhistorische Konzeption des Raums kritisierend, vom »neuen Raumbegriff« (Schumacher 1919, 399), für den ein »soziologischer Stilbegriff« entwickelt werden müsse, »der allmählich mehr und mehr die Bedeutung des ästhetischen Stilbegriffes in den Schatten stellt« (Schumacher 1977, 309).

Spricht man vom Raum, so geht es keineswegs nur um geschlossene Volumen. Dies hatte Camillo Sitte (1843–1903) in seinem Buch *Der Städtebau nach seinen künstlerischen Grundsätzen* (1889) zum Thema gemacht. Sitte stellte für den modernen Städtebau das Malerische und Pittoreske der Raumwirkung und damit die Oberflächenwirkung ins Zentrum. Die Stadträume selbst bezeichnete er als »großartiges hypäthrales Interieur« (Sitte 2001, 10) und definierte damit, in Bezug auf das Forum Romanum in Rom, die städtischen Räume als Innenräume in der Tradition der Hypäthraltempel, also der Tempel, die nicht überdacht sind. So ist bei den Tempeln von Philae oder Didyma der Raum der Cella allein durch vier Wände definiert und nicht durch ein Dach. Das kann auf die heiligen Bezirke in ihrer frühen Form zurückgeführt werden, die nur mittels Zäunen oder Mauern räumlich definiert wurden.

Sitte sah also auch im Stadtraum einen nach oben offenen Innenraum, mit den Hausfassaden als Elementen, die sowohl zum Stadtraum wie auch zum Innenraum der Gebäude gehören. In Venedig spricht man, in der Tradition der Hypäthraltempel, heute noch von der Piazza San Marco als dem *salotto* oder dem Wohnzimmer der Venezianer. Über die Verbindung zu den Hypäthraltempeln konnte Sitte dann den Stadtplatz als sakralen Gemeinschaftsraum definieren. Ähnlich argumentierte auch August Schmarsow in Bezug auf die Architektur. »Einfriedung und Umwandungen [...] unter freiem Himmel« (Schmarsow 2007, 112) genügten für die Raumerfahrung, es bedürfe keines Dachs. Als Kunsthistoriker zeigte Schmarsow sich frei vom »Vorurtheil der einseitig constructiven Auffassung der Architektur, wenn man Dach und Decke für die Hauptsache nimmt, statt die Umwandung schon als Raumgestaltung anzuerkennen« (Schmarsow 2007, 112).

Bis zu dem Zeitpunkt, an dem er selbst zum Thema der Architektur wurde, war der Raum anderen Themen wie *Tektonik und Konstruktion* oder *Licht und Transparenz* untergeordnet, wie zum Beispiel in der Lichtmetaphysik der barocken Kirchen und später dann in der Transparenz der Glaspaläste der Weltaussstellungen. Dafür war im 19. Jahrhundert Schopenhauers Metaphysik des Schönen mit ihrer »doppelte[n] Schönheit« (Schopenhauer 1989, 306) leitend. Nach Schopenhauer sind die zwei Bestandteile, die die Architektur ausmachen, Material und Licht. Auf der einen Seite steht die »Materie als Qualität« (Schopenhauer 1989, 302), auf der anderen Seite das der Undurchdringlichkeit des Materials »entgegengesetzte Wesen des Lichts« (Schopenhauer 1989, 306). Mit dem Licht würden die Dinge überhaupt erst sichtbar und erkennbar.

Weil es die Bedingung und das objektive Korrelat der vollkommensten anschaulichen Erkenntnisweise ist, ist das »Licht das erfreulichste der Dinge« (Schopenhauer 1989, 306). Im Spiel von Licht und Schatten werden die Fassaden und mit ihnen die Gebäude belebt. Dass mit der Transparenz und Filigranität der Stahl- und Glaskonstruktionen des 19. Jahrhunderts die Metaphysik des Schönen in der Architektur ins Wanken geriet, hatte Schopenhauer durchaus erkannt. Die schwarze Farbe des Stahls verhindere die Wirkung des Lichts und stehe seiner Eigenschaft, die Materialität der Architektur zu transzendieren, im Weg. Deswegen kommt Eisen als Material für die Architektur, insofern sie schöne Kunst oder Baukunst ist, wie Schopenhauer meint, nicht infrage.

Nicht lange ließ aber die Kritik an den frühen Raumdefinitionen auf sich warten. Sie machte sich an der Bildwirkung fest und der Vorstellung, dass der Raum, so wie Schmarsow ihn konzipiert hatte, im Durchschreiten von Bildebenen entstehen würde. Sitte selbst sprach von der »Hervorbringung malerischer und auch architektonischer Wirkungen« (Sitte 2001, 61). Ihm zufolge liegen der Raumerfahrung pittoreske und malerische Bildwirkungen zugrunde, eine Auffassung, die allerdings zum Objekt der Kritik wurde. Wie Albert Brinckmann in *Platz und Monument* (1912) schrieb, erinnerten die malerischen Wirkungen, wie bei

Sitte beschrieben, »nur zu leicht an Theatereffekt« (Brinckmann 1912, 165).

Brinckmann brachte daher die Raumfrage in eine entwicklungsgeschichtliche und geschichtsphilosophische Perspektive. Mit Hegel argumentierte er, erst das Ende der Kunst, also erst die Absage an Ornament, Stil und Historismus habe ermöglicht, dass der Raum ins Bewusstsein der Architekten treten konnte. Erst dadurch habe die Fläche neu entdeckt werden können, aber nicht, wie bei Sitte, als Medium bildhafter Repräsentation, sondern als Medium der »Begrenzung von Raum und Plastik« (Brinckmann 1924, 88). Die Moderne zeigt sich, so Brinckmanns Überzeugung, im »Willen zu Raum und Plastik« (Brinckmann 1924, 87), nicht im Willen zur Fläche und Bildwirkung.

Mit Brinckmann waren die Raumdebatten in der Architektur angekommen, nachdem es vorher vor allem die Kunstgeschichte war, die sich dafür interessiert hatte. Interessanterweise sah Brinckmann, wie später auch Sigfried Giedion in *Bauen in Frankreich: Bauen in Eisen – Bauen in Eisenbeton* (1928), die Impulse dafür vom »eisernen Träger« und den »Konstruktionen der Ingenieure« ausgehen. Im Ingenieurbau lagen die »Grundlagen, auf denen das neue raumplastische und funktionale Gefühl sich entwickeln« (Brinckmann 1924, 88) konnte. Brinckmann thematisierte hier, am Leitfaden des Raums, nichts weniger als die Idee der Geburt der modernen Architektur aus dem Industriebau.

Husserl: Raum und Bewusstsein

Während Schmarsow die Dreidimensionalität des Körpers zum Ausgangpunkt der Frage nach der Wahrnehmung der Umwelt und des Raums gemacht hatte, stellte der Philosoph Edmund Husserl die Frage nach der bewusstseinsmäßigen Konstitution der Lebenswelt ins Zentrum seiner *Analyse der Wahrnehmung*. Die

Frage war, wie sich »das Bewußtsein auf raumdingliche Gegenstände bezieht« (Claesges 1964, 58).

Husserl nahm dabei eine Reduktion der sinnlichen Wahrnehmung auf Sehen und Tasten vor und abstrahierte von all dem, »was nicht der Korrelation von ›Sehen‹ und ›Gesehenem‹ angehört« (Claesges 1964, 58). Das stellte ein Problem dar, wurden so doch die anderen an der Wahrnehmung beteiligten Sinne, besonders der Körper- und der Leibsinn, ausgeklammert. Dennoch bietet Husserls Analyse einige für das gesamtheitliche Verständnis der Raumerfahrung grundlegende Erkenntnisse, vor allem dort, wo er die Wahrnehmung in »primordialer« Einstellung, also bezogen auf das Subjekt und seine Stellung zur Welt thematisierte.

Ausgangspunkt ist die Welt als *Phänomen*, als subjekt-relative Erscheinung. Nicht »da draußen« sind die Objekte und Dinge gegeben, sondern sie entstehen im Bewusstsein. Eine der zentralen Fragen dabei ist, wie der Mensch Objekte im dreidimensionalen Raum überhaupt wahrnehmen kann, wo er doch jedes Objekt nur in »perspektivischer Abschattung« (Husserl 2007, 166) vor sich sieht. Wir sehen von einem Gebäude immer nur eine Ansicht, während der größere Teil des Gebäudes für uns unsichtbar ist. Husserl spricht hier von der »bestimmbaren Unbestimmbarkeit« (Husserl 2007, 58) und vom »Leerhorizont« der Wahrnehmung.

Im strengen Sinne ist Wahrnehmen, so Husserl, immer »Originalbewußtsein«. Man sieht nur das, was sich dem Auge präsentiert. Und das ist immer nur die Vorderseite der Dinge. Trotzdem sind wir uns sicher, dass es auch eine Rückseite gibt und eine Innenseite oder verschiedene Rück- und Innenseiten. Die Frage ist, warum wir uns da so sicher sein können. Das liegt am »Mitbewußthaben«, denn Wahrnehmen besteht, so Husserl, immer nur im Sinne einer erweiterten Tätigkeit. Was wir zu sehen glauben, ist immer eine Kombination des Originalbewusstseins mit einem Mitbewussthaben. Wir ergänzen das, was wir gerade sehen, mit dem, was wir über den Gegenstand aus anderen Perspektiven schon wissen oder zu wissen glauben.

Wenn wir zum Beispiel vor dem Reichstagsgebäude in Berlin stehen, sind wir uns sicher, dass dieses nicht nur aus einer Fassade oder zwei Fassaden besteht, je nachdem ob wir frontal vor dem Gebäude stehen oder seitlich versetzt. Wir sind uns sicher, dass das ein konventionelles Gebäude ist und es daher noch andere Fassaden und ein Dach haben muss. Wir sind uns außerdem ziemlich sicher, dass die Kuppel, von der wir nur einen Teil sehen, eine kreisförmige Grundrissfigur besitzt. Vielleicht waren wir schon einmal auf dem Dach des Reichstagsgebäudes und sind die Rampe hoch in die Kuppel gegangen, so dass wir diese Erfahrung wiedererinnern und zur aktuellen visuellen Erfahrung ergänzen können.

Husserl spricht in diesem Fall von »Retentionen«, also zurückliegenden Erfahrungen, die in die jeweils aktuelle sinnliche Erfahrung, das Originalbewusstsein, eingehen. Aber es gibt auch Hinweise des Objekts selbst, dass es noch weitere Fassaden und ein Innen gibt. Zum Beispiel können wir zum Teil durch die Fenster hineinschauen, was uns suggeriert, dass es sich tatsächlich um ein dreidimensionales Gebilde handelt und nicht nur um die kulissenartige Fassade eines potemkinschen Dorfs, auch wenn wir den ganzen Innenraum nicht überblicken können.

Die Architektur ist demnach immer Gegenstand der imaginativen Vorwegnahme eines Nicht-Gesehenen mithilfe von anderweitig gemachten Erfahrungen. Husserl benennt dies mit dem Begriff der »Protention«. Im dynamischen Fortgang der Wahrnehmung haben wir es immer mit Protentionen zu tun. Sie haben »die Gestalt von stetigen Urerwartungen, die sich erfüllen, und das sagt: Aus den Hinweissystemen der Horizonte aktualisieren sich gewisse Hinweislinien kontinuierlich als Erwartungen, die sich stetig erfüllen in näherbestimmenden Aspekten.« (Husserl 2007, 169)

In der Bewegung vor dem Gebäude, um es herum und in ihm wird der Leerhorizont ständig mit real Wahrgenommenem gefüllt, während das zuvor Wahrgenommene aus dem Blickfeld verschwindet und als Erinnerung oder Retention weiterexistiert. Architekturerfahrung besteht daher aus einer Kombination von Perzeption – was man mit den Sinnen wahrnimmt – und Apperzeption – was man sich in Gedanken vorstellt. In diesem Sinne tritt uns die Architektur als Sichtbares *und* Unsichtbares, als Konkretes *und* Imaginiertes entgegen. Unsere Wahrnehmung ist zusammengesetzt aus Originalbewusstsein, Interpretationen, Protentionen und Retentionen.

Die Architektur ist also ein komplexes »System von Verweisen«, das aus einem Erscheinungskern besteht, und verschiedenen Verweisen auf das, was im Moment nicht wahrnehmbar ist. Der Architekt ist mithin jemand, der mit dieser Art von Verweisen arbeitet, sie bewusst einsetzt oder unterdrückt. Er kann auch falsche Fährten legen und irreführende Hinweise geben. Architektur besteht aus einem Spiel mit den Protentionen, die erfüllt oder auch enttäuscht werden können. Architektur ist in diesem Sinne ein Spiel von *ganno* und *inganno* oder von Täuschung und Enttäuchung.

Hinzuzufügen ist jedoch, dass die Raumwahrnehmung sich nicht nur in der Kombination von optischer Wahrnehmung und Kinästhese vollzieht. Es nehmen vielmehr alle Sinne daran teil. Das betrifft nicht zuletzt den Hörsinn, der ebenso einen intentionalen Leerhorizont mit sich führt, wo die Geräusche mit Protentionen und Retentionen auf unsere Vorstellungskraft wirken. Im Zusammenspiel des Seh-, Gehör-, Geruchs-, Tast-, Gleichgewichts- und Muskelsinns findet die Wahrnehmung des Raums statt.

Bei Husserls Konzeption der Raumerfahrung, die aus einer Kombination von präsentischer Wahrnehmung, Erinnerung (Retention) und interpretierender Vorwegnahme (Protention) besteht, setzte die Lebens- und Raumphilosophie von Karlfried Graf von Dürckheim (1896–1988) an. In seinem Aufsatz *Untersuchungen zum gelebten Raum* (1932) beschrieb von Dürckheim, wie sich den an der Wahrnehmung beteiligten Erinnerungsanteilen entsprechend drei verschiedene Raumerfahrungen unterscheiden lassen, a. der *gelebte-atmosphärische Raum*, b. der *erfahrene-ästhetische Raum* und c. der *erinnerte-historische Raum.*

Dürckheims Raumphilosophie scheinen die drei Modi der Raumerfahrung zugrunde zu liegen, die schon Herman Sörgel 1918 vorgeschlagen hatte, die bei ihm aber unklar geblieben waren und jetzt – durch die philosophische Anthropologie gereinigt – in von Dürckheims drei Kategorien wiederzukehren schienen. In seiner *Einführung in die Architektur-Ästhetik. Prolegomena zu einer Theorie der Baukunst* (1918) unterschied Sörgel nach: »1. Der *Daseinsraum*, d. i. der objektive, reale Raum, wie man ihn nicht sehen, nur denken kann. 2. Der *Erscheinungsraum*, d. i. der natürlich, physisch entstehende Eindruck einer Raumwahrnehmung auf der Netzhaut des menschlichen Auges. 3. Der *Wirkungsraum*, d. i. der künstlerisch ästhetische Raum, wie ihn der Architekt vermittelst seines Werkes schafft, und auf welchen der Kunstverständige im Wahrnehmungsinhalt reagiert.« (Sörgel 1918, 134)

Die Schwierigkeit mit Sörgels Raumkategorien ist, dass Daseins-, Erscheinungs- und Wirkungsraum nicht klar unterschieden sind. Es ist aber nicht nur die Nomenklatur, die uneindeutig ist. Unter einem Daseinsraum stellt man sich das Gegenteil von einem nur denkbaren Raum vor, während zweifelhaft ist, was der Erscheinungsraum im Sinne des Netzhautbildes sein soll. So spielen offenbar auch im Wirkungsraum, wo er vom Kunstverständigen rezipiert wird, nicht nur sinnliche Erfahrung, sondern auch Wissens- und Erinnerungsanteile mit, während bei Sörgel der Erscheinungsraum gänzlich auf die optische Wahrnehmung reduziert zu sein scheint.

Im Zentrum von Dürckheims Raumkonzeption steht dagegen die »gelebte Teilhabe«, die »nicht nur personales und soziales, sondern immer auch leibliches Involviertsein« (Hasse/Kosljanic 2010, 10) meint. Die Leiblichkeit macht hier den Unterschied zu Sörgel, aber auch zu Husserls bewusstseinsphänomenologischer Raumkonzeption. Unter Leib verstand von Dürckheim die Einheit aus körperlicher Präsenz und allen Gefühlswerten, und zwar in dem Sinne, dass ich Leib bin und einen Körper habe. Zum Körper stehen wir in einer äußeren, vermittelten Beziehung, so dass ich etwa mit meiner rechten Hand meinen linken Arm anfassen kann. Dagegen ist der Leib ein gefühlter und weist keine entsprechende Distanz auf. »Als Körper ist der Mensch physisches Ding unter anderen (toten) Dingen im relationalen Raum. In leiblicher Anwesenheit ist der Mensch dagegen – sich selbst und seine Herumwirklichkeit spürend – präsent.« (Hasse/Kosljanic 2010, 13)

Nach Dürckheim ist der *gelebte-atmosphärische Raum* das »Medium der leibhaftigen Verwirklichung« (Hasse/Kosljanic 2010, 11) unserer selbst. Mit ihm ist jener Raum beschrieben, den wir in situativ-ganzheitlichem Erleben und leiblicher Befindlichkeit erfahren. Daher sprach Erwin Straus (1891–1975) in *Die Formen des Räumlichen* (1930) auch vom präsentischen oder »pathischen« (Straus 2010, 225) Moment der Wahrnehmung. Mit anderen Worten, es macht die »Anwesenheit des Menschen unter den Dingen und in (u.a. von ihnen ausgehenden) Atmosphären« (Hasse/Kosljanic 2010, 12 f.) die leibliche Seinsweise und Erfahrungsweise des Raumes aus. Das Entscheidende ist »meine Involviertheit in diesen Raum« (Böhme 2010, 51).

Eine gelebte-atmosphärische Raumerfahrung stellt sich zum Beispiel in einer Stadt ein, deren Kultur uns fremd ist. Da wir die Schriftzeichen, die Sprachcodes, die Symbole und die Gesten der Menschen nicht verstehen, sind wir ganz auf die sinnenhafte, gelebte-atmosphärische Wahrnehmung zurückgeworfen. Walter Benjamin hat dies auch am Flaneur in der Großstadt und dessen »anamnestische[m] Rausch« (Benjamin 1983, 525) beschrieben, der sich bei langen, oft nächtlichen Wanderungen durch die Straßen der Stadt einstellt. Er sprach zudem vom »gefühlte[n] Wissen« (Benjamin 1983, 525), das kein Wissen im kognitiven, sondern im pathischen Sinne ist.

Der *erfahrene-ästhetische Raum* bezeichnet von Dürckheims zweite Kategorie, bei der der Raum über die sinnliche Erfahrung hinaus auch beurteilt und bewertet wird. Das beschreibt die ästhetische Komponente dieser Raumerfahrung, mit der ästhetischen Erfahrung als Instanz sinnlich vermittelter Erkenntnis. Der erfahrene-ästhetische Raum wird nicht nur durch leibliche und sinnliche Momente geprägt, sondern es wirken in ihm auch kulturelle und soziokulturell sich wandelnde Leitbilder.

Beispielhaft kann dafür der Besuch eines antiken Ruinenfeldes stehen, wie der Besuch von Herculaneum am Fuße des Vesuvs. Da sind einmal die Ruinen, die Mauern, die Ziegelsteine, der Mörtel, die Hitze, der Geruch der Erde und die Eidechsen. Ihr Zusammenspiel wird als atmosphärisch gestimmter Raum wahrgenommen. Aber in dem Moment, da der Fremdenführer mit seiner Erzählung beginnt, wird diese Wahrnehmung von einer Ebene ästhetischer Erkenntnis überlagert. Die Steine beginnen zu sprechen und erzählen eine Geschichte, vielleicht vom Leben im Römischen Reich kurz vor Ausbruch des Vesuvs 79 n. Chr.

Der *erinnerte-historische Raum* ist die dritte Raumkategorie, die »vor allem die persönlich-lebensgeschichtlichen und, mehr noch, die sozio-kulturellen semantischen Bedeutungsbezüge«

(Hasse/Kosljanic 2010, 17) in den Vordergrund stellt. Sie betrifft die raumbezogenen Bedeutungen und Sinnzusammenhänge. Hasse und Kozljanic sprechen vom Zeit-Ort, der »erinnerte Bilder, Vorstellungen, Bedeutungen trägt und von ihnen getragen wird« (Hasse/Kosljanic 2010, 17). Es sind jene Orte, die sich als Gedächtnisorte, als Erinnerungsräume des »kommunikativen«, »kollektiven« und »kulturellen Gedächtnisses« auszeichnen.

Für viele Touristen ist der Pariser Platz vor dem Brandenburger Tor in Berlin ein solcher erinnerter-historischer Raum. Es dominiert hier das Wissen um die Geschichtlichkeit des Ortes, die von der aktuellen Befindlichkeit des Betrachters unabhängig ist. Die Erinnerung an Ronald Reagans »Mr. Gorbachev, open this gate. Mr. Gorbachev, tear down this wall« kann Teil unserer Raumerfahrung sein. Der erinnerte-historische Raum kann aber auch durch die Ikonographie gegeben sein, d.h. durch die Zeichen, Symbole, Formen und Figuren sowie die räumlich-städtebauliche Situation.

Daneben können sich unterschiedliche erinnerte-historische Räume auch gegenseitig durchdringen, so zum Beispiel im Reichstagsgebäude in Berlin, in dem sich auf der Ebene des architektonischen Stils (Neobarock), auf der Ebene der Oberflächen (Einschusslöcher aus dem Zweiten Weltkrieg), auf der Ebene der medialen Bilder (Zeremonie zum 3. Oktober 1990) oder auch auf der Ebene persönlicher Erinnerung (Reichstagsverhüllung durch Christo und Jeanne-Claude) unterschiedliche Erinnerungsschichten überlagern können. In der Regel findet die Erfahrung von Architektur auf allen drei Ebenen des gelebten-atmosphärischen, des erfahrenen-ästhetischen und des erinnerten-historischen Raums statt. In den »unbewussten« Alltagseinstellungen vermengen sie sich und bilden, je nach Interesse und Situation, unterschiedliche Dominanzen aus.

Die durch Körper, Leib und Bewusstsein konstituierte Raumerfahrung wird von der Tatsache zusammengehalten, dass für sie der Boden unter den Füßen der letzte Bezugspunkt vor der totalen Orientierungslosigkeit ist. Aus phänomenologischer Sicht sprach Husserl auch vom »natürlichen Weltboden« (Husserl 2012, 162). Man kann auch vom Boden als »fundamentale topologische Figur« (Günzel 2006, 111) sprechen. Die dahinterstehende wissenschaftskritische Einstellung zeigt sich, wo Husserl lapidar feststellte: »Die Erde bewegt sich nicht.« (Husserl 1981, 157)

Husserl relativierte also den geometrischen Raum zugunsten einer topologischen Definition. Für die Topologie ist weniger der Raum als physikalische Entität von Bedeutung als vielmehr seine Beschreibung hinsichtlich »kultureller und medialer Aspekte« (Günzel 2007, 13). Wie Stephan Günzel schreibt, geht es dabei auch um die »Entsprechungen im Verschiedenen« oder die »Identifikation einander ähnlicher Strukturen« (Günzel 2007, 21). Der topologische Raum ist also ein in Hinblick auf soziale, mediale, psychologische und sinnliche Aspekte relationaler Raum. Er besitzt einerseits eine strukturale wie andererseits eine phänomenale Seite, beide würden ohne die jeweils andere den Raum nur unvollständig beschreiben.

Fruchtbar für die Architektur wurden, wie Günzel festhält, die Phänomenologie und der Strukturalismus erst in der Vermittlung durch die Topologie. Mit der Topologie erhielten beide Denkmodelle des Raums eine unverhoffte ontologische Begründung. Unter »Abhebung vom mathematischen Raum« (Bollnow 2011, 3) wurden im Laufe des 20. Jahrhunderts verschiedene Ansätze für eine topologische Definition des Raums entwickelt. Für Hannah Arendt (1906–75) etwa stand der »Handlungsraum«, für Friedrich Bollnow der »erlebte Raum« (Bollnow 2011, 5) und für

Michel de Certeau (1925–86) die Unterscheidung von »Raum [espace] und Ort [lieu]« (de Certeau 2006, 345) im Zentrum der jeweiligen topologischen Raumkonzeption. Eugène Minkowski (1885–1972) wiederum hatte schon 1933 in *Die gelebte Zeit* (1933) den Begriff der *distance vécue* (gelebte Distanz) und des *espace vécu* (gelebter Raum) eingeführt. An Pierre Bourdieu anknüpfend unterscheidet heute die Soziologin Martina Löw (*1965) verschiedene Raumlogiken nach Territorialräumen, Netzwerkräumen, Orten und Bahnenräumen.

Wichtig für die Raumdiskussion in der Architektur war der Philosoph Gilles Deleuze (1925–95). Mit seinem Konzept des gefalteten Raums, das er im Buch *Die Falte* (1988) expliziert hatte, verfolgte er ein Raumkonzept, das phänomenologische wie auch strukturalistische Ansätze miteinander verschränkt. Er sprach von in sich zurückgefalteten Figuren, von »Krümmung der Materie« (Deleuze 1995, 12) oder von »Inflexion in sich selbst« (Deleuze 1995, 31). Die Figur der barocken Falte erlaubt es, Raum und Oberfläche in eine kontinuierlich ineinander übergehende Figur zu überführen. Die Falte ermöglichte eine neue Einheit komplexer, in sich verschlungener Raum-Zeit-Relationen. Zuvor hatte Deleuze mit Félix Guattari (1930–92) in *A Thousand Plateaus* (1980) noch das Gegensatzpaar des gekerbten und des glatten Raums – »smooth and striated space« (Deleuze 1988, 474) – eingeführt.

Die Deleuze'sche Falte avancierte schnell zur paradigmatischen Grundlage des *computational design* und der digitalen Avantgarde der 1990er Jahre um Peter Eisenman (*1932). 1991 legte Eisenman mit dem Projekt für den Neuen Rebstockpark, eine Wohnsiedlung in Frankfurt am Main, einen ersten Versuch vor, mittels einer räumlichen Faltung die Figur-Grund-Beziehung oder die »Entweder/Oder-Beziehung« (Eisenman Architects 1992, 23), auf der jedes Gestalterkennen gründet, aufzuheben. Viele der topo-

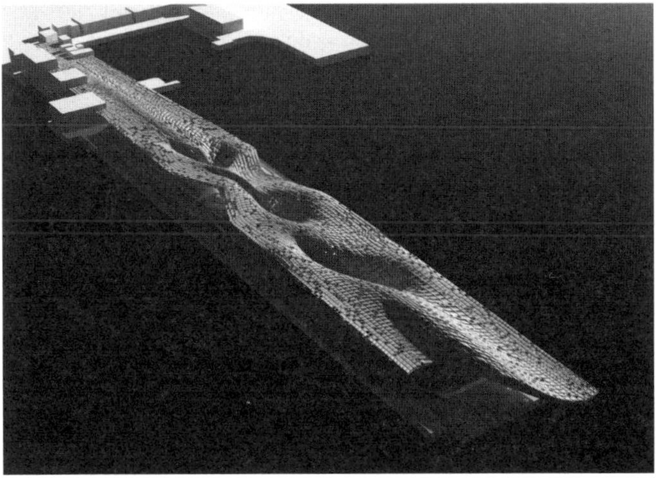

Foreign Office Architects, Yokohama Ferry Terminal, Entwurf (1995)

logischen Projekte in der Architektur sind jedoch Ideen und, wo sie hauptsächlich am Computer entworfen und dargestellt wurden, digitale Bildwelten geblieben. Eines der wenigen realisierten Projekte, in denen die strukturale und die phänomenale Ebene sich topologisch durchdringen, ist das Yokohama International Passenger Terminal (1995) von Foreign Office Architects (FOA).

Die Figur-Grund-Beziehung ist ein zentrales Element der Gestalttheorie. Sie ist bekannt besonders durch die Vexierbilder, in denen man entweder einen Hasen oder eine Ente sieht, entweder das Gesicht einer jungen oder einer alten Frau, einmal das Bild von zwei sich zugeneigten Köpfen oder das einer Vase. Die Figur-Grund-Beziehung sorgt dafür, dass man entweder das eine oder das andere sieht, aber nie beides zusammen. Entweder ist das eine der Grund, vor dem man eine Figur erkennt, oder umgekehrt. In der Falte wird diese strenge Beziehung aufgehoben oder zumindest geschwächt und das cartesianische in ein topologisches Raumverständnis überführt.

Unter dem Titel »The Furnishing of Territories« (1995) übertrug Bernhard Cache zur gleichen Zeit die Deleuz'sche Falte in das Möbeldesign. In Anlehnung an die Begriffe Projekt und Projektil sprach er nun nicht mehr von Objekten, sondern von »Objektilen« und, angelehnt an Eisenman, von Singularitäten oder singulärer Ereignishaftigkeit. Mithilfe digitaler, parametrischer Produktionsprozesse sollte jedes einzelne Objekt in einer eigenen, topologischen Variante produziert werden. Damit verband sich die Idee der Überführung einer modernistischen, standardisierten Massenproduktion in eine »nicht-standardisierte, individuelle Massenproduktion« (Gleiter 2012.1, 11), bei der jedes Objekt sich, obwohl massenproduziert, dank der topologischen Relationalität des Designs von jedem anderen unterscheiden sollte.

Ein Missverständnis lag jedoch vor, wo man den Deleuze'schen Raumbegriff radikal, im Sinne eines *turns* oder Paradigmenwechsels, gegen Kants Raum-Zeit-Schematismus richtete. Nicht zur Kenntnis genommen wurde bei dieser Wendung, dass die Unbestimmtheit des Raums gerade auch bei Kant im Begriff der »Unbegrenztheit«, des »Apeiron« und geradezu im Ereignis des »Erhabenen« angelegt war. Die Topologie zeigt sich mit Kant also vielmehr als Phänomen an den Rändern des Wahrnehmungsraums, als dass sie eine radikale Alternative zum gängigen Raumverständnis gewesen wäre. Widersprechen würde dies auch dem Begriff der Topologie, der die Bedingung des euklydischen, gerechneten Raums stets als strukturale Grundlage enthält. Die Topologie muss eher als »Zusatz oder Bei-Werk« (Tholen 2007, 100) bzw. Parergon verstanden werden.

Daran knüpfte Derrida in der Schrift *Die Wahrheit in der Malerei* (1992) an, in der er die Randerscheinungen, das Parergon, das Ornament, das Beiherspielende, das Hinzugefügte und die

Arabeske im Gegensatz zum Ergon, der Kernfigur, als jene Figur definierte, die gerade von den Rändern her die Dinge in ihrem Wesen bestimmt. Topologie besteht nach Derrida in der »Parergonalität« (Derrida 1992, 94) oder in den Randbedingungen der Architektur, etwa im Detail, im Ornament und in den Fugen. Er explizierte dies an den die Flächen überwuchernden Ornamenten des Rokoko, den Arabesken, Rustikaverkleidungen und Oberflächenmodulierungen in der Architektur, hinter denen oft, kaum vermutet, eine rationale Figur wie zum Beispiel eine einfache Lochfassade steht.

In diesem Sinne muss man Joachim Huber recht geben, wenn er feststellt, dass die Architektur »in gewissem Sinne [immer] schon eine Form von ›naiver Topologie‹« (Huber 2002, 20) gewesen ist. In ihrer räumlichen, materiellen, konstruktiven, ästhetischen und soziologischen Komplexität befindet sich jedes Detail immer schon in einer randständigen, parergonalen Stellung zum Ganzen. Aus dieser Perspektive erscheint die Architektur von ihrer generellen Anlage her als topologische Landschaft, die durchzogen ist von den unterschiedlichsten Randbedingungen oder, mit Derrida gesprochen, einer genuinen *Parergonalität.*

B Zeit

Die Zeit gehört zu den vernachlässigten Themen der Architekturtheorie, obwohl sie der »einzige auf alle Erfahrungsformen der Architektur anwendbare ästhetische Grundbegriff« (Zucker 2018, 245) ist, wie Paul Zucker (1888–1971) in *Der Begriff der Zeit in der Architektur* (1924) feststellte. Weil Raum nur aus der Bewegung heraus erfahren werden kann, ist die Zeit die grundlegendere Kategorie. Die Moderne zeichnet aus, dass mit dem Fokus auf die Architektur als »Raumgestalterin« (Schmarsow 2007, 107) eine

Ablösung von der historischen Zeit der Stile einhergeht. So konnte 1941 Sigfried Giedion (1888–1968) in *Raum, Zeit, Architektur* (1941) feststellen, dass besonders die Moderne durch die »Raum-Zeit« (Giedion 2015, 278) bestimmt ist. Im Sinne der Geschichte verbindet sich damit die »Krise der Erzählungen« (Lyotard 1993, 13), die aber nicht erst mit der Postmoderne einsetzte, wie Jean-François Lyotard (1924–98) argumentierte, sondern schon mit dem Übergang zur Moderne. Der Verzicht auf die Heroisierung der Geschichte durch Verzicht auf die historischen Ornamente öffnete den Blick für Prozessualität, Performativität und Morphogenese, es wurden Bewegung und Zeit als »dem architektonisch gestalteten Raum oder Körper immanent« (Zucker 2018, 243) sichtbar. Die daraus resultierende immanente Zeit lässt sich auf dreifache Weise konzipieren, als a. Zeit und Prozess des Gedachtwerdens der Architektur im Sinne des Entwurfsprozesses, als b. Zeit und Prozess des Gemachtwerdens der Gebäude im Sinne des Herstellungsprozesses und als c. Zeit und Prozess der Erfahrung von Architektur im Sinne des performativen Handelns. »Die reale Zeit zeigt sich durch Produktivwerden, [...] indem sie das Material in einen Prozess des Immer-anders-werdens verwickelt.« (Kwinter 2001, 4) Jede der drei Ebenen hinterlässt Spuren in der Architektur, die Geschichten erzählen, die »logisch« wie auch »imaginär« (Castoriadis 1984) sind. Zusammen repräsentieren sie die drei Zeitebenen der modernen Architektur.

Schmarsow: Raum

Der Raum ist eine Funktion der Zeit, er lässt sich nur aus der Bewegung heraus erfahren. Mit dieser Erkenntnis der Zeitdimension emanzipierte sich die moderne Architektur gegenüber dem Historismus des 19. Jahrhunderts. Die Grundlagen dafür hatte August Schmarsow (1853–1936) in den Schriften *Das We-*

sen der architektonischen Schöpfung (1893) und *Ueber den Werth der Dimension im menschlichen Raumgebilde* (1896) gelegt. Dort löste er die Architektur aus ihrer Fixierung auf die Tektonik oder Bekleidungstheorie und öffnete sie dem prozessualen Denken. Mit dem Begriff der »durée« oder der »Vorstellung der Dauer« (Bergson 1999, 60) hatte zur selben Zeit der Philosoph Henri Bergson (1859–1941) einen neuen Zeitbegriff geprägt. »Dauer ist Veränderung« lautete der für die Architektur folgenreiche Schluss.

Was bis dahin in der Architekturtheorie kaum Erwähnung gefunden hatte, stellte die Moderne nun ins Zentrum ihrer Konzeption: die Zeit. Die Prozesse der Transformation und des Werdens traten in den Vordergrund. Auch wenn Schmarsow den Begriff »Zeit« nicht brauchte, so war für ihn unter »Beihülfe andrer leiblicher Faktoren« (Schmarsow 2002, 323) die körperliche Bewegung Voraussetzung für die Erfahrung von Raum. Die Bewegung im Raum und nicht die Tektonik, das Tragen und Getragenwerden, liegt dem »Wesen der architektonischen Schöpfung« (Schmarsow 2002, 322) zugrunde. Daher muss die Geschichte der Baukunst als »Geschichte des Raumgefühls« (Schmarsow 2002, 333) erzählt werden, wie Schmarsow forderte, und nicht als eine der Stile.

Als Kunsthistoriker war Schmarsow nicht fixiert auf den Glaubenssatz der Architekten, nach dem die Überwindung der Schwerkraft und damit die Vertikale die Architektur definiere. Gerade die Ästhetikentwürfe von Georg Wilhelm Friedrich Hegel (1770–1831) und Arthur Schopenhauer (1788–1860) verhalfen diesem Gedanken zu allgemeiner Anerkennung. Dem setzte Schmarsow 1893 – und damit sehr spät – die »Tiefendimension« (Schmarsow 2007, 118) entgegen, die horizontale Bewegung oder »Tiefenachse« (Schmarsow 2007, 116). Mit der Betonung der horizontalen Bewegung stellte Schmarsow die Säule, die seit Vitruv in einem anthropomorphen Analogieschluss mit der menschlichen Gestalt gleichgesetzt worden war, als wichtigstes symbolisches Element der Architektur infrage.

Gleichwohl hielt er am anthropologischen Bezug fest, jedoch als Voraussetzung der Architektur, nicht als deren leitendes, formales Prinzip. So hat die vertikale Achse ihre Entsprechung im aufrecht stehenden Menschen. Sie bezeichnet die *erste Dimension*, sie ist die »psychologische Wurzel des plastischen Schaffens« (Schmarsow 2007, 110) und daher das Grundprinzip der Skulptur, aber nicht der Architektur, für die sie nur Voraussetzung ist.

Die *zweite Dimension* sah Schmarsow durch die Fläche definiert, die durch die seitlich ausgestreckten Arme aufgespannt wird. In der so definierten vertikalen Ebene liegt die »psychologische Wurzel des malerischen Schaffens« (Schmarsow 2007, 116). Die Malerei selbst hat keine Tiefe, sie schafft Tiefe durch hintereinander gestaffelte Flächen. Man erfährt Räumlichkeit durch einander überlagernde und verdeckende Figuren, deren Rückseiten unbestimmt und rätselhaft bleiben. Erst die kubistische Malerei mit Paul Cézanne (1839–1906), Pablo Picasso (1881–1973) oder Georges Braque (1882–1963) entwickelte eine Technik, mittels gebrochener Geometrien die Flächigkeit des Bildes zu überwinden und durch Aufhebung der Perspektive gleichzeitig die Vorder- und Rückseite der Objekte zur Darstellung zu bringen.

Im performativen Akt aber, das heißt durch »das Vorwärtssehen, das Vorwärtshantiren, das Vorwärtsgehen« (Schmarsow 2007, 119) und damit aus der Bewegung heraus, entstehen die Tiefenachse und der Raum. Man bewegt sich laufend durch Bildebenen im Sinne der »Darstellung des Raumes in Vollzug« (Schmarsow 2007, 118), die Schmarsow als die *dritte Dimension* der Raumerfahrung oder »psychologische Wurzel der Architektur« (Schmarsow 2007, 118) bezeichnete.

Es ist jetzt interessant zu sehen, dass Schmarsow mit der menschlichen Figur mit ausgestreckten Armen an nichts weniger als an die Figur des vitruvianischen Menschen (Kap. 1B) anknüpfte. Eingeschrieben in einen Kreis und ein Quadrat stand die vitruvianische Figur für die Idee einer festen, idealen kosmologischen Ordnung. Indem aber Schmarsow Kreis und Quadrat entfernte, machte er nun dieselbe Figur zum Ausgangspunkt für die Dynamisierung der Architektur. Der vitruvianische Mensch begann sich zu bewegen und den Raum zu entdecken.

Bewegung in die Tiefe heißt aber, dass sich der Betrachter auf die Dinge zubewegt, dass sie dabei immer größer werden und ihm immer näherkommen, bis sie hinter seinem Rücken wieder aus dem Blickfeld verschwinden. Sie sind dann nur noch im Gedächtnis präsent. Das führt zu der Erkennntis, dass der Raum aus einer Kombination der aktuellen Wahrnehmung mit der Erinnerung an das gerade oder zu einer anderen Zeit schon Gesehene entsteht.

Wo die Erinnerung einen wesentlichen Anteil an der Raumerfahrung hat, wird der Raum nach der konstitutiven Eigenart »der geistigen ebenso wie der leiblichen Organisation« (Schmarsow 2007, 107) wahrgenommen. Eine Theorie des Raums muss daher ebenso sehr auf die körperliche Bewegung wie auf das Gedächtnis rekurrieren. Wie man mit Bergson feststellen kann, bildet das Gedächtnis »den Schnittpunkt zwischen Geist und Materie« (Bergson 1991, IV f.), das Gedächtnis ist das Urphänomen des Raums, ja der Architektur, und Garant für die »Kontinuität des Werdens, welche die Wirklichkeit selbst ist« (Bergson 1991, 133).

Funktion der Zeit

Mit der Moderne kündigte sich eine Verschiebung der Konzeption der Architektur von der Masse zum Raum an, dessen zugrunde liegendes Prinzip die Zeitlichkeit ist. Richard Wagner hatte das 1882 in seinem Bühnenweihfestspiel *Parsifal* zum Ausdruck gebracht, wo in der großen Wandlungsszene im ersten Aufzug Gurnemanz zu Parsifal sagt: »Du siehst, mein Sohn, zum Raum wird hier die Zeit.« (Wagner o. J., 39) Hier setzte Paul Zucker (1888–1971) mit seinem Aufsatz *Der Begriff der Zeit in der Architektur* (1924) an. Zucker stellte nämlich fest, dass alles in der Architektur eine Funktion der Zeit sei. In der Architektur seien selbst »Zeit und Zweck verknüpft« (Zucker 2018, 243). Konsequent sprach er vom »funktionellen Zeitbegriff« (Zucker 2018, 245), Funktion und Zweck seien immer an Bewegung und Handlung und daher an ein Modell der Zeit gebunden.

Damit erweiterte Zucker den konventionellen Funktionsbegriff. Funktion heißt, bestimmte Handlungen und damit Prozesse in der Zeit zu ermöglichen. Jede Funktion in der Architektur ist daher »a priori Bewegung« (Zucker 2018, 243). Was man in der Architektur als Funktion bezeichnet, ist immer eine Funktion der Bewegung und damit eine der Zeit. So sind Zeit und Funktion aufs Engste miteinander verknüpft.

Im Unterschied zu Schmarsow war Zucker also der Überzeugung, dass der Impuls zur Bewegung nicht subjektiv und damit nicht als »psychologische Wurzel der Architektur« (Schmarsow 2007, 118) verstanden werden kann, sondern objektive Gründe in der Architektur hat. Betritt man einen Raum, so orientiert man sich zum Fenster hin. Das Fenster am Ende eines Korridors übt eine magische Anziehung aus, und ein langer Gang lässt die Schritte beschleunigen – Evidenz genug, dass ein »objektiver Zwang zum zeitlichen Ablauf in der Realität« (Zucker 2018, 243) existiert. Mit Blick auf Zucker lässt sich dafür der Begriff der *immanenten Zeit* einführen. Bewegung und Zeit sind, wie bereits mit Zucker gesagt, »dem architektonisch gestalteten Raum oder Körper immanent« (Zucker 2018, 243).

In der modernen Architektur wird die Konzeption der *vergangenen, repräsentierten Zeit* – vermittelt durch die Stile – durch die Konzeption der *gegenwärtigen, erfahrbaren und immanenten Zeit* abgelöst. Die moderne Architektur erzählt also andere Geschichten, Geschichten der Veränderung und der Transformation in der Zeit. Es müsse daher, so argumentierte Zucker in Anlehnung an Schmarsow, auch eine »neue Stilgeschichte der Architektur geschrieben werden« (Zucker 2018, 244), die aber den Zeitbegriff an den objektiven künstlerischen wie auch an den außerkünstlerischen Erscheinungsformen festmacht. Zucker erweiterte also Schmarsows Raumbegriff, der noch ganz im »Raumgefühl« aufging. Er setzte dagegen auf eine Baukunst, die den »Begriff des Zweckes mit denen des Raumes, des Körpers, der Dreidimensionalität, der Zeit, usw. parallelisiert« (Zucker 2018, 244).

Was genau unter der immanenten Zeit zu verstehen ist, bleibt bei Zucker allerdings offen. Ihm fehlte eine Theorie der Transformation, der Prozessualität und damit der Veränderung der Architektur in der Zeit, das heißt ihm fehlte die Vorstellung eines indexikalischen, auf Kausalitäten gründenden Entwicklungsmodells. Einerseits schrieb Zucker, dass »die Vorstellung eines im Zeitlichen liegenden Telos [...] von Anfang an untrennbar von einem Werk der Baukunst« (Zucker 2018, 243) sei. Das zeichnet Architektur und Musik gleichermaßen aus. Andererseits dachte er weniger an die Entwicklungslogik und das Entwicklungsmodell einer Komposition als an den Rhythmus, der aus der Wiederholung gleicher Elemente entsteht, die selbst nicht rhythmisch im eigentlichen Sinne sind, sondern rhythmisch erst werden durch die Bewegung des Betrachters. »›Für den rhythmischen Vollzug des Ganzen ist die Ortsbewegung‹ – also unsere persönliche Bewegung« (Zucker 2018, 242) unerlässlich, so Zucker mit erkennbarem Bezug auf Schmarsow.

Der Rhythmus verband sich für Zucker mit architektonischen Elementen, die sich wiederholen, wie die Säulen eines »Peripteros«-Tempels oder der »Innenraum eines gotischen Münsters« (Zucker 2018, 241), die selbst keiner Entwicklungslogik oder Transformation folgen und an denen sich daher selbst »nichts Rhythmisches, sondern nur irgendeine stillstehende Proportion« (Zucker 2018, 2141) zeigt. Allein aus der Bewegung des Betrachters heraus kann der Rhythmus erfahren werden. Zucker hielt also an der Idee eines auf Bedeutung zielenden, semantischen, in einer konkreten Grammatik gegründeten künstlerisch-intuitiven Schaffensprozesses des Architekten fest.

Raum-Zeit

Sigfried Giedion erweiterte diesen Ansatz in *Raum, Zeit, Architektur* (1941), indem er die Überzeugung formulierte, dass sich mit dem Konzept der »Raum-Zeit« ein neues, für die Moderne spezifisches Zeitempfinden herausgebildet habe, dass also die Moderne einem für sie kennzeichnenden neuen Modell der Zeitlichkeit folge, das gleichzeitig nicht nur auf die Architektur beschränkt sei. Ausgangspunkt dafür war die Erkenntnis, dass sich in Wissenschaft, Kunst und Architektur, demselben Geist der Erneuerung entspringend, ähnliche neue Zeitvorstellungen herausgebildet hätten. Giedion sprach vom »unbewußten Parallelismus der Methoden« (Giedion 2015, 41) in Wissenschaft, Kunst und Architektur.

Dahinter stand die Beobachtung, dass der Mathematiker Hermann Minkowski (1864–1909) als Erster die Erweiterung der drei Dimensionen Länge, Breite, Höhe um eine vierte Dimension, die Zeit, postuliert und sich zur selben Zeit die kubistische und futuristische Malerei mit demselben Phänomen beschäftigt habe, wie auch die Architektur sich mit den Eisen- und Eisenbetonkonstruktionen, mit Stahlskelett und Dreigelenkbogen eine neue Raumdimension und -erfahrung eröffnete.

Der neuen Raum-Zeit widmete Giedion sein Buch *Bauen in Frankreich: Bauen in Eisen – Bauen in Eisenbeton* (1928) und zeigte darin, wie die »Geschichte der [Welt-]Ausstellungen [...] zur Geschichte der Eisenkonstruktionen« (Giedion 2000, 36) wurde und wie dort die »Umwandlung des alten statischen Gefühls von Stütze und Last in ein neues System von schwebendem Gleichgewicht« (Giedion 2000, 36 f.) erfolgte. Für Giedion zeigte sich dies an der für die Pariser Weltausstellung von 1889 erbauten Galerie des Machines, einer Stahlkonstruktion, die einen Raum von über 115 Metern stützenfrei überspannte. Es stelle sich hier der Eindruck einer »ganz neuartigen Unbegrenztheit« (Giedion 2000, 53) ein. Im Neuen Bauen werden, nicht zuletzt mit Blick auf den Eiffelturm, Luft und Licht zu den neuen Baumaterialien.

Was die Raum-Zeit betrifft, ging nach Giedion die Malerei der Architektur voran. Einige Jahrzehnte früher schon als die Architektur habe sich die Malerei vom Zwang zur Abbildung emanzipiert. Es war die Erfindung der Fotografie (1835) durch Joseph Nicéphore Niépce (1765–1833) und Louis Jacques Daguerre (1787–1839), die die Ablösung der Malerei von der Repräsentation ermöglichte. Die Funktion der Dokumentation war nun von der Malerei an die Fotografie übergegangen, Farbe und Linie waren aus ihrer dienenden Funktion befreit. Die Malerei konnte sich nunmehr auf die malerischen Mittel konzentrieren. Das zeigte sich eindrucksvoll bei den impressionistischen Malern wie William Turner (1775–1851), Claude Monet (1840–1926) oder Max Liebermann (1847–1935). Im Impressionismus emanzipierte sich die Farbe von der Form, im Jugendstil löste sich dann die Linie von der Fläche, und im Expressionismus wurde die sinnlich-psychologische Wirkung von den Konventionen des Zeichenverstehens abgelöst.

Als »Gradmesser einer Periode« (Giedion 2015, 44) trat schließlich, nach Giedion, zu Beginn des 20. Jahrhunderts die Architektur an die Stelle der Malerei. Die Architektur wird zum Medium, in dem die neue wissenschaftliche Zeitkonzeption gesellschaftlich wirksam wird. Beim Stahlbeton verhalte es sich so, dass nicht mehr der Stein, sondern das flüssige Material Beton die Ausgangsbasis für Gestaltung und Konstruktion bilde. »Ungeheuere Gebäudekomplexe [können] sich jetzt zu einem einzigen Stein auskristallisieren.« (Giedion 2000, 66) Beton, der anfänglich flüssig ist, könne in jede Form gegossen werden, womit die »peinliche Farce«, das »ornamental betonte Spiel von Stütze und Last« (Giedion 2000, 85), endlich überwunden werde.

Die Architektur öffnete sich nun der Dynamik der Raum-Zeit. Giedion war dabei ganz auf die Entwicklung in Frankreich fixiert, vor allem auf Le Corbusier (1887–1965), der die Tradition des Stahlbetonbaus von Tony Garnier (1869–1948) und Auguste Perret (1874–1954) fortführte. Le Corbusier hatte 1914 sein System *DomIno* vorgestellt, ein universell verwendbares Tragwerksystem aus Stahlbeton, das nur aus Stützen und Deckenplatten besteht. Dieses zeichnet sich dadurch aus, dass es in alle drei Richtungen – Höhe, Breite und Tiefe – beliebig erweiterbar ist. Aufgrund der tragenden Stützen bietet sich die Fläche dazwischen für die freie Gestaltung von Grundrissen an, das System *Dom-Ino* ermöglichte das »ewig-offene Haus« (Giedion 2000, 84).

Raum-Zeit war aber auch das Thema der verschiedensten architektonischen Bewegungen, etwa des Neoplastizismus der holländischen Architekten Piet Mondrian (1872–1944), Theo van Doesburg (1883–1931) und Georges Vantongerloo (1886–1965), die sich um die Zeitschrift *De Stijl* (1917) organisiert hatten. Dazu gehören auch die italienischen Futuristen Filippo Tommaso Marinetti (1876–1944) und Antonio Sant'Elia (1888–1916) sowie die russischen Konstruktivisten Nikolai Ladowsky (1881–1941) und Konstantin Melnikow (1990–1974). Besonders Melnikows sowjetischer Pavillon auf der Exposition internationale des Arts

Décoratifs et industriels modernes (1925) in Paris steht dafür exemplarisch. Mit einer diagonal durch und über das Gebäude führenden breiten Treppe hatte Melnikow die Raum-Zeit-Dynamik zum Thema der Darstellung der politischen Veränderungen in der damals jungen Sowjetunion gemacht.

Struktur und Prozess

Bemerkenswert an *Raum, Zeit, Architektur* ist, dass das Buch im Jahr seines Erscheinens 1941, wie sich aus heutiger Sicht erkennen lässt, die Keime für die zukünftige Entwicklung der Architektur und Architekturtheorie legte. So heißt es dort, dass man in den modernen Wissenschaften und in der modernen Kunst zunehmend auf »strukturelle Elemente der im Entstehen begriffenen Kultur« (Giedion 2015, 42) stoße. Im Gegensatz zu den üblichen additiven Kompositionsverfahren glaubte Giedion die Anfänge für ein strukturales und prozessuales Denken zu erkennen, wie es sich dann in unterschiedlicher Ausrichtung unter dem Einfluss der Kybernetik und des linguistischen Strukturalismus in den 1960er Jahren bei Aldo van Eyck (1918–99), Jacob Bakema (1914–1981), Hermann Hertzberger (*1932), Mosche Safdie (*1938) oder im *Team 10* entwickelte.

In Giedions Schrift findet sich ein Schlüsselsatz von großer Reichweite: »Die Kubisten zerlegen das Objekt, um seinem inneren Wesen nahezukommen.« (Giedion 2015, 281). Die Moderne sucht nach dem, was immer schon Teil der Architektur war, was aber nicht wahrgenommen wurde. Die Beobachtung, dass mit dem strukturalen Denken, wie Giedion suggerierte, das »innere Wesen« der Architektur zum Vorschein komme, kann überhaupt für das allgemeine Erkenntnisinteresse der Moderne gelten. So sollte auch schon bei Adolf Loos das »entfernen des ornaments aus dem gebrauchsgegenstande« (Loos 1962, 277) den Blick auf die Voraussetzungen der Architektur freigeben. Als Semper davon sprach, dass die Ornamente durch Überhöhung konstruktiver Notwendigkeiten entstanden seien, wie er am Beispiel der Nähte erläuterte, mit denen zwei Stücke Stoff verbunden werden, war mit dem Verzicht auf das Ornament nichts weniger verbunden als die Hoffnung, auf die rationale Grundlage durchzustoßen, diese wieder sichtbar zu machen und von dort her die Architektur neu zu konzipieren.

Mit der Entfernung der Ornamente wurde der Blick auf das »Struktiv-Technische«, das bisher vom »Struktiv-Symbolischen« (Kap. 5.3) überdeckt war, wieder frei, jetzt aber mit einer neuen Sensibilität für die immanente Zeitlichkeit. Die Raum-Zeit öffnete die Architektur einem strukturalen Denken in Prozessen und Relationen auf den drei Ebenen a. des Konzipierens und Entwerfens, b. des Konstruierens und Machens und c. des Gebrauchens und Handelns. Struktur meint nicht mehr Stahlstütze und Stahlträger, Säule oder Gebälk. Im Gegenteil, Struktur bezieht sich auf die unsichtbaren Gesetze, auf dasjenige, was mittelbar wirkt, selbst aber nicht in Erscheinung tritt. »Gegenwärtig ist nur das, in dem sich die Struktur verkörpert« (Deleuze 1992, 27), sollte Gilles Deleuze (1925–95) später feststellen. Struktur ist Beziehung und Relation, sie besitzt also keine eigene Materialität, sie ist die »Existenz einer unbekannten Größe, die dem Bekannten seine Ordnung gibt« (Schiwy 1969, 37).

Hier besteht das Missverständnis, dass etwa der architektonische Strukturalismus seine Grundlagen im linguistischen Strukturalismus habe und sich dies an den sichtbaren, geometrischen Strukturen zeige wie zum Beispiel in den Mat-Buildings wie dem *Rostlaube* genannten Hauptgebäude der Freien Universität in Berlin von Georges Candilis (1913–95), Alexis Josic (1921–2011) und Shadrach Woods (1923–73) oder in der Prefectural Library (1966) in Oita von Arata Isozaki (*1931). Die Zweifel werden dadurch verstärkt, dass der Strukturalismus in der Architektur programmatisch immer vage und die gebauten Beispiele heterogen waren und diese keine gemeinsame konzeptuelle theoretische Basis im linguistischen Strukturalismus erkennen lassen.

Tatsächlich ist der Strukturalismus eine der Architektur immanente Bedingung ihrer Konzeption, die nicht an eine Epoche gebunden ist, sondern der Konzeption der Architektur innewohnt. Insofern lässt sich von einem »Strukturalismus avant la lettre« (Gleiter 2011, 82) sprechen, der weit vor die Debatten der 1960er und 1970er Jahre zurückreicht. Struktur bezeichnet die innere Relationalität und Konzeption der Architektur, wie dies zum Beispiel in André Le Nôtres (1613–1700) Park Vaux-le-Vicomte (1661) manifest wird. Durch die Technik perspektivischer Verkürzung wird in Vaux-le-Vicomte laufend die Wahrnehmung irritiert. Die Dimensionen des Parks verkürzen und verlängern sich, weit Entferntes scheint dem Betrachter nah und umgekehrt. Unsichtbare Kräfte scheinen ungewöhnliche, perspektivische Effekte hervorzubringen.

Tatsächlich wurde der Park auf der Grundlage dualer strukturaler Prinzipien entwickelt, wie sie erst sehr viel später in den 1950er Jahren durch den linguistischen Strukturalismus mit Gegensatzpaaren wie langue/parole, Diachronie/Synchronie, Zeichen/Bezeichnetes, Syntagma/Paradigma und Konnotation/Denotation beschrieben wurden. Diese bezeichnen die nicht-hierarchische strukturale Ordnung der Dinge, die mit den in der Architektur diskutierten primären und sekundären strukturalen, tragenden Elementen nichts gemein haben.

Der Begriff Struktur bezeichnet dagegen die virtuellen Bedingungen der Dinge. Modellhaft stehen dafür Ferdinand de Saussures (1857–1913) strukturale Linguistik, Claude Lévi-Strauss' (1908–2009) strukturale Anthropologie, Jacques Lacans (1901–81) strukturale Psychologie und Roland Barthes' (1915–80) strukturale Semiologie. Gemeinsam ist diesen Ansätzen ein Gedanke, der im Zeitalter der unsichtbaren digitalen Verfahren vertraut ist, die Virtualität. So hatte Roland Barthes darauf hingewiesen, dass die Struktur diejenigen Eigenschaften beschreibt, die Virtualität erzeugen. Das gibt einen Hinweis darauf, warum seit den 1990er Jahren mit den digitalen, virtuellen Technologien das strukturale Denken in die Architektur zurückkehrte. Viel war zu dieser Zeit die Rede von der Virtualität der Architektur. Es waren die Algorithmen der Computerprogramme, das *computational design*, das die Architektur nach Gesetzen und Regeln entstehen ließ, die sich der unmittelbaren Anschauung und der Alltagserfahrung entziehen und daher in den Formen nicht erkennbar sind.

Die Faszination für die digital generierte Architektur resultierte aus der Tatsache, dass deren aufregende Konstruktionen nicht mit dem an der Anschauung orientierten Verstand nachvollzogen werden können. Das gilt für so großartige Projekte wie Metropol Parasol (2011) in Sevilla von Jürgen Mayer H., so hyperkomplexe Gebäude wie die Fondation Louis Vuitton (2014) in Paris von Frank Gehry oder das Globus-Provisorium von Ludger Hovestadt. Bei ihnen gehört die »Trennung von Struktur, Inhalt und Form« (Hovestadt 2010, 108) zu den Grundprinzipien des Entwerfens. Im Sinne eines »Building Synthesizers« formen die Algorithmen nicht mehr »die Gestalt eines Gebäudes, sondern bringen den Entwurf vielmehr durch Anpassung und Auswahl der relevanten Qualitäten hervor« (Dillenburger 2011, 359).

Dem strukturalen Denken liegt »eine innere Zeitlichkeit« (Deleuze 1992, 30) zugrunde und mit dieser eine Entwicklungslogik. Architektur entsteht aus einem »System differentsieller [sic] Elemente und Verhältnisse« (Deleuze 1992, 31), die sich im Material hypostasieren, also Form werden. Die Zeit des Entwerfens

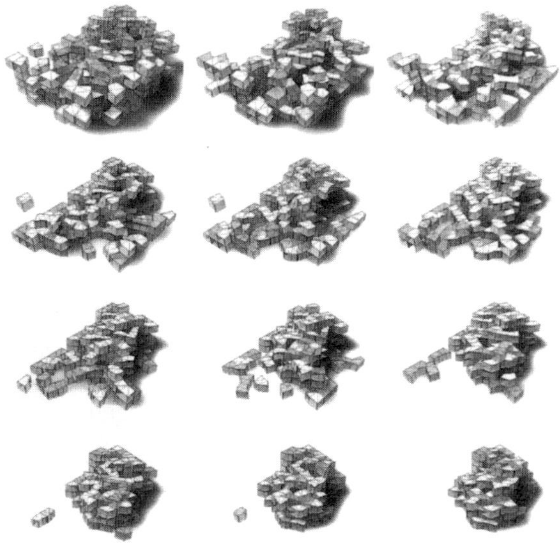

ETH Zürich/CAAD-Team, Globus-Provisorium (2010)

verläuft mithin »vom Virtuellen zum Aktuellen, von der Struktur zu ihrer Aktualisierung und nicht von einer aktuellen Form zu einer anderen« (Deleuze 1992, 30). Geht dagegen der Entwurfsprozess von festen Formvorstellungen aus, in die die gesellschaftlichen, ästhetischen oder historischen Parameter integriert werden müssen, dann spricht man von Formalismus. Die strukturalen Verfahren sind dem Formalismus entgegengesetzt.

Dennoch muss man feststellen, dass sich der Strukturalismus im digitalen Zeitalter, wie er seit Anfang der 1990er Jahre mit dem Aufkommen des Computers besonders im US-amerikanischen Kontext entstand, zu einem extremen Formalismus entwickelt hat. Auslöser dafür war, dass das strukturale Denken sich ganz auf die Seite eines experimentellen, gleichwohl diagrammatischen Entwerfens, also an den Anfang des Architekturprozesses verschoben hatte und dieses auf den Bildschirmen stattfand, das heißt losgelöst von den materiellen und anthropologischen Bedingungen der Architektur. Es wurde das strukturale Denken mit seinen diagrammatischen Repräsentationen autonom. Es bestand nur aus Zeichenrelationen in ihrer diagrammatischen, bildhaften Darstellung am Bildschirm.

Diese Entwicklung findet seit einiger Zeit unter pragmatischen und normativen Vorzeichen ihre Fortsetzung im *Building Information Modelling* oder *BIM*. Man kann diese Verfahren auch mit der Formel »Entwerfen als diagrammatisches Modellieren« beschreiben. Grundlage für *BIM* sind Computerprogramme, in die die am Entwurfs- und Planungsprozess Beteiligten, also Architekten und Fachingenieure, ihre Vorgabewerte eingeben. So entsteht ein gemeinsames virtuelles Modell, das die Planungen miteinander koordiniert, kreative und experimentelle Prozesse jedoch weitgehend verhindert.

Auch diese Verfahren stehen in der Tradition des digital-strukturalen Denkens, lösen allerdings dessen avantgardistische Hermetik durch Öffnung für die Industriestandards auf, die nichts weniger als Vehikel einer technokratischen und damit instrumentellen Vernunft sind. Man könnte sagen, dass mit BIM der Prozess der Architektur auf keinerlei Widerstände aus der Lebenswelt mehr trifft. *BIM* fehlen, wie sich mit Gottfried Semper sagen lässt (vgl. Kap. 6A), die materielle und anthropologische Widerständigkeit und Reibung mit den anthropologischen Grundbedingungen, durch die das strukturale Denken erst seine architektonische, das heißt kulturelle und anthropologische Ausrichtung auf den Menschen erfährt.

9. Nachwort

Was bleibt, das ist der Architekt. Man kann nicht anders, als Humanismus und Aufklärung und damit das kritische historische Wissen – die der Architektur verbliebenen, widerständigen Momente – gegen die instrumentelle Vernunft, gegen die Märkte und gegen die kulturellen Nivellierungen stark zu machen. Die Grundlage dafür liegt allein im aufgeklärten Geist des Architekten, mit der Architektur als jenem Medium, mit dem der Mensch die Souveränität über seine Lebensbedingungen erwirbt und im kritischen, das heißt kritisch theoretischen Diskurs sich bewahrt. In dialektischer Verschränkung ist die Architektur dafür Voraussetzung und Ziel. Humanismus und Aufklärung sind heute wieder Momente des Widerstands, insofern haben sich die Dinge nicht grundsätzlich geändert. So steht über der Architekturtheorie auch die ältere Frage: »Was heißt, sich im Denken orientieren?«, wobei Orientierung so viel bedeutet wie Orientierung auf die Gegenstände der Erfahrung, denn wie wollten wir unseren theoretischen Begriffen Sinn und Bedeutung verschaffen, wenn sie nicht in der Anschauung und im Beispiel einer möglichen Erfahrung gegründet wären. Das Bedürfnis der Vernunft ist zweifach: *Es besteht in ihrem theoretischen und außerdem in ihrem praktischen Gebrauch.* Es kommt die Architekturtheorie aus Erfahrung und zielt auf Erfahrung. Diese Einsicht steht im Zentrum der kritischen Erkenntnistheorie der Architektur und ist heute wieder durch die Widerständigkeit der humanistischen Grundsätze getrieben. Sich im Denken orientieren heißt so immer Rückbesinnung auf die Sinnesvoraussetzungen und die Geschichte, darauf, dass wir *nicht nur geistiges Erbe haben, sondern auch durch und durch nichts anderes als historisch-geistig Gewordene sind*, dass jedem Gedanken und jeder Emotion ein historischer Index anhängt. Index heißt so viel wie Wirkungsbeziehung zwischen der Aktualität und dem Vergangenen. Es ist die offene Aneignung der avancierten Verfahren, durch die in der Reflexion das Neue im Alten aufscheint, von dem dann die Impulse für die Zukunft ausgehen. So führt eben keine direkte Linie aus der Vergangenheit heraus in die Zukunft, eine solche Linie bildet sich nur über die Umwegigkeit des Neuen im Alten. Alles andere wäre falsche Unmittelbarkeit, mithin Ideologie. Was nottut, ist die Einsicht in die Notwendigkeit eines kritischen Verständnisses des *historischen Gesamtzusammenhangs*. Das ist das Ziel dieser Einführung in die Architekturtheorie.

Anhang

Literatur

Abel, Günter (2004), *Zeichen der Wirklichkeit*, Frankfurt/M.: Suhrkamp.

Abel, Günter (2008), »Epistemische Objekte – was sind sie und was macht sie so wertvoll?« in: *Pragmata. Festschrift für Klaus Oehler zum 80. Geburtstag*, hrsg. v. Kai-Michael Hingst und Maria Liatsi, Tübingen: Gunter Narr.

Abel, Günter (2014), »Die Wissensformen der Architektur«, in: *Die Architektur der Theorie. Fünf Positionen zum Bauen und Denken*, hrsg. v. Dieter Eckert, Berlin: DOM Publishers.

Adorno, Theodor W. (1974), *Philosophische Terminologie: Zur Einleitung*, 2 Bde., hrsg. v. Rudolf zur Lippe, Frankfurt/M.: Suhrkamp.

Adorno, Theodor W. (1998.1), *Ästhetische Theorie*, in: Ders., *Gesammelte Schriften* Bd. 7, Frankfurt/M.: Suhrkamp.

Adorno, Theodor W. (1998.2), »Funktionalismus heute« [1965], in: Ders., *Gesammelte Schriften* Bd. 10.1, Darmstadt: WBG.

Adorno, Theodor W. u. Max Horkheimer (1988), »Kulturindustrie. Aufklärung als Massenbetrug«, in: Dies., *Dialektik der Aufklärung*, Frankfurt/M.: Fischer.

Alberti, Leon Battista (1975), *Zehn Bücher über die Baukunst* [1485], Darmstadt: WBG.

Alexander, Christopher u.a. (1977), *A Pattern Language. Towns, Buildings, Constructions*, Oxford: Oxford Press.

Anders, Günther (1994), *Die Antiquiertheit des Menschen* [1956] Bd. 1, München: C.H. Beck.

Archizoom (2005), »Non-Stop-City«, in: *Exit Utopia. Architectural Provocations 1956–76*, hrsg. v. Martin van Schaik and Otakar Máçel, München u.a.: Prestel.

Arendt, Hannah (1981), *Vita activa oder Vom tätigen Leben*, München: Piper.

Aristoteles (1995.1), *Metaphysik*, in: *Philosophische Schriften* Bd. 5, Darmstadt: WBG.

Aristoteles (1995.2), *Physik*, in: *Philosophische Schriften* Bd. 6, Darmstadt: WBG.

Assmann, Jan (2000), *Das kulturelle Gedächtnis*, München: C.H. Beck 2000.

Averlino, Antonio (1972), *Trattato di architettura* [1464], Milano: Edizioni Il Polifilo.

Baldi, Bernardino (1707), *Cronica de matematici*, Urbino: Monticelli.

Baumberger, Christoph (2010), *Gebaute Zeichen. Eine Symboltheorie der Architektur*, Frankfurt/M. u.a.: Ontos.

Behne, Adolf (1964.1), *1923. Der moderne Zweckbau*, Frankfurt/M. u. Wien: Ullstein.

Behne, Adolf (1994.2), »Die Zukunft unserer Architektur«, in: *trotzdem modern. Die wichtigsten Texte zur Architektur in Deutschland 1919–1933*, hrsg. v. Kristiana Hartmann, Braunschweig u.a.: Vieweg.

Benjamin, Walter (1983), *Das Passagen-Werk*, 1. Bd., Frankfurt/M.: Suhrkamp.

Benjamin, Walter (1997), »Das Kunstwerk im Zeitalter seiner technischen Reproduzierbarkeit« [1936], in: Ders., *Gesammelte Schriften* Bd. 1.2, Frankfurt/M.: Suhrkamp.

Bergson, Henri (1991), *Materie und Gedächtnis*, Hamburg: Meiner.

Bergson, Henri (1999), *Zeit und Freiheit*, Hamburg: EVA.

Biraghi, Marco u.a. (Hg.) (2009), *Le parole dell'architettura. Un'antologia di testi teoretici e critici: 1945–2000*, Mailand: Einaudi.

Bloch, Ernst (1985), »Bauten, die eine bessere Welt abbilden, architektonische Utopien«, in: Ders., *Das Prinzip Hoffnung*, 3 Bde., Frankfurt/M.: Suhrkamp.

Böhme, Gernot (1995), *Atmosphäre. Essays zur neuen Ästhetik*, Frankfurt/M.: Suhrkamp.

Böhme, Gernot (2010), »Der Raum leiblicher Anwesenheit und der Raum als Medium von Darstellung«, in: *V. Jahrbuch für Lebensphilosophie 2010/2011*, hrsg. v. J. Hasse u. Robert J. Kozljanic, München: Albunea.

Böhme, Hartmut (1989), »Das Steinerne. Anmerkungen zur Theorie des Erhabenen aus dem Blick des ›Menschenfremdesten‹, in: *Das Erhabene. Zwischen Grenzerfahrung und Größenwahn*, hrsg. v. Christine Pries, Weinheim: VCH.

Bollnow, Otto Friedrich (2011), *Schriften* Bd. VI, *Mensch und Raum*, Würzburg: Königshausen & Neumann.
Bötticher, Carl (1852), *Die Tektonik der Hellenen*, Potsdam: Ferdinand Riegel.
Boullée, Étienne-Louis (1987), *Architektur. Abhandlung über die Kunst* [1793], Zürich u. München: Artemis.
Bourdieu, Pierre (1997), *Zur Soziologie der symbolischen Formen*, Frankfurt/M.: Suhrkamp.
Brinckmann, A. E. (1912), *Platz und Monument. Untersuchungen zur Geschichte und Ästhetik der Stadtbaukunst in neuerer Zeit*, Berlin: Ernst Wasmuth.
Brinckmann, A. E. (1924), *Plastik und Raum als Grundformen künstlerischer Gestaltung*, München: R. Piper und Co.
Brock, Bazon (1986.1), »Avantgarde und Tradition«, in: *Ästhetik gegen erzwungene Unmittelbarkeit. Schriften 1978–86*, Köln: DuMont.
Brock, Bazon (1986.2), »Der Stil der Stillosigkeit – ein zeitgemäßer Manierismus mit kleinem Anlauf zur systematischen Betrachtung«, in: *Stilwandel als Kulturtechnik, Kampfprinzip, Lebensform oder Systemstrategie in Werbung, Design, Architektur, Mode*, hrsg. v. Bazon Brock u.a., Köln: DuMont.
Brückle, Wolfgang (2003), Lemma »II. Stil (kunstwissenschaftlich)«, in: *Ästhetische Grundbegriffe* Bd. 5, hrsg. v. Karlheinz Barck u.a., Stuttgart u. Weimar: J. B. Metzler.
Buckley, Craig (Hg.) (2014), *After the Manifesto. Writing, Architecture, and Media in a New Century*, New York: GSAPP Books on Architecture.
Burckhardt, Jacob (1997), *Die Kunst der Renaissance in Italien*, Frankfurt/M. u. Leipzig: Insel.
Bürger, Peter (1974), *Theorie der Avantgarde*, Frankfurt/M.: Suhrkamp.
Burke, Edmund (1989), *Vom Erhabenen und Schönen*, Hamburg: Felix Meiner.
Cache, Bernard (1995), *Earth Moves. The Furnishing of Territories*, Cambridge Mass. u.a.: The MIT Press.
Carpo, Mario (2001), *Architecture in the Age of Printing. Orality, Writing, Typography, and Printed Images in the History of Architectural Theory*, Cambridge/Mass.: The MIT Press.
Carpo, Mario (2012), *Alphabet und Algorithmus*, Reihe ArchitekturDenken Bd. 6, Bielefeld: transcript.

Castoriadis, Cornelius (1984), *Gesellschaft als imaginäre Institution*, Frankfurt/M.: Suhrkamp.
Choay, Françoise (1997), *Das architektonische Erbe. Eine Allegorie. Geschichte und Theorie der Baudenkmale*, Braunschweig u. Wiesbaden: Vieweg.
Claesges, Ulrich (1964), *Edmund Husserls Theorie der Raumkonstitution*, Den Haag: Martinus Nijhoff.
Crutzen, Paul J. u.a. (2000), »The ›Anthropocene‹«, in: IGBP Newsletter 41.
Crysler, C. Greig u.a. (2012) (Hg.), *SAGE Handbook of Architectural Theory*, Los Angeles: SAGE Publications Ltd.
Dal Co, Francesco u. Manfredo Tafuri (1976), *L'Architettura contemporanea*, Milano: Electa.
De Bruyn, Gerd (2008), *Die enzyklopädische Architektur*, Bielefeld: transcript.
De Bruyn, Gerd u. Stephan Trüby (2003) (Hg.), *architektur_theorie.doc Texte seit 1960*, Basel u.a.: Birkhäuser.
De Certeau, Michel (2006), »Praktiken im Raum«, in: *Raumtheorie. Grundlagentexte aus Philosophie und Kulturwissenschaften*, hrsg. v. Jörg Dünne und Stephan Günzel, Frankfurt/M.: Suhrkamp.
Deleuze, Gilles (1992), *Woran erkennt man den Strukturalismus?*, Berlin: Merve.
Deleuze, Gilles (1995), *Die Falte. Leibniz und der Barock* [1988], Frankfurt/M.: Suhrkamp.
Deleuze, Gilles u. Félix Guattari (1988), *A Thousand Plateaus. Capitalism & Schizophrenia* [1980], Minneapolis: University of Minnesota Press.
Deleuez, Gilles u. Félix Guattari (1977), *Anti-Oedipus. Capitallism and Schizophrenia* [1972], Minneapolis: University of Minnesota Press.
Derrida, Jacques (1983), *Grammatologie* [1967], Frankfurt/M.: Suhrkamp.
Derrida, Jacques (1992), *Die Wahrheit in der Malerei*, Wien: Passagen.
Derrida, Jacques (1985), *Die Schrift und die Differenz* [1967], Frankfurt/M.: Suhrkamp.
Dewey, John (1995), *Kunst als Erfahrung*, Frankfurt/M.: Suhrkamp.
Dillenburger, Benjamin u.a. (2011), »The Building Synthesizer«, in: *Structuralism Reloaded. Rule-Based Design in Architecture and Urbanism*, hrsg. von Tomás Valena, Stuttgart u. London: Axel Menges.
Doesburg, Theo van (1981), »Auf dem Weg zu einer plastischen Architektur«, in: *Programme und Manifeste zur Architektur des 20. Jahrhunderts*,

hrsg. v. Ulrich Conrads, Braunschweig und Wiesbaden: Friedr. Vieweg & Sohn.

Durkheim, Émile (1984), *Die Regeln der soziologischen Methode*, hrsg. v. René König, Frankfurt/M.: Suhrkamp.

Dürckheim, Karlfried Graf von (2001), »Untersuchungen zum gelebten Raum« [1932], in: *Natur, Raum, Gesellschaft* Bd. 4, hrsg. v. Jürgen Hasse, Frankfurt/M.

Eco, Umberto (1977), *Zeichen. Einführung in einen Begriff und seine Geschichte*, Frankfurt/M.: Suhrkamp.

Eisenman Architects u.a. (1992) (Hg.), *Frankfurt Rebstockpark. Folding in Time*, München: Prestel.

Eisenman, Peter (1995.1), »Die Architektur und das Problem der rhetorischen Figur«, in: Peter Eisenman, *Aura und Exzeß. Zur Überwindung der Metaphysik der Architektur*, Wien: Passagen.

Eisenman, Peter (1995.2), »Architektur Schreiben. Ein Gespräch zwischen Peter Eisenman und Jacques Derrida«, in: Ders., *Aura und Exzeß. Zur Überwindung der Metaphysik in der Architektur*, Wien: Passagen.

Eisenman, Peter (1995.3), »Architektur als eine zweite Sprache: die Texte des Dazwischen«, in: Peter Eisenman, *Aura und Exzeß. Zur Überwindung der Metaphysik der Architektur*, Wien: Passagen.

Eisenman, Peter (1995.4), »Misreading Peter Eisenman«, in: Peter Eisenman, *Aura und Exzeß. Zur Überwindung der Metaphysik der Architektur*, Wien: Passagen.

Eisenman, Peter (2005), *Die formale Grundlegung der modernen Architektur*, Zürich: GTA Verlag.

Eisenman, Peter (2008), *Ten Canonical Buildings 1950–2000*, New York: Rizzoli.

Erben, Dietrich (2017), *Architekturtheorie. Eine Geschichte von der Antike bis zur Gegenwart*, München: C.H. Beck.

Fechner, Gustav Theodor (1876), *Vorschule der Ästhetik* Bd. 1, Leipzig: Breitkopf & Härtel.

Feige, Daniel Martin (2018), *Design. Eine philosophische Analyse*, Frankfurt/M.: Suhrkamp.

Finsterlin, Hermann (1981), »Casa Nova« [1924], in: *Programme und Manifeste zur Architektur des 20. Jahrhunderts*, hrsg. v. Ulrich Conrads, Braunschweig u. Bielefeld: Friedr. Vieweg & Sohn.

Fischer, Günther (2009), *Vitruv NEU oder Was ist Architektur?*, Basel u.a.: Birkhäuser.
Forster, Kurt W. (2018), *Schinkel. A Meander through his Life and Work*, Basel: Birkhäuser.
Forty, Adrian (2000), *Words And Buildings. A Vocabulary of Modern Architecture*, London: Thames & Hudson.
Foucault, Michel (2006), »Von anderen Räumen« [1967], in: *Raumtheorie. Grundlagentexte aus Philosophie und Kulturwissenschaften*, hrsg. v. Jörg Dünne und Stephan Günzel, Frankfurt/M.: Suhrkamp.
Frampton, Kenneth (1993.1), *Grundlagen der Architektur. Studien zur Kultur des Tektonischen*, München u. Stuttgart: Oktagon.
Frampton, Kenneth (1993.2), »Kritischer Regionalismus – Thesen zu einer Architektur des Widerstands« [1983], in: *Postmoderne. Zeichen eines kulturellen Wandels*, hrsg. v. Andreas Huyssen u. Klaus R. Scherpe, Reinbek bei Hamburg: Rowohlt Taschenbuch.
Fréart de Chambray, Roland (1650), *Parallèle de l'architecture antique et de la moderne*, Paris: Edme Martin.
Freud, Sigmund (1993), »Das Unbehagen in der Kultur« [1930], in: Ders., *Abriß der Psychoanalyse*, Frankfurt/M.: Fischer.
Freud, Sigmund (2000), *Traumdeutung* [1900], *Studienausgabe* Bd. 2, Frankfurt/M.: Fischer.
Fustel de Coulanges, Numa Denis (1961), *Der antike Staat* [1864], Graz: Akademische Druck- und Verlagsanstalt.
Gadamer Hans-Georg (2006), »Hans Georg Gadamer im Gespräch mit Catherine Hürzeler«, in: Blödt, Raimund, *Beyond Metropolis. Eine Auseinandersetzung mit der verstädterten Landschaft*, Zürich: Niggli.
Gehlen, Arnold (2016), *Der Mensch. Seine Natur und seine Stellung in der Welt*, Frankfurt/M.: Vittorio Klostermann.
German, Georg (1993), *Einführung in die Geschichte der Architekturtheorie* (1980), Darmstadt: WBG.
Gibson, James (1979), *The Ecological Approach to Visual Perception*, Boston: Houghton Mifflin.
Giedion, Sigfried (2000), *Bauen in Frankreich: Bauen in Eisen, Bauen in Eisenbeton* [1928], Berlin: Gebrüder Mann.
Giedion, Sigfried (2015), *Raum, Zeit, Architektur. Die Entstehung einer neuen Tradition* [1941], Basel: Birkhäuser.

Gleiter, Jörg H. (2002), *Rückkehr des Verdrängten. Zur kritischen Theorie des Ornaments in der architektonischen Moderne*, Weimar: Verlag der Bauhaus-Universität.

Gleiter, Jörg u.a. (2007) (Hgs.), *Einfühlung und phänomenologische Reduktion. Grundlagentexte zu Architektur, Design und Kunst*, Münster: LIT.

Gleiter, Jörg (2009), *Der philosophische Flaneur – Nietzsche und die Architektur*, Würzburg: Königshausen & Neumann.

Gleiter, Jörg H. (2011), »Structural Thinking in Architecture«, in: *Structuralism Reloaded. Rule-Based Design in Architecture and Urbanism*, hrsg. v. Tomás Valena, Stuttgart/London: Edition Axel Menges.

Gleiter, Jörg H. (2012.1), »Vorwort«, in: Mario Carpo, *Alphabeth und Algorithmus*, Reihe ArchitekturDenken Bd. 6, Bielefeld: transcript.

Gleiter, Jörg H. (2012.2) (Hg.), *Ornament Today. Digital. Material. Structural*, Bozen: University Press.

Gleiter, Jörg H. (2018), *Architekturtheorie 1863–1938*, Berlin: DOM Publishers .

Gleiter Jörg H. (2020), »Produktives Scheitern der Ekphrasis«, in: *Betrachtungen der Architektur. Versuche in Ekphrasis*, hrsg. v. Tim Kammasch, Bielefeld: transcript.

Goethe, Johann Wolfgang von (1982.12), »Baukunst 1795«, in: Ders., *Werke. Hamburger Ausgabe* Bd. 12, München: dtv.

Goethe, Johann Wolfgang von (1982.13), *Naturwissenschaftliche Schriften*, in: Ders., *Werke. Hamburger Ausgabe* Bd. 13, München: dtv.

Goethe, Johann Wolfgang von (1982.14), »Geschichte der Farbenlehre«, in: Ders., *Werke. Hamburger Ausgabe*, Bd. 14: *Naturwissenschaftliche Schriften*, 2. Teil, München: dtv.

Gombrich, Ernst (1972), »The Mask and the Face: The Perception of Physiognomic Likeness in Life and in Art«, in: Gombrich, Ernst u.a., *Art, Perception, and Reality*, Baltimore u. London: The Johns Hopkins University Press.

Goodman, Nelson (1997), *Die Sprachen der Kunst*, Frankfurt/M.: Suhrkamp.

Gordon, Ian E. (1989), *Theories of Visual Perception*, Chichester: John Wiley & Sons.

Gropius, Walter (1981.1), »Programm des staatlichen Bauhauses in Weimar« [1919], in: *Programm und Manifeste zur Architektur des 20. Jahr-*

hunderts, hrsg. v. Ulrich Conrads, Braunschweig u. Wiesbaden: Friedr. Vieweg & Sohn.
Gropius, Walter (1981.2), »Grundsätze der Bauhausproduktion« [1926], in: *Programm und Manifeste zur Architektur des 20. Jahrhunderts*, hrsg. v. Ulrich Conrads, Braunschweig u. Wiesbaden: Friedr. Vieweg & Sohn.
Gropius, Walter (1988), »Für eine lebendige Architektur«, in: Ders., *Ausgewählte Schriften*, hrsg. v. H. Probst u. Ch. Schädlich, Bd. 3, Berlin: Ernst & Sohn.
Gumbrecht, Hans Ulrich (2014), »Das Denken muss nun auch den Daten folgen«, in: FAZ, 12. März 2014.
Günzel, Stephan (2006), »Einleitung«, in: *Raumtheorie. Grundlagentexte aus Philosophie und Kulturwissenschaften*, hrsg. v. Jörg Dünne u. Stephan Günzel, Frankfurt/M.: Suhrkamp.
Günzel, Stephan (2007), »Raum – Topographie – Topologie«, in: *Topologie. Zur Raumbeschreibung in den Kultur- und Medienwissenschaften*, hrsg. v. Stephan Günzel, Bielefeld: transcript.
Habermas, Jürgen (1993), *Der philosophische Diskurs der Moderne*, Frankfurt/M.: Suhrkamp.
Hahn, Achim (2008), *Architekturtheorie: Wohnen, Entwerfen, Bauen*, Wien: UTB.
Haraway, Donna (2021), »A Cyborg Manifesto [1985]«, in: https://web.archive.org/web/20120214194015/http://www.stanford.edu/dept/HPS/Haraway/CyborgManifesto.html (21. Mai 2021).
Hasse, Jürgen (2010), *Atmosphären der Stadt*, Berlin: Jovis.
Hasse, Jürgen u. Robert J. Kozljanic (2010), »Einleitung«, in: *V. Jahrbuch für Lebensphilosophie* 2010/2011, hrsg. v. J. Hasse u. Robert J. Kozljanic, München: Albunea.
Hays, K. Michael (2000) (Hg.), *Architecture Theory since 1968*, Cambridge, Mass.: MIT Press.
Heidegger, Martin (1991), »Bauen Wohnen Denken«, in: *Mensch und Raum. Das Darmstädter Gespräch* [1951], Braunschweig: Friedr. Vieweg & Sohn.
Hirschfeld, Christian Cay Lorenz (1779–85), *Theorie der Gartenkunst*, 5 Bde., Leipzig.
Hirt, Aloys (1809), *Baukunst nach den Grundsätzen der Alten*, Berlin.
Horn, Eva u. Hannes Bergthaller (2019), *Anthropozän zur Einführung*, Hamburg: Junius.

Horn, Eva u. Manfred Weinberg (1998), »Vorwort«, in: Dies. (Hg.), *Allegorie. Konfigurationen von Text, Bild und Lektüre*, Opladen u. Wiesbaden: Westdeutscher Verlag.

Hovestadt, Ludger (2010) (Hg.), *Jenseits des Rasters – Architektur und Informationstechnologie. Anwendungen einer digitalen Architektonik*, Basel u.a.: Birkhäuser.

Huber, Joachim (2002), *Urbane Topologie. Architektur der randlosen Stadt*, Weimar: Universitätsverlag.

Husserl, Edmund (1981), »Philosophische Versuche über den Raum« (1886-1901), in: Ders., *Gesammelte Werke*, *Husserliana*, Bd. 21, Den Haag u a.: Nijhoff.

Husserl, Edmund (2007), »Analyse der Wahrnehmung«, in: *Einfühlung und phänomenologische Reduktion. Grundlagentexte zu Architektur, Design und Kunst*, hrsg. v. Thomas Friedrich u. Jörg H. Gleiter, Münster: LIT.

Hussel, Edmund (2012), *Die Krisis der europäischen Wissenschaften und die transzendentale Phänomenologie*, Hamburg: Meiner.

Ieva, Matteo (2020), *Morfologia urbana e linguaggio nell'opera di Gianfranco Caniggia*, Milano: FrancoAngeli.

Isozaki, Arata (2011.1), in: *Project Japan. Metabolism talks ...*, hrsg. v. Rem Koolhaas u. Hans Ulrich Obrist, Köln: Taschen.

Isozaki, Arata (2011.2), *Welten und Gegenwelten*, Bielefeld: transcript.

Jameson, Fredric (1986), »Postmoderne – Zur Logik der Kultur im Spätkapitalismus«, in: *Postmoderne. Zeichen eines kulturellen Wandels*, hrsg. v. Andreas Huyssen u. Klaus R. Scherpe, Reinbek bei Hamburg: Rowohlt.

Janson, Alban u. Florian Tigges (2013) (Hg.), *Grundbegriffe der Architektur. Das Vokabular räumlicher Situationen*, Basel u.a.: Birkhäuser.

Jencks, Charles (1978), *Die Sprache der postmodernen Architektur*, Stuttgart: DVA.

Jones, Owen (1997), *Grammatik der Ornamente* [1856], Köln: Parkland.

Jormakka, Kari (2003), *Geschichte der Architekturtheorie*, Wien: Edition Selene.

Kant, Immanuel (1996.1), *Kritik der reinen Vernunft*, Frankfurt/M.: Suhrkamp.

Kant, Immanuel (1996.2), *Kritik der Urteilskraft*, hrsg. v. Wilhelm Weischedel, Frankfurt/M.: Suhrkamp.

Kittler, Friedrich (2005), Wörterbucheintrag »Techniken, künstlerische«, in: *Ästhetische Grundbegriffe* Bd. 6, Stuttgart u. Weimar: J.B. Metzler.
Klinkott, Manfred (1993), »Die Tektonik der Hellenen als Sprachlehre und Fessel der klassizistischen Baukunst«, in: *Über Tektonik in der Baukunst*, hrsg. v. Hans Kollhoff, Braunschweig u. Wiesbaden: Friedr. Vieweg & Sohn.
Klopfer, Paul (2007), »Vom räumlichen Sehen«, in: *Einfühlung und phänomenologische Reduktion. Grundlagentexte zu Architektur*, Design und Kunst, hrsg. v. Thomas Friedrich u. Jörg H. Gleiter, Münster: LIT.
Klotz, Heinrich (1987), *Moderne und Postmoderne. Architektur der Gegenwart 1960–1980*, Braunschweig u. Wiesbaden: Friedr. Vieweg & Sohn.
Koselleck, Reinhart (1989), *Vergangene Zukunft. Zur Semantik geschichtlicher Zeiten*, Frankfurt/M.: Suhrkamp.
Kruft, Hanno-Walter (1995), *Geschichte der Architekturtheorie*, München: C. H. Beck.
Kruse, Lenelis (1974), *Räumliche Umwelt*, Berlin u. New York: Walter de Gruyter.
Kutschera, Franz von (1975), *Sprachphilosophie*, München: Wilhelm Fink.
Kwinter, Sanford (2001), *Architecture of Time. Toward a Theory of the Event in Modernist Culture*, Cambridge, Mass.: The MIT Press.
Lacaton, Anne (2021), in: https://www.swiss-architects.com/de/architecture-news/gefunden/kunftige-lernwelten, 6. Dez. 2021.
Latour, Bruno (2010), *Das Parlament der Dinge*, Frankfurt/M.: Suhrkamp.
Lavater, Caspar (1775), *Physiognomische Fragmente*, Leipzig und Winterthur: Weidmann und Reich, Steiner.
Le Clerc, Sébastian (1714), *Traité d'architecture, avec des remarques et des observations très-utiles pour les jeunes gens qui veulent s'appliquer à ce bel art*, Paris.
Le Corbusier (1987), *1929. Feststellungen zu Architektur und Städtebau*, hrsg. v. Ulrich Conrads, Braunschweig u. Wiesbaden: Vieweg & Sohn.
Le Corbusier (2001), *1922. Ausblick auf eine Architektur*, Basel: Birkhäuse.
Lohmann, Petra (2010), *Architektur als Symbol des Lebens. Zur Wirkung der Philosophie Johann Gottlieb Fichtes auf die Architekturtheorie Karl Friedrich Schinkels von 1803 bis 1815*, München: Deutscher Kunstverlag.
Loos, Adolf (1962), »Ornament und Verbrechen« [1908], in: Ders., *Sämtliche Schriften in zwei Bänden* Bd. 1, hrsg. v. Franz Glück, Wien u.a.: Herold.

Lyotard, Jean-François (1993), *Das postmoderne Wissen* [1979], Wien: Edition Passagen.

Mallgrave, Harry Francis (2005) (Hg.), *Architectural Theory Vol 1. An Anthology From Vitruvius to 1870*, Oxford: Wiley-Blackwell.

Mallgrave, Harry Francis (2008) (Hg.), *Architctural Theory Vol. 2. An Anthology From 1871 to 2005*, Oxford: Wiley-Blackwell.

Mareis, Claudia (2014), *Theorien des Designs zur Einführung*, Hamburg: Junius.

Maretto, Marco (2015), *Saverio Muratori. Il progetto della città. A legacy in urban design*, Milano: FrancoAngeli.

Mendelsohn, Erich (1981), »Das Problem einer neuen Baukunst« [1919], in: *Programme und Manifeste zur Architektur des 20. Jahrhunderts*, hrsg. v. Ulrich Conrads, Braunschweig u. Bielefeld: Friedr. Vieweg & Sohn.

Mies van der Rohe, Ludwig (1986.1), »(Bürohaus) Manuskript vom 2. August 1923«, in: Fritz Neumeyer, *Mies van der Rohe. Das kunstlose Wort*, Berlin: Siedler.

Mies van der Rohe, Ludwig (1986.2), »Gelöste Aufgaben. Eine Forderung an unser Bauwesen« [1923], in: Fritz Neumeyer, *Mies van der Rohe. Das kunstlose Wort*, Berlin: Siedler.

Mies van der Rohe, Ludwig (1986.3), »Bauen« [1923], in: Fritz Neumeyer, *Mies van der Rohe. Das kunstlose Wort*, Berlin: Siedler 1986.

Minkowski, Eugène (1971/72) *Die gelebte Zeit* [1933], 2 Bde., Salzburg: Otto Müller Verlag.

Mitscherlich, Alexander (1965), *Die Unwirtlichkeit unserer Städte: Anstiftung zum Unfrieden*, Frankfurt/M.: Suhrkamp.

Moravánsky, Ákos (2003), *Architekturtheorie im 20. Jahrhundert*, Wien/New York: Springer.

Moritz, Karl Philipp (1793), *Vorbegriffe zu einer Theorie der Ornamente*, Berlin: Karl Matzdorff's Buchhandlung.

Moritz, Karl Philipp (1997), »Ästhetische Theorie«, in: Ders., *Werke in zwe Bänden*, Bd. 2, hrsg. v. Heide Hollmer u. Albert Meier, Frankfurt/M.: Deutscher Klassiker Verlag.

Müller, Ernst (2005), »Bemerkungen zu einer Begriffsgeschichte aus kulturwissenschaftlicher Perspektive«, in: *Begriffsgeschichte im Umbruch? Archiv für Begriffsgeschichte, Sonderheft*, hrsg. v. Ernst Müller, Hamburg.

Müller, Karl Otfried (1830), *Handbuch der Archäologie der Kunst*, Breslau: Josef Max.

Muratori, Saverio (1980), *La valutazione dell'opera architettonica* [1946], hrsg. von G. Marinucci, Rom: Centro Studi di Storia Urbanistica.

Nagl, Ludwig (1992), *Charles Sanders Peirce*, Frankfurt/M.: Campus.

Nesbitt, Kate (1996) (Hg.), *Theorizing a New Agenda for Architecture. An Anthology of Architectural Theory 1965–1995*, New York: Princeton Architectural Press.

Neumeyer, Fritz (2002) (Hg.), *Quellentexte zur Architekturtheorie*, München u.a.: Prestel.

Neumeyer, Fritz (1993), »Tektonik: Das Schauspiel der Objektivität und die Wahrheit des Architekturschauspiels«, in: *Über Tektonik in der Baukunst*, hrsg. v. Hans Kollhoff, Braunschweig u. Wiesbaden: Friedr. Vieweg & Sohn.

Nietzsche, Friedrich (1999.1), *Menschliches, Allzumenschliches II*, Ders., *Kritische Studienausgabe* Bd. 2, hrsg. v. Giorgio Colli und Mazzino Montinari, München: Walter de Gruyter.

Nietzsche, Friedrich (1999.2), *Morgenröthe*, in: Ders., *Kritische Studienausgabe* Bd. 3, hrsg. v. Giorgio Colli und Mazzino Montinari, München: Walter de Gruyter.

Nietzsche, Friedrich (1999.3), *Götzendämmerung*, in: Ders., *Kritische Studienausgabe* Bd. 6, hrsg. v. Giorgio Colli und Mazzino Montinari, München: Walter de Gruyter.

Ockman, Joan (1993) (Hg.), *Architecture Culture 1943-1968*, New York: Rizzoli.

Paetzold, Heinz (1993), *Ernst Cassirer zur Einführung*, Hamburg: Junius.

Pallasmaa, Juhani (2007), *The Eye of the Skin. Architecture and the Senses*, Chichester: John Wiley & Sons.

Panofsky, Erwin (1989) »Die Perspektive als ›symbolische Form‹« in: Ders., *Deutschsprachige Aufsätze II*, hrsg. v. Karen Michels und Martin Warnke, Berlin: Akademie.

Pape, Helmut (1989), *Erfahrung und Wirklichkeit als Zeichenprozeß*, Frankfurt/M.: Suhrkamp.

Peirce, Charles S. (1998.1), *Phänomen und Logik der Zeichen*, hrsg. v. Helmut Pape, Frankfurt/M.: Suhrkamp.

Peirce, Charles S. (1931–58), *Collected Papers of Charles Sanders Peirce* Bd. 1–8, Cambridge MA: Harvard University Press 1931–58, hier zitiert als CP Band.Seite, z.B. CP 5.488.

Peirce, Charles S. (1992), *The Essential Peirce*, Vol. 1 (1867–1893), Bloomington u. Indianapolis: Indiana University Press.

Peirce, Charles S. (1998.2), *The Essential Peirce, Selected Philosophical Writings*, Vol. 2 (1893–1913), Bloomington u. Indianapolis: Indiana University Press.

Perrault, Claude (1985), zitiert nach Hanno-Walter Kruft, *Geschichte der Architekturtheorie*, München: C.H. Beck.

Perrault, Claude (2002), »Ordnung der fünf Säulenarten nach der Methode der Alten«, in: *Quellentexte zur Architekturtheorie*, hrsg. v. Fritz Neumeyer, München u.a.: Prestel.

Petrarca, Francesco (2014), *Die Besteigung des Mont Ventoux*, Stuttgart: Reclam.

Pfleiderer, Wolfgang (1924), *Die Form ohne Ornament*, Berlin u. Leipzig: DVA.

Philipp, Klaus Jan (1990) (Hg.): *Revolutionsarchitektur. Klassische Beiträge zu einer unklassischen Architektur*, Braunschweig/Wiesbaden: Vieweg & Sohn Verlag.

Philipp, Klaus Jan (1997), *Um 1800. Architekturtheorie und Architekturkritik in Deutschland zwischen 1790 und 1810*, Stuttgart: Edition Axel Menges.

Pico della Mirandola, Giovanni (2009), *Oratio de hominis dignitat. Rede über die Würde des Menschen*, Ditzingen: Reclam.

Pugin, Augustus W. (1973), *The True Principles of Pointed or Christian Architecture* [1841], London u. New York: Academy Editions.

Raulet, Gérard u. Burghart Schmidt (1993) (Hg.), *Kritische Theorie des Ornaments*, Wien u.a.: Böhlau.

Redtenbacher, Rudolf (1881), *Tektonik. Principien der künstlerischen Gestaltung der Gebilde und Gefüge von Menschenhand*, Wien: R. v. Waldheim.

Reijen, Willem van (1987): »Post-scriptum. Anciens – Modernes – Postmodern«, in: *Die unvollendete Vernunft: Moderne versus Postmoderne*, hrsg. v. D. Kamper u. W. van Reijen, Frankfurt/M..

Riegl, Alois (1893), *Stilfragen. Grundlegungen zu einer Geschichte der Ornamentik*, Berlin.

Rosenberg, Rainer (2003), Lemma »Stil. Einleitung«, in: *Ästhetische Grundbegriffe* Bd. 5, hrsg. v. Karlheinz Barck u.a., Stuttgart u. Weimar: J.B. Metzler.

Rossi, Aldo (2003), Vorlesungen, Aufsätze, Entwürfe, zitiert nach: *Architekturtheorie im 20. Jahrhundert. Eine kritische Anthologie*, hrsg. v. Ákos Moravánsky, Wien u. New York: Springer.

Rossi, Aldo (2015): *Die Architektur der Stadt. Skizze zu einer grundlegenden Theorie des Urbanen* [1966], Basel: Birkhäuser.

Rowe, Colin (1994): *The Architecture of Good Intentions. Towards a Possible Retrospect*, London: Academy Editions.

Rowe, Colin (1982.1), »The Mathematics of the Ideal Villa«, in: Ders., *The Mathematics of the Ideal Villa and Other Essays*, Cambridge Mass. u.a.: The MIT Press.

Rowe, Colin (1982.2), »Neo-Classicism and Modern Architecture I«, in: Ders., *The Mathematics of the Ideal Villa and Other Essays*, Cambridge Mass. u.a.: The MIT Press.

Rudofsky, Bernhard (1964): *Architecture without Architects. A short Introduction into a Non-pedigreed Architecture*, New York.

Rush, Fred (2008), *On Architecture*, New York: Routledge 2008.

Ruskin, John (1960), *The Stones of Venice*, hrsg. v. J. G. Links, London: Penguin Books.

Sartre, Jean-Paul (1985), *Das Sein und das Nichts*, Reinbek bei Hamburg: Rowohlt.

Scheffler, Karl (1907), *Moderne Baukunst*, Berlin: Julius Bard.

Schinkel, Karl Friedrich (2007), zitiert nach Jörg Trempler, *Schinkels Motive*, Berlin: Matthes & Seitz.

Schirrmacher, Frank (2012), »Emanuel Derman. Der Quant als Kritiker«, in: FAZ, 1.9.2012.

Schiwy, Günther (1969), *Der französische Strukturalismus. Mode, Methode, Ideologie*, Reinbek bei Hamburg.

Schmarsow, August (2002), »Das Wesen der architektonischen Schöpfung« [1893], in: *Quellentexte zur Architekturtheorie*, hrsg. v. Fritz Neumeyer, München u.a.: Prestel.

Schmarsow, August (2007), »Ueber den Werth der Dimensionen im menschlichen Raumgebilde« [1896], in: *Einfühlung und phänomenologische Reduktion. Grundlagentexte zu Architektur, Design und Kunst*, hrsg. v. Thomas Friedrich u. Jörg H. Gleiter, Münster: LIT.

Schmitz, Hermann (1988), *Der leibliche Raum*, Bonn: Bouvier.

Schmitz, Hermann (2016), *Atmosphäre*, Freiburg: Karl Alber.

Schnädelbach, Herbert (1996), »Plädoyer für eine kritische Kulturphilosophie«, in: *Kulturphilosophie*, hrsg. v. Ralf Konersmann, Leipzig: Reclam.
Schnell, Angelika (2019), *Aldo Rossis Konstruktion des Wirklichen. Eine Architekturtheorie mit Widersprüchen*, Basel: Birkhäuser.
Schopenhauer, Arthur (1985), *Metaphysik des Schönen*, hrsg. von Volker Spierling, München und Zürich: Piper.
Schopenhauer, Arthur (1989), *Die Welt als Wille und Vorstellung* [1819], *Sämtliche Werke* Bd. 1, Darmstadt: WBG.
Schopenhauer, Arthur (1990), »Zur Ästhetik der Architektur«, in: Ders., *Sämtliche Werke* Bd. 2, Darmstadt: WBG.
Schumacher, Fritz (1919), »Die künstlerische Bewältigung des Raumes« [1919], in: *Zeitschrift für Ästhetik und allgemeine Kunstgeschichte* 13/1919.
Schumacher, Fritz (1991), *Das bauliche Gestalten*, Basel u.a.: Birkhäuser.
Schumacher, Fritz (1977), »Die Ziele des baulichen Gestaltens« [1939], in: *Lesebuch für Baumeister*, hrsg. v. Fritz Schumacher, Braunschweig u.a.: Friedr. Vieweg & Sohn.
Sedlmayr, Hans (1948), *Verlust der Mitte. Die bildende Kunst des 19. und 20. Jahrhunderts als Symbol der Zeit*, Salzburg: O. Müller.
Semper, Gottfried (1851), *Die vier Elemente der Baukunst*, Braunschweig: Friedrich Vieweg & Sohn.
Semper, Gottfried (1860), *Der Stil in den technischen und tektonischen Künsten, oder praktische Ästhetik*, Bd. 1, Frankfurt/M.: Verlag für Kunst und Wissenschaft.
Semper, Gottfried (1966.1), »Über Baustile« (1869), in: Ders., *Wissenschaft, Industrie und Kunst und andere Schriften über Architektur, Kunsthandwerk und Kunstunterricht*, hrsg. v. Hans Wingler, Mainz u. Berlin: Kupferberg.
Semper, Gottfried (1966.2), »Wissenschaft, Industrie und Kunst. Vorschläge zur Anregung nationalen Kunstgefühls« [1852], in: Ders., *Wissenschaft, Industrie und Kunst und andere Schriften über Architektur, Kunsthandwerk und Kunstunterricht*, hrsg. v. Hans Wingler, Mainz u. Berlin: Kupferberg.
Semper, Gottfried (1966.3), »Eisenkonstruktion« [1841], in: Ders., *Wissenschaft, Industrie und Kunst und andere Schriften über Architektur, Kunsthandwerk und Kunstunterricht*, hrsg. v. Hans Wingler, Mainz u. Berlin: Kupferberg.

Semper, Gottfried (1966.4), »Textile Kunst« [1855–59], in: Ders., *Wissenschaft, Industrie und Kunst und andere Schriften über Architektur, Kunsthandwerk und Kunstunterricht*, hrsg. v. Hans Wingler, Mainz u. Berlin: Kupferberg.

Semper, Gottfried (1987), *Über die formelle Gesetzmäßigkeit des Schmuckes und dessen Bedeutung als Kunstsymbol* [1856], Berlin.

Serlio, Sebastiano (1537): *Tutte l'opere d'architettura et prospetiva*, 3. Buch, Venezia: Francesco de Franceschi Senese.

Shrijver, Lara (2021): *The Tacit Dimension. Architecture Knowledge and Scientific Research*, Leuven: Leuven University Press.

Sitte, Camillo (2001), *Der Städtebau nach seinen künstlerischen Grundsätzen. Vermehrt um »Grossstadtgrün«* [1889], Boston u. Berlin: Birkhäuser.

Simmel, Georg (1995), »Die Großstadt und das Geistesleben« [1903], in: Ders., *Aufsätze und Abhandlungen 1901–1908*, Bd. 1, Frankfurt/M.: Suhrkamp.

Simmel, Georg (1997.1), »Das Problem des Stiles«, in: Ders., *Aufsätze und Abhandlungen 1901–1908*, Bd. 2, Frankfurt/M.: Suhrkamp.

Simmel, Georg (1997.2), »Die Ruine«, in: Ders., *Aufsätze und Abhandlungen 1901–1908*, Bd. 2, Frankfurt/M.: Suhrkamp.

Sloterdijk, Peter (1988): »Nach der Geschichte«, in: *Wege aus der Moderne. Schlüsseltexte der Postmoderne-Diskussion*, hrsg. v. Wolfgang Welsch, Weinheim: VCH Acta Humaniora.

Sloterdijk Peter (2004), *Schäume*, Frankfurt/M.: Suhrkamp Verlag.

Sörgel, Herman (1918), *Einführung in die Architekturästhetik. Prolegomena zu einer Theorie der Baukunst*, München: Piloty & Loehle.

Sörgel, Herman (1998), *Architektur-Ästhetik. Theorie der Baukunst* [1921], Berlin: Gebr. Mann.

Straus, Erwin (1960), *Psychologie der menschlichen Welt*, Berlin u.a.: Springer.

Straus, Erwin (2010), »Die Formen des Räumlichen. Ihre Bedeutung für die Motorik und die Wahrnehmung« [1930], in: *V. Jahrbuch für Lebensphilosophie* 2010/2011, hrsg. v. Jürgen Hasse u. Robert J. Kozljanic, München: Albunea.

Ströker, Elisabeth (1965), *Philosophische Untersuchungen des Raumes*, Frankfurt/M.: Klostermann.

Sullivan, Louis Henry (1896): »The Tall Office Building Artistically Considered,« in: *Lippincott's Monthly Magazine*, March 1896.

Sullivan, Louis Henry (1999), »Das große Bürogebäude, künstlerisch betrachtet« [1896], in: *Theorien der Gestaltung. Grundlagentexte zum Design*, Bd. 1, hrsg. v. Volker Fischer u. Anne Hamilton, Frankfurt/M.: Verlag form.

Summerson, John (1980), *The Classical Language of Architecture*, London: Thames & Hudson.

Tafuri, Manfredo (1976), *Architecture and Utopia*, Cambridge/Mass. u.a.: MIT Press.

Taut, Bruno (1981), »Programm des Arbeitsrats« (1918), in: *Programme und Manifeste zur Architektur des 20. Jahrhunderts*, hrsg. v. U. Conrads, Braunschweig u.a.: Friedr. Vieweg & Sohn.

Thoenes, Christof (2016), »Vitruv, Vitruvianismus und die Anfänge der Renaissance-Architektur in Italien«, in: *Vitruvianism. Origins and Transformations*, hrsg. v. Paolo Sanvito, Berlin u. Boston: Walter de Gruyter.

Tholen, Georg Christoph (2007), »Der Ort des Raumes. Zur Heterotopie der Einbildungskraft im ›digitalen'Zeitalter‹, in: *Topologie. Zur Raumbeschreibung in den Kultur- und Medienwissenschaften*, hrsg. v. Stephan Günzel, Bielefeld: transcript.

Trempler, Jörg (2007), *Schinkels Motive*, Berlin.

Ungers, Oswalt Mathias (1982), *Morphologie. City Metaphors*, Köln: Verlag der Buchhandlung Walther König.

Ungers, Oswalt Mathias (1983), *Die Thematisierung der Architektur*, Stuttgart: DVA.

van de Velde, Henry (1901), *Die Renaissance im modernen Kunstgewerbe*, Berlin: Bruno und Paul Cassirer.

van de Velde, Henry (1907), *Vom neuen Stil*, Leipzig: Insel .

van de Velde, Henry (1910.1), »Vernunftgemässe Schönheit«, in: Ders., *Essays*, Leipzig: Insel.

van de Velde, Henry (1910.2), »Die Linie«, in: Ders., *Essays*, Leipzig: Insel.

van de Velde, Henry (1978), »Das neue Ornament«, in: *Kunst und Alltag um 1900*, hrsg. v. Eckhard Siepmann, Lahn-Gießen: Anabas.

van Reijen, Willem (1987), »Post-scriptum«, in: *Die unvollendete Vernunft: Moderne versus Postmoderne*, hrsg. v. D. Kamper u. W. van Reijen, Frankfurt/M.: Suhrkamp.

van Schaik, Martin u. Otakar Máçel (2005) (Hgs.), *Exit Utopia. Architectural provocations 1956–76*, München u.a.: Prestel.

Venturi, Robert (1978), *Komplexität und Widerspruch in der Architektur* [1966], Braunschweig u. Wiesbaden: Friedr. Vieweg & Sohn.

Venturi, Robert u. Denise Scott Brown, Steven Izenour (1979), *Lernen von Las Vegas. Zur Ikonographie und Architektursymbolik der Geschäftsstadt* [1978], Braunschweig u. Wiesbaden: Friedr. Viewg & Sohn.

Viollet-le-Duc, Eugène (1859), *Entretiens sur l'architecture*, Paris: Morel.

Vischer, Robert (1927), *Drei Schriften zum ästhetischen Formproblem*, Halle/Saale.

Vischer, Robert (2007), »Über das optische Formgefühl« [1873], in: *Einfühlung und phänomenologische Reduktion. Grundlagentexte zu Architektur, Design und Kunst*, hrsg. v. Thomas Friedrich und Jörg H. Gleiter, Münster: LIT.

Vischer, Theodor (1922), »Kritik meiner Ästhetik« [1866], in: Friedrich Theodor Vischer, *Kritische Gänge*, Bd. 4, hrsg. v. R. Vischer, München.

Vitruv (2013), *Zehn Bücher über Architektur*, übersetzt v. Curt Fensterbusch, Darmstadt: WGB.

Vogt, Adolf Max (1996), *Le Corbusier. Der edle Wilde. Zur Archäologie der Moderne*, Braunschweig u. Wiesbaden: Friedr. Vieweg & Sohn.

Vogt, Adolf-Max (1987), »Einführung«, in: Étienne-Louis Boullée, *Architektur. Abhandlung über die Kunst*, Zürich u. München: Artemis.

Voßkamp, Wilhelm (2009), *Theorie der Klassik*, Stuttgart: Reclam.

Wagner, Otto (1902), *Moderne Architektur*, Wien: Anton Schroll.

Wagner, Otto (1914), *Die Baukunst unserer Zeit*, Wien: Anton Schroll.

Wagner, Richard (o.J.), »Parsifal«, in: *Richard Wagners Tondramen*, Bd. 2, hrsg. v. Georg Richard Kruse, Leipzig: Philipp Reclam jun., o. J. [»im Weltkriege gedruckt«].

Weidinger, Jürgen (2019), *Atmosphären entwerfen*, Berlin: Universitätsverlag der TU Berlin.

Welsch, Wolfgang (1991), *Unsere postmoderne Moderne*, Weinheim: Acta humaniora.

Wiesing, Lambert (2005), »Ornament, Diagramm, Computerbild. Phänomene des Übergangs«, in: *Bildwelten des Wissens* 3.1/2005.

Winckelmann, Johann Joachim (1762), *Anmerkungen über die Baukunst der Alten*, Leipzig: Johann Gottfried Dyck.

Winckelmann, Johann Joachim (1995), *Gedanken über die Nachahmung der griechischen Werke in der Malerei und Bildhauerei* [1756], Stuttgart: Reclam.

Wölfflin, Heinrich (1917), *Kunstgeschichtliche Grundbegriffe. Das Problem der Stilentwicklung in der neueren Kunst*, München: Hugo Bruckmann.

Wölfflin, Heinrich (1888), *Renaissance und Barock*, München: Theodor Ackermann.

Wölfflin, Heinrich (2007): »Prolegomena zu einer Psychologie der Architektur« [1886], in: *Einfühlung und phänomenologische Reduktion. Grundlagentexte zu Architektur, Design und Kunst*, hrsg. v. Thomas Friedrich u. Jörg H. Gleiter, Münster: LIT.

Worringer, Wilhelm (2007), »Abstraktion und Einfühlung. Beitrag zur Stilpsychologie« [1908], in: *Einfühlung und phänomenologische Reduktion. Grundlagentexte zu Architektur, Design und Kunst*, hrsg. v. Thomas Friedrich und Jörg H. Gleiter, Münster: LIT.

Wright, Frank Lloyd (1963), »Prärie-Architektur«, in: Ders., *Schriften und Bauten*, München u.a.: Langen und Müller.

Zevi, Bruno (1978), *The Modern Language of Architecture*, Canberra: Australian National University Press.

Zucker, Paul (2018), »Der Begriff der Zeit in der Architektur« [1924], in: *Repertorium für Kunstwissenschaften*, Bd. 44, Berlin, Boston: Walter de Gruyter.

Personenregister

Sachregister

Bildnachweis

Leonardo da Vinci, Der vitruvianische Mensch (ca. 1490) (Seite 32): Paris Orlando/CC BY-SA 4.0

Dorische, ionische und korinthische Säulenordnung (Seite 34): Wilhelm Lübke, Max Semrau: Grundriß der Kunstgeschichte. Paul Neff Verlag, Esslingen, 14. Auflage 1908.

Francesco di Giorgio Martini, Idealstadt (1470) (Seite 44): Galleria Nazionale delle Marche, Urbino

Arata Isozaki, Future City. The Incubator (1962) (Seite 66): The Museum of Modern Art, New York/Scala, Florence

Attrappe des Berliner Stadtschlosses (1993) (Seite 84): akg-images/Dieter E. Hoppe

Das triadische Zeichenmodell von Charles S. Peirce (Seite 94): FG Architekturtheorie, Technische Universität Berlin

Hans Scharoun, Berliner Philharmonie (1963) (Seite 97): Manfred Brückels/CC BY-SA 3.0

Fritz Wotruba und Fritz G. Mayr, Zur heiligsten Dreifaltigkeit (1976) (Seite 109): Bwag/CC-BY-SA-4.0

Giambattista Piranesi, Konstruktion eines Tempels (18. Jhd.) (Seite 138): Giovanni Battista Piranesi, Roof construction of Doric temple, in: Della magnificenza, 1761-65. Etching. The Arthur Ross Collection, Yale University Art Gallery

Peter Behrens, AEG Turbinenfabrik in Berlin (1909) (Seite 177): Siemens AG

Walter Gropius und Adolf Meyer, Fagus-Werk in Alfeld (1911) (Seite 178): Carsten Krohn

Peter Eisenman, Romeo und Julia-Projekt (1986), aus: Re:Working Eisenman, John Wiley & Sons 1993 (Seite 196): Eisenman Architects

SANAA, New Museum of Contemporary Art in Manhattan (2007) (Seite 214): Dean Kaufman

Foreign Office Architects, Yokohama Ferry Terminal, Entwurf (1995) (Seite 247): Dave Edwards

ETH Zürich/CAAD-Team, Globus-Provisorium (2010), aus: Jenseits des Rasters – Architektur und Informationstechnologie. Anwendung einer digitalen Architektonik, Birkhäuser 2010 (Seite 263): ETH Zürich CAAD Ludger Hovestadt

Jörg H. Gleiter ist Professor für Architekturtheorie an der Technischen Universität Berlin. 2005–2012 Professor für Ästhetik an der Freien Universität Bozen. Gastprofessuren in Tokyo, Providence (RI), Mailand, Venedig. Forschungsschwerpunkte: Anthropologie, Semiotik und Ästhetik der Architektur, kritische Theorie des Anthropozäns, Ornamenttheorie, Morphologie, Friedrich Nietzsche. Veröffentlichungen: *Architekturtheorie 1863–1938* (Berlin 2018), *Architektur und Philosophie* (hrsg. mit L. Schwarte, Bielefeld 2015); *Ornament Today. Digital, Material, Structural* (Bozen-Bolzano 2012); *Nietzsche und die Architektur* (Würzburg 2009).